Horst Rüdiger

LATEINISCHE
GEDICHTE

im Urtext
mit den schönsten Übertragungen
deutscher Dichter

Ernst Heimeran Verlag München

1.—3. Tausend
1937

Umschlag von Rudo Spemann. Titelblatt nach einem alten
Stich eines römischen Bildwerkes in Paris.

Diese Sammlung enthält — entsprechend den im Jahre 1936 erschienenen »Griechischen Gedichten mit Übertragungen deutscher Dichter« — eine Auswahl lateinischer Gedichte mit gegenüberstehenden Übertragungen deutscher Dichter. Die Gedichte umfassen den Zeitraum vom Ursprung lateinischer Lyrik bis zum politischen Untergang des Römertums durch die junge Weltmacht der germanischen Völker. Die deutschen Übertragungen reichen von einer Probe mittelhochdeutscher Übersetzungskunst über Barock und Aufklärung, Klassik und Romantik bis zur Gegenwart.

Lateinische Lyrik liegt dem deutschen Empfinden heute weniger nahe als die Lyrik der Griechen. Diese Erscheinung hat eine doppelte Ursache. Einmal beruht sie darauf, daß seit Winckelmanns Zeit die Vorherrschaft der romanischen Kulturen in Deutschland gebrochen ist und an Stelle der Römer, der geistigen Stammväter dieser Kulturen, die Griechen als das den Deutschen wesensverwandtere Volk des Altertums verehrt werden. Zum andern herrscht in Deutschland besonders seit der Romantik durch die deutsche Lyrik selbst eine so feste Vorstellung vom Wesen eines Gedichtes, daß diejenigen lyrischen Äußerungen, die nicht vom Gefühl getragen sind, kaum noch als Gedichte angesehen werden. Wo die lateinischen Dichter sich aber von der übermächtigen Anziehungskraft des griechischen Geistes freigehalten und ihre Eigenart bewahrt haben, da sind sie in ihren wesentlichsten Erscheinungen Lehrdichter und Satiriker, auch wenn sie reine Lieder zu dichten scheinen. Sittenlehre in ihrem ganzen Umfang von der Regel für das tägliche Leben über die höhnende Bloßstellung menschlicher Schwächen mit der Absicht ihrer Besserung bis zum Preis höchster ethischer Normen ist ihr Ziel; darum sind die Gedichte handfester in der Moral und in der Unmoral, als es das deutsche Gedicht zu sein pflegt. Für das moderne deutsche Empfinden liegt das Ziel der Sittenlehre außerhalb der dichterischen Aufgabe, ja es könnte von hier aus scheinen, als wäre die lateinische Lyrik Dienerin einer außerdichterischen Macht gewesen. Für den Römer hingegen wird das Ziel gerade durch die Gewalt des rhythmisierten Wortes verbürgt. So allein und nicht mit den Voraussetzungen, die sich aus der deutschen Tradition der Lyrik ergeben, kann lateinische Lyrik heute von uns aufgenommen werden.

Wenn sich jedoch auch nach Winckelmann und trotz anderer Auffassungen vom Wesen des Gedichtes gerade unter den deutschen Dichtern zahlreiche fanden, die es für wert gehalten haben, lateinische Lyrik in ihre Muttersprache zu übertragen, so bezeugt diese Tatsache die überdauernde geistige Macht dieser Gedichte, der sich bisher kein Zeitalter hat entziehen können. Zugleich spricht sie für die jenseits der Gegensätze vorhandene innere Einheit, die nicht nur während des Barock und der Aufklärung sichtbar ist, wo man in Deutschland selbst nach romanisch-römischem Vorbild der Lehrdichtung huldigte; sondern immer da, wo Dichter unseres Volkes der Kraft des dichterischen Wortes im verwandten Volk des Südens begegneten.

Die Übertragungen als Kunstwerke der Sprache zeigen wiederum, wie der deutsche Geist im Spiel, im Kampf und in der Bewältigung der lateinischen Lyrik an Ausdruckskraft, Formsicherheit und Weltbewußtsein gewonnen hat. Sie sind eindrucksvolle Zeugnisse für sein jahrhundertelanges Bemühen, sich der andersartigen und doch eigentümlich verwandten Gedichte und Gedanken zu bemächtigen, um ihre wirkenden Kräfte zu entbinden.

QUINTUS *HORATIUS* FLACCUS

Silvestris homines sacer interpresque deorum
caedibus et victu foedo deterruit Orpheus,
dictus ob hoc lenire tigris rabidosque leones,
dictus et Amphion, Thebanae conditor urbis,
5 (395) saxa movere sono testudinis et prece blanda
ducere quo vellet. fuit haec sapientia quondam,
publica privatis secernere, sacra profanis,
concubitu prohibere vago, dare iura maritis,
oppida moliri, leges incidere ligno.
10 (400) sic honor et nomen divinis vatibus atque
carminibus venit....

★

. . . . . .

Heilig und gottentsandt trieb Orpheus weg von der schnöden
Weise des Lebens, vom Mord, die walddurchirrenden Menschen.
Darum hieß es, er zähme die wüthenden Löwen und Tiger,
Hieß von dem Gründer der Burg zu Thebe, von dem Amphion,
5 Er hab' Steine bewegt mit dem Klange der Cither, und schmei-
chelnd
Hin sie geführt, wo er wollte: das war urälteste Weisheit,
Von dem Gemeinen das Eigne, das Heil'ge vom Weltlichen son-
dern,
Hemmen die thierische Lust des Paarens, und Rechte den Gatten
Sichern, und Städt' aufbaun, und Gesetze zu graben in Tafeln.
10 So ward Namen und Ruhm den göttlichen Sehern und ihren
Liedern zu Theil ....

August Wilhelm v. Schlegel

COLLECTIO DISTICHORUM VULGARIS

> Telluris si forte uelis cognoscere cultus,
> Uergilium legito; quodsi mage nosse laboras
> herbarum uires, Macer haec tibi carmina dicit;
> si Romana cupis et Punica noscere bella,
> 5 Lucanum quaeres, qui Martis praelia dixit;
> si quid amare libet uel discere amare legendo,
> Nasonem petito; sin autem cura tibi haec est,
> ut sapiens uiuas, audi quae discere possis,
> per quae semotum uitiis deducitur aeuum:
> 10 ergo ades et quae sit sapientia disce legendo.

Cum animaduerterem, quam plurimos grauiter in uia morum errare, succurrendum opinioni eorum et consulendum famae existimaui, maxime ut gloriose uiuerent et honorem contingerent. nunc te, fili karissime, docebo, quo pacto morem animi
5 tui conponas. igitur praecepta mea ita legito, ut intellegas. legere enim et non intellegere neclegere est.

Si deus est animus, nobis ut carmina dicunt,
hic tibi praecipue sit pura mente colendus.

Nil temere uxori de seruis crede querenti:
semper enim mulier quem coniux diligit odit.

Contra uerbosos noli contendere uerbis:
sermo datur cunctis, animi sapientia paucis.

Cum te aliquis laudat, iudex tuus esse memento;
plus aliis de te quam tu tibi credere noli.

Ne timeas illam, quae uitae est ultima finis:
qui mortem metuit, quod uiuit, perdit id ipsum.

Fac sumptum propere, cum res desiderat ipsa;
dandum etenim est aliquid, dum tempus postulat aut res.

MARCUS PORCIUS *CATO* ZUGESCHRIEBEN

HAst du den Ackerbaw zu wissen lieb' vnd Lust /
So liese den Virgil: Sol dir dann sein bewust
Der Kräuter safft vnd krafft / das wird der Macer sagen:
Wann dir der Römer Streit vnd Bürgerkrieg behagen /
5 So suche den Lucan / der schreibt von schlachten viel.
Wer lieben / vnd die Lieb' auß Büchern lernen wil /
Dem giebet Naso Raht. Wer aber Klugheit achtet /
Vnd ausser Lastern hier zu leben embsig trachtet /
Der nehme meine Lehr' vnd gute Warnung ein.
10 So komm / vnd lerne nun auß lesen weise sein.

Martin Opitz

Nach dem ich jnnen worden / daß sehr viel Leute in der art wol
zu leben hefftig jrreten: Als habe ich für nothwendig erachtet
jhrem Wahne zu helffen vnd ein zurahten / damit sie bevorauß
rühmlich leben vnd zu ehren gelangen möchten. Anjetzo lieber
Sohn / wil ich dich lehren / worauff du dein Gemüte wenden
5 solst. So liese nun meine befehle also / daß du sie auch ver-
stehest. Dann lesen vnd nicht verstehen / ist eben als gar nicht
darnach fragen.

ISt Gott ein reiner Geist wie die Poeten lehren /
So solt du gleichfals jhn mit reinem Hertzen ehren.

Nicht glaube wann dein Weib bey dir die Knecht' angiebt:
Offt hasset eine Fraw den welchen jhr Mann liebt.

Du solt mit dem der schwätzt zu schwätzen nicht beginnen:
Die red' hat jederman / nicht viel denn witz vnd sinnen.

Lobt einer etwan dich / nim dich zum Richter für /
Vnd gleube keinem mehr als du dir selbst von dir.

Lauff für dem ende nicht das allen ist gegeben:
Wer fürchtet seinen Todt vergisst der Zeit zu leben.

Du solt dich / wo es Noth / zu geben bald befleissen:
Wer geben wil der giebt wann sach' vnd zeit es heissen.

Cui scieris non esse parem, pro tempore cede:
uictorem a uicto superari saepe uidemus.

Forti animo ferto, cum sis damnatus inique:
nemo diu gaudet, qui iudice uincit iniquo.

Insipiens esto, cum tempus postulat ipsum:
stultitiam simulare ioco, cum tempore laus est.

Quae potus peccas, ignoscere tu tibi noli;
nam crimen uini nullum est, sed culpa bibentis.

Rem, tibi quam noris aptam, dimittere noli:
fronte capillata, post est Occasio calua.

Cum recte uiuas, ne cures uerba malorum:
arbitrii non est nostri, quid quisque loquatur.

Uxorem fuge ne ducas sub nomine dotis,
nec retinere uelis, si coeperit esse molesta.

Quod tibi suspectum est, confestim discute quid sit;
namque solent, primo quae sunt neclecta, nocere.

Cum tibi praeponas animalia bruta timore,
unum hominem scito tibi praecipue esse timendum.

Multum uenturi ne cures tempora fati:
non metuit mortem qui scit contempnere uitam.

Non pudeat, quae nescieris, te uelle doceri:
scire aliquid laus est, culpa est nil discere uelle.

Dum fortuna tibist rerum discrimine praua,
alterius specta cui sit discrimine peior.

Morte repentina noli gaudere malorum:
felices obeunt, quorum sine crimine uita est.

Gieb einem weißlich nach dem du dich nicht kanst gleichen:
Zuweilen muß wer siegt dem obgesiegten weichen.

Vervrtheilt man dich falsch / so leyd' es vnverdrossen:
Was krummes Vrtheil schenckt wird lange nicht genossen.

Nim nach gelegenheit an dich der Thorheit schein:
Die höchste Weißheit ist nicht allzeit weise sein.

Begehst du truncken was / das leg' auff dich allein:
Dann welcher den Wein säufft ist sträfflich / nicht der Wein.

Kompt dir was gutes für so nim alßbald sein war;
Dann die Gelegenheit die hat nur fornen Haar.

Du darffst nicht / lebst du recht / nach bösen Mäulern fragen.
Es lieget nicht an vns was der vnd jener sagen.

Ein Weib / wie reich es ist / nim nicht zu deiner Pein;
Behalte sie auch nicht wann sie wil meister sein.

Was dir verdächtig ist erforsche wie es sey:
Was erstlich wird verlacht fügt endlich schaden bey.

Wann du gesonnen bist zu fürchten jedes Thier /
So siehe sonderlich dich vor dem Menschen für.

Nicht sorge was sich jetzt vnd nachmals wird begeben:
Der schewet den Todt nicht der wenig helt vom leben.

Was du nicht kanst das sey zu lernen doch befliessen:
Was wissen ist ein rhum / vnd schmach nichts wollen wissen.

Wil sich das Glücke dir nicht als du wilt ergeben /
So schawe wie noch viel gar sehr weit ärger leben.

Sey nicht fro wann ein Mann bald stirbt der vbel handelt:
So stirbt auch schnell vnd wol wer ohne tadel wandelt.

Martin Opitz

TITUS *LUCRETIUS* CARUS

Aeneadum genetrix, hominum diuomque uoluptas,
alma Venus, caeli subter labentia signa
quae mare nauigerum, quae terras frugiferentis
concelebras, per te quoniam genus omne animantum
5 concipitur uisitque exortum lumina solis:
te, dea, te fugiunt uenti, te nubila caeli
aduentumque tuum, tibi suauis daedala tellus
summittit flores, tibi rident aequora ponti
placatumque nitet diffuso lumine caelum;
10 nam simul ac species patefactast uerna diei
et reserata uiget genitabilis aura fauoni,
aëriae primum uolucris te, diua, tuumque
significant initum perculsae corda tua ui;
15 inde ferae pecudes persultant pabula laeta
14 et rapidos tranant amnis: ita capta lepore
14a illecebrisque tuis omnis natura animantum
16 te sequitur cupide quo quamque inducere pergis;
denique per maria ac montis fluuiosque rapacis
frondiferasque domos auium camposque uirentis
omnibus incutiens blandum per pectora amorem
20 efficis ut cupide generatim saecla propagent.

Aeneadum genetrix, hominum diuomque uoluptas,
alma Venus, caeli subter labentia signa
quae mare nauigerum, quae terras frugiferentis

TITUS *LUCRETIUS* CARUS

Mutter der Aeneaden, Lust der Götter und Menschen,
Hehre Venus! die unter des Himmels rollenden Sternen
Das Schiftragende Meer, die der Früchtespendenden Erde
Kreis bevölkert; denn dir dankt alles, was athmet, sein süsses
5 Dasein und des Lichts der Sonnen erfreulichen Anblick:
Vor dir, Göttinn, entfliehn mit den Stürmen die Wolken des
Himmels;
Wann du erscheinest, schmückt die schöpf'rische Tellus sich
bräutlich
Mit süßduftenden Blumen; es lachen des Meeres Gefilde,
Und es glänzt von verbreitetem Lichte heitrer der Himmel.
10 Alsobald nur der Lenz in seiner Schönheit erwachet,
Und den belebenden Hauch der West aufs neue verathmet:
Göttinn, so singt dich und feiret deine Ankunft der Vögel
Luftiges Chor, das Herz von deiner Allmacht durchdrungen;
15 Rüstig durchhüpfet das Wild die Strecken der grünenden Matten,
14 Setzet durch reissende Ströme voll Lust; ein ieglich Geschöpfe,
14a Voll der Wonne, voll der unnennbaren Regung, die allen
16 Herzen du einhauchst, folgt mit Begier, wohin du es leitest,
Ja, in den Seen, auf Bergen, in Klüften, in stürzenden Flüssen,
Unter schattigem Laube, in blühenden Thalen, bist dus, die
Allem, was lebt, eingeußt die sympathetische Liebe,
20 Daß durch den Bund der Begattung sich alle Geschlechter er-
halten . . . .
August v. Rode

———————

Mutter der Aeneaden, o du der Menschen und Götter
Wonne, die du das schiffreiche Meer und die fruchtbare Erde
Unter den wandelnden Zeichen des Himmels mit Bewohnern
erfüllest,

    concelebras, per te quoniam genus omne animantum
5 concipitur uisitque exortum lumina solis:
    te, dea, te fugiunt uenti, te nubila caeli
    aduentumque tuum, tibi suauis daedala tellus
    summittit flores, tibi rident aequora ponti
    placatumque nitet diffuso lumine caelum;
10 nam simul ac species patefactast uerna diei
    et reserata uiget genitabilis aura fauoni,
    aëriae primum uolucris te, diua, tuumque
    significant initum perculsae corda tua ui;
15 inde ferae pecudes persultant pabula laeta
14 et rapidos tranant amnis: ita capta lepore
14a illecebrisque tuis omnis natura animantum
16 te sequitur cupide quo quamque inducere pergis;
    denique per maria ac montis fluuiosque rapacis
    frondiferasque domos auium camposque uirentis
    omnibus incutiens blandum per pectora amorem
20 efficis ut cupide generatim saecla propagent.

TITUS *LUCRETIUS* CARUS

    Aeneadum genetrix, hominum diuomque uoluptas,
    alma Venus, caeli subter labentia signa
    quae mare nauigerum, quae terras frugiferentis
    concelebras, per te quoniam genus omne animantum
5 concipitur uisitque exortum lumina solis:
    te, dea, te fugiunt uenti, te nubila caeli
    aduentumque tuum, tibi suauis daedala tellus
    summittit flores, tibi rident aequora ponti
    placatumque nitet diffuso lumine caelum;
10 nam simul ac species patefactast uerna diei
    et reserata uiget genitabilis aura fauoni,

Holde Venus, durch dich entspringt der Lebenden allen
5 Ganzes Geschlecht, und öfnet dem Licht der Sonne die Augen;
Wie du, o Göttin, dich nahest, entfliehen Nebel und Wolken,
Fliehen die Stürme vor dir; nun schüttet die bildende Erde
Liebliche Blumen in deinen Pfad; die Ebnen des Meeres
Lächeln dich an, und um und um glänzt der besänftigte Himmel.
10 Denn kaum zeigt uns der Tag sein Frühlingsangesicht wieder,
Kaum erquicket die Luft des neuentfesselten Westwinds
Zeugender Hauch, so verkünden, o Göttin, die luftigen Vögel
Deine Ankunft, das Herz von deinen Pfeilen getroffen;
15 Dann durchhüpfet das Wild die Aeßung der grünenden Auen,
14 Schwimmt durch reissende Ströme; so mächtig fesselt der Zauber
14a Deiner Reitze die ganze Natur der Lebenden, zwingt sie
16 Dir mit heisser Begier wohin du lockest zu folgen.
Allenthalben, in Seen, auf Bergen, in wälzenden Flüssen,
Unter den jungen Lauben der Vögel, auf grünenden Wiesen,
Füllest du allen die Brust mit dem süßen Drange der Liebe,
20 Daß sie Gattung und Art durch Zeugen wieder erneuern. — — —
Christoph Martin Wieland

TITUS *LUCRETIUS* CARUS

Mutter der Aeneiden, du Wonne der Götter und Menschen,
holde Venus, die unter des Himmels sich wälzenden Sternen
du das schiffbare Meer, die fruchtergiebigen Erden
herrlicher machst; weil durch dich der Lebenden alle Geschlech-
ter
5 werden empfangen, und schaun, durch dich gebohren, der Sonne
Glanz: dich, Göttin, fliehen die Winde, dich fliehen am Himmel,
kommst du einher, die Wolken: dir treibt in Fülle die Erde
lieblicher Blumen Pracht, dir lächelt das Antliz des Meeres,
und dir glänzt, ganz heiteren Lichtes, der sanftere Himmel.
10 Denn kaum brechen sie an, die holden Tage des Frühlings,
kaum wehn wieder belebende Kraft die befruchtenden Weste:

aëriae primum uolucris te, diua, tuumque

significant initum perculsae corda tua ui;

15 inde ferae pecudes persultant pabula laeta

14 et rapidos tranant amnis: ita capta lepore

14a illecebrisque tuis omnis natura animantum

16 te sequitur cupide quo quamque inducere pergis;

denique per maria ac montis fluuiosque rapacis

frondiferasque domos auium camposque uirentis . . .

(20) efficis ut cupide generatim saecla propagent.

TITUS *LUCRETIUS* CARUS

Aeneadum genetrix, hominum diuomque uoluptas,

alma Venus, caeli subter labentia signa

quae mare nauigerum, quae terras frugiferentis

concelebras, per te quoniam genus omne animantum

5 concipitur uisitque exortum lumina solis:

te, dea, te fugiunt uenti, te nubila caeli

aduentumque tuum, tibi suauis daedala tellus

summittit flores, tibi rident aequora ponti

placatumque nitet diffuso lumine caelum;

10 nam simul ac species patefactast uerna diei

et reserata uiget genitabilis aura fauoni,

aëriae primum uolucris te, diua, tuumque

significant initum perculsae corda tua ui;

15 inde ferae pecudes persultant pabula laeta

14 et rapidos tranant amnis: ita capta lepore

14a illecebrisque tuis omnis natura animantum

16 te sequitur cupide quo quamque inducere pergis;

denique per maria ac montis fluuiosque rapacis

frondiferasque domos auium camposque uirentis

so besingen von deiner Macht gerühret, o Göttinn,
in den Lüften zuerst die Vögel deine Zurückkehr,
15 so durchhüpfet das Wild erfreuliche Wiesen, durchschwimmet
14 schnellere Bäche, so folgt dir mit Sehnsucht Alles was lebet,
14a angezogen von deinem unwiderstehlichen Reize.
16 So geschieht es durch dich, die das Herz du belebest mit sanfter
Liebe, allen, die Meere, die Berge, die reißende Ströme,
laubige Wipfel bewohnen, oder grüne Gefilde,
daß mit Wollust sie, von Geschlecht zu Geschlecht sich ver-
mehren. — — —
Ungenannter Übersetzer

TITUS *LUCRETIUS* CARUS

Stammfrau den Aeneaden, der Menschen Lust und der Götter,
Holde Venus! Du, welche das Schiffetragende Weltmeer,
Welche das Früchtebringende Erdreich unter des Himmels
Gleitenden Zeichen belebt; denn jegliche Gattung der Thiere
5 Wird empfangen durch dich, und erschaut gebohren das Tags-
licht;
Göttinn, vor dir und deiner Herankunft schweigen die Stürme,
Fliehen die Wolken; dir schickt sanftduftende Blumen der bunte
Boden herauf, die lachen der Fluth geebnete Flächen,
Und in zergossenem Glanz hellt sich die besänftigte Luft aus.

10 Denn sobald als ein Tag im Schmucke des Lenzes hervor bricht,
Und des befruchtenden Wests entsiegelter Athem umherstreicht,
Kündet der Lüfte Geflügel zuerst dich, Göttinn! und deinen
Eintritt an, getroffen das Herz von allmächtiger Wollust.
15 Diese hüpft auf üppiger Weid' im Wild' auch, und schwimmet
14 Ueber rauschende Wasser: so folgen, durch Anmuth und deine
14a Zauber gefangen, dir alle Naturen aller beseelten
16 Wesen begierig nach, wohin du jede gelockt willst.
Endlich allem, was Meere, was Berge, was reissende Flüsse,
Zweigetreibende Wälder und grünende Fluren bewohnet,

omnibus incutiens blandum per pectora amorem

20 efficis ut cupide generatim saecla propagent.

TITUS *LUCRETIUS* CARUS

Aeneadum genetrix, hominum diuomque uoluptas,
alma Venus, caeli subter labentia signa
quae mare nauigerum, quae terras frugiferentis
concelebras, per te quoniam genus omne animantum
5 concipitur uisitque exortum lumina solis:
te, dea, te fugiunt uenti, te nubila caeli
aduentumque tuum, tibi suauis daedala tellus
summittit flores, tibi rident aequora ponti
placatumque nitet diffuso lumine caelum;
10 nam simul ac species patefactast uerna diei
et reserata uiget genitabilis aura fauoni,
aëriae primum uolucris te, diua, tuumque
significant initum perculsae corda tua ui;
15 inde ferae pecudes persultant pabula laeta
14 et rapidos tranant amnis: ita capta lepore
14a illecebrisque tuis omnis natura animantum
16 te sequitur cupide quo quamque inducere pergis;
denique per maria ac montis fluuiosque rapacis
frondiferasque domos auium camposque uirentis
omnibus incutiens blandum per pectora amorem
20 efficis ut cupide generatim saecla propagent.

Aeneadum genetrix, hominum diuomque uoluptas,
alma Venus, caeli subter labentia signa

Allem die Brust mit behaglicher Lieb' anlodernd, bewirkst du,
20 Daß von Geschlecht zu Geschlecht die Thierwelt brünstig sich
fortpflanzt. —— —— ——

Ungenannter Übersetzer

TITUS *LUCRETIUS* CARUS

Mutter der Aeneaden, o Wonne der Menschen und Götter,
Holde Venus! die du, unter gleitenden Lichtern des Himmels,
Das schifftragende Meer und die früchtegebärende Erde
Froh mit Leben erfüllst; denn alle lebendigen Wesen
5 Werden erzeuget durch dich, und schauen die Stralen der Sonne.
Wann du, Göttin, erscheinst, entfliehen die Winde, die Wolken
Weichen vor dir; dir treibt die buntgeschmückete Erde
Liebliche Blumen empor; dir lachen die Flächen des Meeres,
Und es zerfließet in Glanz vor dir der beruhigte Himmel.
10 Denn sobald sich die Frühlingsgestalt des Tages enthüllt hat,
Und entfesselt der zeugende Hauch des Favonius auflebt,
Künden die Vögel der Luft dich zuerst an, Göttin, und deinen
Eintritt; deine Gewalt durchschüttert ihnen die Herzen.
15 Rüstige Heerden springen alsdann durch fröhliche Matten,
14 Setzen durch reissende Ströme: so mächtig fesselt die Anmuth,
14a Und dein zaubrischer Reiz die Natur der Lebenden aller,
16 Daß mit Begier dir jegliches folgt, wohin du es anlockst.
Und so erregst du im Meer, auf Bergen, in reissenden Flüssen,
Unter der Vögel belaubetem Haus, auf grünenden Auen,
Allen tief in der Brust die schmeichelnde Liebe, wodurch sie
20 Sich fortpflanzen mit brünstiger Lust in Art und Geschlech-
tern. —— —— ——

Karl Ludwig v. Knebel

———————————

Mutter der Aeneaden, der Sterblichen Lust und der Götter,
Nährerin Venus, die unter den sinkenden Zeichen des Himmels

quae mare nauigerum, quae terras frugiferentis

concelebras, per te quoniam genus omne animantum

5 concipitur uisitque exortum lumina solis:

te, dea, te fugiunt uenti, te nubila caeli

aduentumque tuum, tibi suauis daedala tellus

summittit flores, tibi rident aequora ponti

placatumque nitet diffuso lumine caelum;

10 nam simul ac species patefactast uerna diei

et reserata uiget genitabilis aura fauoni,

aëriae primum uolucris te, diua, tuumque

significant initum perculsae corda tua ui;

15 inde ferae pecudes persultant pabula laeta

14 et rapidos tranant amnis: ita capta lepore

14a illecebrisque tuis omnis natura animantum

16 te sequitur cupide quo quamque inducere pergis;

denique per maria ac montis fluuiosque rapacis

frondiferasque domos auium camposque uirentis

omnibus incutiens blandum per pectora amorem

20 efficis ut cupide generatim saecla propagent.

TITUS *LUCRETIUS* CARUS

Aeneadum genetrix, hominum diuomque uoluptas,

alma Venus, caeli subter labentia signa

quae mare nauigerum, quae terras frugiferentis

concelebras, per te quoniam genus omne animantum

5 concipitur uisitque exortum lumina solis:

du das umsegelte Meer, du die fruchtaufschiessenden Länder
feiernd umwohnst, da durch dich die Geschlechte der Lebenden
alle
5 werden empfangen, und schaun, an das Licht vortretend, die
Sonne.
Dich, Unsterbliche, fliehet der Sturm, dich die Nebel des Him-
mels,
und dein herrliches Kommen; dir spriesst buntprangend die Erde
liebliche Blumen empor, dir lachen gelagert die Fluten,
und mild glänzt dir mit heiter ergossenem Lichte der Himmel.
10 Denn gleich, als das Erscheinen des Frühlingstages sich aufthut,
wieder entbunden Favonius Hauch weht, Zeugung befördernd,
luftdurchwirbelnd verkünden zuerst dich die Vögel und deinen
Eintritt, Göttin, getroffen die Herzen von deiner Gewalt Macht.
15 Drauf durchschweifen die Thiere des Waldes die freudigen Wei-
den,
14 und durchschwimmen des Stroms Flut; also von deinem Geluste
14a und Lockungen gefesselt nun jede Natur der Lebendgen
16 folgt dir begierig, wohin du jede zu führen vorangehst.
Endlich durch Meer' und Gebirge, die wild hintosenden Flüsse,
blätterumlaubeten Sitze der Vögel, und grünenden Felder
allen erfüllend den Busen mit sanft holdseliger Liebe,
20 machest du, dass sie begierig die Zeit fortpflanzen geschlecht-
weis. — — —
Wilhelm v. Humboldt

TITUS *LUCRETIUS* CARUS

Mutter dem Stamm des Aeneas, der Sterblichen Lust und der
Götter,
Gütige Venus, die unter den rollenden Bildern des Himmels
So das besegelte Meer, wie die saatenbedeckten Gefilde
Füllend belebst, weil ja durch dich der lebendigen Wesen
5 Gattungen alle, geboren, das Licht anschauen der Sonne.

te, dea, te fugiunt uenti, te nubila caeli

aduentumque tuum, tibi suauis daedala tellus

summittit flores, tibi rident aequora ponti

placatumque nitet diffuso lumine caelum.

TITUS *LUCRETIUS* CARUS

Aeneadum genetrix, hominum diuomque uoluptas,

alma Venus, caeli subter labentia signa

quae mare nauigerum, quae terras frugiferentis

concelebras, per te quoniam genus omne animantum

5 concipitur uisitque exortum lumina solis:

te, dea, te fugiunt uenti, te nubila caeli

aduentumque tuum, tibi suauis daedala tellus

summittit flores, tibi rident aequora ponti

placatumque nitet diffuso lumine caelum;

10 nam simul ac species patefactast uerna diei

et reserata uiget genitabilis aura fauoni,

aëriae primum uolucris te, diua, tuumque

significant initum perculsae corda tua ui;

15 inde ferae pecudes persultant pabula laeta

14 et rapidos tranant amnis: ita capta lepore

16 te sequitur cupide quo quamque inducere pergis;

denique per maria ac montis fluuiosque rapacis

Du, du Göttin, verscheuchest die Wind' und Wolken des Him-
mels,
Wenn du dich nahst, alsbald; es breitet die Bildnerin Erde
Liebliche Blumen dir unter, es lachen die Eb'nen der See dir,
Und mit ergoßenem Licht glänzt rings der besänftigte Himmel....

August Wilhelm v. Schlegel

TITUS *LUCRETIUS* CARUS

Ahnin des Römergeschlechts, du Wonne der Menschen und Göt-
ter,
Venus, nährende Mutter des Alls, die unter des Himmels
Wandelnden Bildern die Saat aufsprossenden Lebens du aus-
streust
Über die schiffebevölkerte See und die blühenden Lande:
5 Alles, was atmet, das atmet durch dich und erfreut sich der
Sonne!
Du, o Göttliche, bannest den Sturm und die Wolken des Himmels
Scheuchst du von dannen; dir beut die gestaltende Erde der
Blumen
Duftige Gabe; dich grüßt mit stralendem Lächeln die Meerflut
Und es zerfließt in Glanz vor dir mildleuchtend der Himmel.
10 Denn wenn der Frühlingstag entschleiert sein liebliches Antlitz
Und aus den Banden befreit mit belebendem Hauche der West
weht,
Künden zuerst süßstimmigen Chors die gefiederten Sänger,
Göttin, dein Nah'n, und ihr Herz durchzuckt dein berückender
Zauber.
15 Froh durchtummelt das Wild dann die grünenden Au'n, in die
Wellen
14 Stürzt es sich kühn: so folgt dir, bezwungen von himmlischem
Liebreiz,
16 Jedes Geschöpf, wohin dein mächtig Geheiß ihm die Bahn weist.
Tief in den Wogen des Meers, auf den Höh'n des Gebirgs, in der
Ströme

frondiferasque domos auium camposque uirentis

omnibus incutiens blandum per pectora amorem

20 efficis ut cupide generatim saecla propagent.

TITUS *LUCRETIUS* CARUS

Quare magna deum mater materque ferarum
et nostri genetrix haec dicta est corporis una.

(600) Hanc ueteres Graium docti cecinere poëtae . . .
sedibus in curru biiugos agitare leones,
5 aëris in spatio magnam pendere docentes
tellurem, neque posse in terra sistere terram.
adiunxere feras, quia quamuis effera proles
(605) officiis debet molliri uicta parentum.
muralique caput summum cinxere corona,
10 eximiis munita locis quia sustinet urbes;
quo nunc insigni per magnas praedita terras
horrifice fertur diuinae matris imago.

(610) hanc uariae gentes antiquo more sacrorum
Idaeam uocitant matrem, Phrygiasque cateruas
15 dant comites, quia primum ex illis finibus edunt
per terrarum orbem fruges coepisse creari.
gallos attribuunt, quia, numen qui uiolarint
(615) matris et ingrati genitoribus inuenti sint,
significare uolunt indignos esse putandos,
20 uiuam progeniem qui in oras luminis edant.
tympana tenta tonant palmis et cymbala circum
concaua, raucisonoque minantur cornua cantu,
(620) et Phrygio stimulat numero caua tibia mentis,
telaque praeportant, uiolenti signa furoris,

Brausendem Schwall, im Gefild, in der Vögel umlaubter Be-
                                                                hausung
Senkest in jegliche Brust du die Liebe; nach deinen Geboten
10 Pflanzet Geschlecht sich fort und Geschlecht in unendlicher
                                                          Reihe. — — —
                                   Max v. Seydel (Max Schlierbach)

TITUS *LUCRETIUS* CARUS

. . . . . .

Darum heißt sie zugleich die große Mutter der Götter,
Unseres Leibes Erzeugerin auch, und Mutter des Wildes.
Weislich sangen von ihr die ältesten Dichter aus Hellas,
Frei in den Höh'n hin führe, mit Löwen bespannt, sie den Wagen.
5 Hoch im Raume der Luft häng' schwebend der irdische Boden,
Lehrten sie einst, und es könne die Erd' auf der Erde nicht fußen.
Thiere des Raubes gesellten sie ihr, weil Pflege der Eltern
Jegliche Brut, wie wild sie auch sei, doch siegend besänftigt.
Und sie umgaben ihr Haupt mit einer gemauerten Krone,
10 Weil die Städte sie trägt, an erhabenen Orten befestigt.
Also mit Schmucke begabt wird durch die geräumigen Lande
Schauererregend das Bild der göttlichen Mutter geführet.
Mancherlei Volk auch ruft nach heiliger Sitte der Vorzeit
Als idäische Mutter sie an und wählt zum Geleit ihr
15 Phrygier; denn es habe zuerst aus jenen Gefilden
Ueber den Erdkreiß einst sich Bau des Getreides verbreitet.
Hämmlinge geben sie ihr, um anzudeuten durch solches,
Welcher die Gottheit der Mutter verletzt, und gegen die Eltern
Sich undankbar erzeigt, der sei nicht würdig zu achten,
20 Daß das Geschlecht ihm lebend das Licht anschaue des Tages.
Pauken erdröhnen von Schlägen der Hand, da rauschen die
                                                                hohlen
Cymbeln darein, und es droht das Getön rauhstimmiger Hörner,
Und es stachelt die Sinn' in phrygischen Weisen die Pfeife.
Waffen auch schwingen sie an, die Zeichen verheerendes Grimmes,

25 ingratos animos atque impia pectora uolgi
   conterrere metu quae possint numine diuae.

ergo cum primum magnas inuecta per urbis
(625) munificat tacita mortalis muta salute,
    aere atque argento sternunt iter omne uiarum,
30 largifica stipe ditantes, ninguntque rosarum
   floribus umbrantes matrem comitumque cateruas.

hic armata manus, Curetas nomine Grai
(630) quos memorant, Phrygias inter sei forte cateruas
    ludunt in numerumque exultant sanguine pleti,
35 terrificas capitum quatientes numine cristas,
   Dictaeos referunt Curetas, qui Iouis illum
   uagitum in Creta quondam occultasse feruntur,
(635) cum pueri circum puerum pernice chorea . . .
    armatei in numerum pulsarent aeribus aera,
40 ne Saturnus eum malis mandaret adeptus
   aeternumque daret matri sub pectore uolnus.
(640) propterea magnam armati matrem comitantur,
    aut quia significant diuam praedicere, ut armis
    ac uirtute uelint patriam defendere terram,
45 praesidioque parent decorique parentibus esse.

TITUS *LUCRETIUS* CARUS

E tenebris tantis tam clarum extollere lumen

qui primus potuisti inlustrans commoda uitae,

te sequor, o Graiae gentis decus, inque tuis nunc

25 Welch' undankbare Seelen, die frevelnden Herzen des Pöbels,
Können in Graun vor dem Wink hinstürzen der mächtigen Göt-
tin.

Wenn sie daher zuerst in prangende Städte hineinfährt,
Still mit schweigendem Gruß die sterblichen Menschen beglük-
kend,
Streuen sie Silber und Erz auf jegliche Pfade des Weges,
30 Sie mit reichem Geschenk zu ehren; beschnei'n mit der Rose
Blumen sie, schatten die Mutter und ihre begleitenden Haufen.
Dann die bewaffnete Schar, der Hellene benennt sie Kureten,
Söhne des Phrygierlands, sie spielen verschlungene Reihen,
Hüpfen, des Blutes erfreut, in gemeßenen Sprüngen und schütteln
35 Rasch mit dem Schwunge des Haupts furchtbar die Büsche der
Helme.
Jenen Diktäer-Kureten nun gleichen sie, welche das Wimmern
Jupiters einst, so gehet die Sag', auf Kreta verbargen,
Als um das Knäblein rings in dem hurtigen Tanze die Knaben,
Waffengeschmückt, im Takt an Erz' anschlugen die Erze,
40 Daß Saturnus ihn nicht mit gierigen Zähnen zermalmte,
Und unheilbar senkt' in den Busen der Mutter die Wunde.
Deshalb zieh'n sie bewaffnet einher mit der Mutter der Götter;
Oder sie deuten auch an, die Göttin gebiete, mit Waffen
Wohl zu schirmen das Land der Geburt, und tapferem Muthe,
45 Und sich zu rüsten, um Heil und Ruhm zu bringen den El-.
tern . . . .
August Wilhelm v. Schlegel

TITUS *LUCRETIUS* CARUS

Dir, o Zierde der Griechen, der du aus Dunkel und Nacht uns
Licht und Klarheit erweckt, und das Glück des Lebens gezeigt
hast,
D i r nur verlang' ich zu folgen! Mein Fuß begehrt in die Pfade

ficta pedum pono pressis uestigia signis,
5 non ita certandi cupidus quam propter amorem
quod te imitari aueo. quid enim contendat hirundo
cycnis, aut quid nam tremulis facere artubus haedi
consimile in cursu possint et fortis equi uis?

tu, pater, es rerum inuentor, tu patria nobis
10 suppeditas praecepta, tuisque ex, inclute, chartis,
floriferis ut apes in saltibus omnia libant,
omnia nos itidem depascimur aurea dicta,
aurea, perpetua semper dignissima uita.
nam simul ac ratio tua coepit uociferari
15 naturam rerum, diuina mente coorta,
diffugiunt animi terrores, moenia mundi
discedunt, totum uideo per inane geri res.
apparet diuum numen sedesque quietae,
quas neque concutiunt uenti nec nubila nimbis
20 aspergunt neque nix acri concreta pruina
cana cadens uiolat semperque innubilus aether
integit et large diffuso lumine ridet;

omnia subpeditat porro natura, neque ulla
res animi pacem delibat tempore in ullo.
25 ad contra nusquam apparent Acherusia templa,
nec tellus obstat, quin omnia dispiciantur,
sub pedibus quae cumque infra per inane geruntur.

his ibi me rebus quaedam diuina uoluptas
percipit adque horror, quod sic natura tua ui
30 tam manifesta patens ex omni parte retecta est.

Einzutreten, die d u mit deinem Fußtritt bezeichnet.
5 Nur die Liebe zu dir, der Wunsch dir ähnlich zu werden,
Nicht die Begierde zu streiten mit dir, erregt mich. Was sollte
Zu dem Liede des Schwans die Stimme zwitschernder Schwal-
ben?
Was das Böckchen mit wankendem Knie zum Laufe der Renn-
pferds?
Du bist Vater, und du Erfinder! Du reichst uns als Kindern
10 Jene herrliche Lehren. Aus deinen ruhmvollen Schriften
Saugen wir, gleich den Bienen aus honigduftenden Blüthen,
Ewigdauernde Sprüche, die goldnen Sprüche der Wahrheit.

Als dein erhabener Mund zuerst aus Gründen erklärte,
15 Dieser Dinge Natur sey nicht durch Götter entstanden;
Da entfloh'n die Fantome des Schreckens. Die Schranken des
Weltbaus
Oefnen sich mir; ich sehe durch die unendlichen Räume,
Wie dies alles entsteht und wird. Die Hoheit der Götter
Zeigt sich von ihrem ruhigen Sitz, den weder die Stürme,
Noch die Wolken belasten, den nie der Regen beträufelt,
20 Noch die frostigen Schauer mit kalten Reifen belegen.
Immer heiter lachet um sie ein glänzender Aether,
Und verbreitet sein schimmerndes Licht in reichlichen Strömen.
Alles bietet ihnen von selbst die Natur, und es kann nichts
Unterbrechen noch mindern die Dauer der seligsten Ruhe.
25 Aber des Acherons Schlünde erblick' ich nirgend. Es hindert
Selbst die Erde uns nicht den Blick durch die Tiefe zu senden,
Unter unseren Füßen die Ordnung der Dinge zu schauen.

Wann ich dieses bedenke, wie dein erhabener Geist uns
So der Dinge Natur von allen Seiten enthüllt hat;
30 Dann ergreift mich ein Schauer, und Wonne der Götter um-
fließt mich. — — —
Karl Ludwig v. Knebel

MARCUS VALERIUS *MARTIALIS*

Catullus
Tantum magna suo debet Verona Catullo,
quantum parva suo Mantua Vergilio.

CAIUS VALERIUS *CATULLUS*

Lugete, o Veneres Cupidinesque

et quantumst hominum venustiorum.

passer mortuus est meae puellae,

passer, deliciae meae puellae,

5 quem plus illa oculis suis amabat:

nam mellitus erat suamque norat

ipsam tam bene quam puella matrem

nec sese a gremio illius movebat,

sed circumsiliens modo huc modo illuc

10 ad solam dominam usque pipiabat.

qui nunc it per iter tenebricosum

illuc, unde negant redire quemquam.

at vobis male sit, malae tenebrae

Orci, quae omnia bella devoratis:

15 tam bellum mihi passerem abstulistis.

o factum male! o miselle passer!

tua nunc opera meae puellae

flendo turgiduli rubent ocelli.

MARCUS VALERIUS *MARTIALIS* ÜBER CATULLUS

Catullus
Seinem Catullus danket das große Verona, das kleine
Mantua seinem Virgil ihren unsterblichen Ruhm.

Karl Wilhelm Ramler

CAIUS VALERIUS *CATULLUS*

Weinet, Charitinnen, weinet Amors,
Alles, was man artig nennet, weine.
Meines Mädchens einziges Vergnügen,
Meines Mädchens Sperling ist gestorben.
5 Den es mehr, als seine Augen, liebte;
Denn er war so allerliebst und artig,
So verständig, und so voll Empfindung,
Daß er minder nicht sein liebes Mädchen
Als das Mädchen seine Mutter kannte.
Nie bewegt er sich von ihrem Schoose:
Sondern hüpfte hie, und da, und dorten
Auf dem Schoose munter auf und nieder,
10 Ihr nur piepend, ihr alleine schmeichelnd.
Ach! izt wandert er die dunkle Strase,
Die man ewig nicht zurücke wandert.
Drum verfluch ich, Schatten des Cocytus,
Die ihr, was nur artig ist, verschlinget,
Drum verfluch ich euch, dann ihr entführtet,
15 Dann ihr stahlt mir ihn, den schönsten Sperling.
O verruchte That, o armer Sperling,
Durch dich schwellen, ach! von stätem Weinen,
Durch dich schwellen itzund, und verderben
Meines holden Mädchens holde Augen.

Johann Nikolaus Götz

CAIUS VALERIUS *CATULLUS*

Vivamus, mea Lesbia, atque amemus
rumoresque senum severiorum
omnes unius aestimemus assis.
soles occidere et redire possunt:
5 nobis cum semel occidit brevis lux,
nox est perpetua una dormienda.
da mi basia mille, deinde centum,
dein mille altera, dein secunda centum,
deinde usque altera mille, deinde centum.
10 dein, cum milia multa fecerimus,
conturbabimus illa, ne sciamus,
aut nequis malus invidere possit,
cum tantum sciat esse basiorum.

CAIUS VALERIUS *CATULLUS*

Miser Catulle, desinas ineptire,
et quod vides perisse perditum ducas.
fulsere quondam candidi tibi soles,
cum ventitabas quo puella ducebat
5 amata nobis quantum amabitur nulla.
ibi illa multa tum iocosa fiebant,
quae to volebas nec puella nolebat.
fulsere vere candidi tibi soles.
nunc iam illa non vult: tu quoque, inpotens, noli
10 nec quae fugit sectare, nec miser vive,
sed obstinata mente perfer, obdura.
vale, puella. iam Catullus obdurat,

CAIUS VALERIUS *CATULLUS*

An Lesbia

Laß uns leben, Lesbia, und lieben
Und der runzelstrengen Alten Kritteln
Nicht für einen leichten Heller achten!
Sonne sinkt und glänzt geboren wieder;
5 Doch wenn uns das kurze Licht geschwunden,
Kommt die Nacht mit ihrem ew'gen Schlafe.
Gieb mir tausend Küsse, darauf hundert!
Darauf andre Tausend, zweites Hundert!
10 Haben wir gezählt nun viele Tausend,
Löschen wir, um's selber zu vergessen,
Und weil schmälen könnte sonst der Neidhart,
Wüßt' er um der Küsse Myriade.

Karl Immermann

CAIUS VALERIUS *CATULLUS*

Abschied von der Geliebten

Catullchen, armer Freund! werd' endlich klüger,
Und was zusehends hin ist, laß dahin seyn.
Wohl ehmals flossen dir die Tage heiter,
Als du noch gingst, wohin das Mädchen winkte,
5 Geliebt von uns, wie keine je geliebt ward.
Da gab es mancherley der Tändeleyen,
Die dir behagten, ihr nicht mißbehagten.
Da wahrlich! flossen dir die Tage heiter.
Nun weigert sich das Ding; nun zwing' auch du dich;
10 Verfolge nicht was läuft, und thu nicht kläglich.
Halt aus! halt eigensinnig aus! sey standhaft!
Nun, Mädchen, lebe wohl! Catull ist standhaft,

nec te requiret nec rogabit invitam:
at tu dolebis, cum rogaberis nulla.
15 scelesta, vae te! quae tibi manet vita?
quis nunc te adibit? cui videberis bella?
quem nunc amabis? cuius esse diceris?
quem basiabis? cui labella mordebis?
at tu, Catulle, destinatus obdura.

CAIUS VALERIUS *CATULLUS*

Furi et Aureli, comites Catulli,
sive in extremos penetrabit Indos,
litus ut longe resonante Eoa
    tunditur unda,

5 sive in Hyrcanos Arabasve molles,
seu Sagas sagittiferosve Parthos,
sive quae septemgeminus colorat
    aequora Nilus,

sive trans altas gradietur Alpes,
10 Caesaris visens monimenta magni,
Gallicum Rhenum, horribile aequor ulti-
    mosque Britannos,

omnia haec, quaecumque feret voluntas
caelitum, temptare simul parati,
15 pauca nuntiate meae puellae
    non bona dicta.

cum suis vivat valeatque moechis,
quos simul conplexa tenet trecentos,

Sucht dich nicht auf, beschwert dich nicht mit Bitten.
Ha! das wird weh thun, wenn wir nichts mehr bitten!
15 Denk', Arge, welch ein Leben auf dich wartet.
Wer wird nun zu dir eingehn? wem du schön seyn?
Wen lieben? wessen Mädchen dich nun nennen?
Wen küssen? wem die Lippchen wiederbeißen?
Catullchen, aber du halt aus! sey standhaft!

Karl Wilhelm Ramler

CAIUS VALERIUS *CATULLUS*

An Aurelius und Furius

Mein Aurel und Furius, ihr Gefährten
Eures Freundes, ging er auch zu den fernsten
Indern am Eoïschen Meer, das fernher
        Brausend den Strand peitscht;

5 Zum erhizten Araber, dem Hyrkaner,
Sacer, oder köcherbehangnen Parther,
Oder, wo der Nilus mit siebenfachem
        Strome das Meer färbt.

Oder überstieg' er die hohen Alpen,
10 Cäsar's Ehrenmäler, den Rhein zu sehen,
Und der wilden äußersten Britten Eiland:
        Die ihr dieß Alles,

Und was sonst der Himmlischen Wille fügte,
Mit Catullus freudig bestehen würdet:
15 Saget meinem Mädchen ein paar nicht allzu
        Freundliche Worte:

Sie mag glücklich leben mit ihren Buhlern,
Deren sie dreihundert zugleich am Seil führt,

nullum amans vere, sed identidem omnium
20   ilia rumpens:

nec meum respectet, ut ante, amorem,
qui illius culpa cecidit velut prati
ultimi flos, praetereunte postquam
        tactus aratrost.

CAIUS VALERIUS *CATULLUS*

Cenabis bene, mi Fabulle, apud me
paucis, si tibi di favent, diebus,
si tecum attuleris bonam atque magnam
cenam, non sine candida puella
5 et vino et sale et omnibus cachinnis.
haec si, inquam, attuleris, venuste noster,
cenabis bene: nam tui Catulli
plenus sacculus est aranearum.
sed contra accipies meros amores
10 seu quid suavius elegantiusvest:
nam unguentum dabo, quod meae puellae
donarunt Veneres Cupidinesque.
quod tu cum olfacies, deos rogabis,
totum ut te faciant Fabulle nasum.

CAIUS VALERIUS *CATULLUS*

Suffenus iste, Vare, quem probe nosti,
homost venustus et dicax et urbanus

Keinen liebt, nur allen das Eingeweid' im
20   Leibe zerreisset;

Nicht soll meine Liebe sie ferner kümmern,
Die durch ihre Schuld nun auf einmal hinsinkt,
Gleich dem Frühlingsblümchen am Saum der Wiese,
            Wenn es der Pflug knickt.
Karl Wilhelm Ramler mit Verbesserungen von Eduard Mörike

CAIUS VALERIUS *CATULLUS*

An Fabullus

Herrlich sollst du, Fabullus, nächster Tage,
So die Götter es geben, bei mir schmausen.
Wenn du nämlich ein wohlbestelltes Essen
Mitbringst, auch ein Blondinchen, und ein Fäßchen
5 Wein und Witz und ein fröhliches Gelächter.
Wenn du, Trauter, dieß Alles mitbringst, wirst du
Herrlich schmausen: denn dein Catull hat leider
Nichts im Beutel, als Spinneweben. Baare
Freundschaft sollst du dafür zurückbekommen,
10 Und, was köstlicher ist und delicater:
Einen Balsam, den meinem Mädchen neulich
Amoretten und Charitinnen schenkten.
Wenn du diesen nur einmal riechst, so wirst du
Rufen: Machet mich ganz zur Nas', ihr Götter!
            Eduard Mörike nach Karl Wilhelm Ramler

CAIUS VALERIUS *CATULLUS*

An Varrus

Du kennst ja den Suffenus, Freund; er ist galant,
Sehr artig, schwazt mit vielem Witz, und macht dabei

idemque longe plurimos facit versus.
puto esse ego illi milia aut decem aut plura
5 perscripta, nec sic ut fit in palimpseston
relata: cartae regiae, novei libri,
novei umbilici, lora rubrá membranae,
derecta plumbo et pumice omnia aequata.
haec cum legas tu, bellus ille et urbanus
10 Suffenus unus caprimulgus aut fossor
ŗursus videtur: tantum abhorret ac mutat.
hoc quid putemus esse? qui modo scurra
aut siquid hac re scitius videbatur,
idem infacetost infacetior rure,
15 simul poemata attigit; neque idem umquam
aequest beatus ac poema cum scribit:
tam gaudet in se tamque se ipse miratur.

nimirum idem omnes fallimur, nequest quisquam,
quem non in aliqua re videre Suffenum
20 possis. suus cuique attributus est error;
sed non videmus, manticae quod in tergost.

CAIUS VALERIUS *CATULLUS*

Paene insularum, Sirmio, insularumque
ocelle, quascumque in liquentibus stagnis
marique vasto fert uterque Neptunus,
quam te libenter quamque laetus inviso,
5 vix mi ipse credens Thuniam atque Bithunos
liquisse campos et videre te in tuto.
o quid solutis est beatius curis,
cum mens onus reponit, ac peregrino
labore fessi venimus larem ad nostrum

Nicht wenig Verse: wo mir recht ist, hat er wohl
Zehntausend, oder mehr geschrieben; nicht wie sonst
5 Gewöhnlich ist, auf kleinen Täfelchen: o nein!
Sein Buch ist königlich Papier, der Umschlag neu,
Neu sind die Stäbchen, roth die Riemen, Alles glatt
Vom Bimsstein, und die Zeilen nach dem Lineal.
Doch lies sein Werk: der Weltmann, der so artige
10 Suffenus ist ganz Bauer; nein, nicht plumper ist
Ein Karrenschieber: so verwandelt ist er, so
Nicht mehr er selbst. Was denkst du? Dieser feine Herr,
Scherzhaft, gewandt, anmuthig, was man sagen kann,
Ist ungeschlachter, als das ungeschlachte Dorf,
15 Sobald er Verse macht! und ist nie glücklicher,
Als wenn er Verse macht! ich sage dir, das Herz
Lacht ihm dabei, er ist voll Selbstbewunderung. —
Doch wer hat nicht dergleichen Etwas? zeig' mir den,
Der nicht in irgend einem Stück Suffenus ist!
20 Ein Jeder hat sein Theilchen Narrheit abgekriegt,
Nur sehn wir nicht den Sack, der uns vom Rücken hängt.

Eduard Mörike nach Karl Wilhelm Ramler

CAIUS VALERIUS *CATULLUS*

An die Halbinsel Sirmio

O Sirmio, du Perlchen alles Dessen, was
Neptun in Landsee'n oder großen Meeren hegt,
Halbinseln oder Inseln, — froh, wie herzlich froh
Besuch' ich dich! Noch glaub' ich es mir selber kaum,
5 Daß ich der Thyner und Bithyner Flur nunmehr
Entflohen bin, dich wieder sehe ungestört.
Wie selig macht doch überstandne Drangsal uns,
Wenn endlich man den Busen lüftet sorgenbaar,
Der Arbeit in der Fremde satt, zum eignen Haus

10 desideratoque acquiescimus lecto?
   hoc est, quod unumst pro laboribus tantis.
   salve, o venusta Sirmio, atque ero gaude:
   gaudete vosque, o Lydiae lacus undae:
   ridete, quidquid est domi cachinnorum.

CAIUS VALERIUS *CATULLUS*

   Acmen Septimius suos amores
   tenens in gremio 'mea' inquit 'Acme,
   ni te perdite amo atque amare porro
   omnes sum adsidue paratus annos,
 5 quantum qui pote plurimum perire,
   solus in Libya Indiaque tosta
   caesio veniam obvius leoni.'
   hoc ut dixit, Amor sinistra, ut ante
   dextra, sternuit adprobationem.
10 at Acme leviter caput reflectens
   et dulcis pueri ebrios ocellos
   illo purpureo ore saviata
   'sic' inquit 'mea vita Septimille,
   huic uni domino usque serviamus,
15 ut multo mihi maior acriorque
   ignis mollibus ardet in medullis.'
   hoc ut dixit, Amor sinistra, ut ante
   dextra, sternuit adprobationem.
   nunc ab auspicio bono profecti
20 mutuis animis amant amantur.
   unam Septimius misellus Acmen
   mavolt quam Syrias Britanniasque:
   uno in Septimio fidelis Acme

10 Zurückkehrt, wieder im erwünschten Bette ruht!
Und dieß ist auch mein ganzer Lohn für all' die Müh'.
Sey denn gegrüßt, o schönes Sirmio! nun freu'
Dich deines Herrn! Ihr Wellen meines regen Sees,
Seyd fröhlich! all' ihr Scherze meines Hauses, lacht!

Eduard Mörike nach Karl Wilhelm Ramler

CAIUS VALERIUS *CATULLUS*

Akme und Septimius

Akme, seine Geliebte, auf dem Schoose,
Rief Septimius: »Meine Akme! siehst du
Uebermäßig hab' ich dich lieb, und will auch
Jahr für Jahr dich beständig also lieben,
5 So arg, wie nur ein Mensch jemals im Stand ist;
Ja, sonst mag mir's geschehn, daß ich, ganz einsam,
Sey's in Libyen, sey's im heißen Inder-
Land, dem tödtlichen Blick des Leu'n begegne!«
Wie er dieses gesagt, nies't Amor, herzlich
Es bekräftigend (sonst war er ihm abhold).
10 Akme, rückwärts ihr Köpfchen leicht gebogen,
Und die trunkenen Augen ihres süßen
Knaben küssend mit jenem Purpurmunde,
Sprach: »Mein Leben! du mein Septimchen! ewig
Dienen beide wir d i e s e m Herrn alleine,
15 Ich, wie du, — so gewiß als mir noch weit ein
Heißer Feuer im zarten Marke glühet!«
Wie sie Dieses gesagt, nies't Amor, herzlich
Es bekräftigend (sonst war er ihr abhold).
Auf so günstige Zeichen nunmehr bauend,
20 Tauschen Beide von Herzen Lieb' um Liebe.
Und Septimius lebt nur noch in Akmen,
Die ihm mehr, als der weiten Erde Länder;
In Septimius' Arm nur findet Akme

facit delicias libidinesque.
25 quis ullos homines beatiores
vidit, quis Venerem auspicatiorem ?

CAIUS VALERIUS *CATULLUS*

Vesper adest, iuvenes; consurgite: Vesper Olympo
expectata diu vix tandem lumina tollit.
surgere iam tempus, iam pingues linquere mensas,
iam veniet virgo, iam dicetur Hymenaeus.
5   Hymen o Hymenaee, Hymen ades o Hymenaee !

cernitis, innuptae, iuvenes ? consurgite contra:
nimirum Oetaeos ostendit noctifer ignes.
sic certest; viden ut perniciter exiluere ?
non temere exiluere, canent quod vincere par est.
10   Hymen o Hymenaee, Hymen ades o Hymenaee !

non facilis nobis, aequales, palma paratast,
adspicite, innuptae secum ut meditata requirunt.
non frustra meditantur, habent memorabile quod sit.
nec mirum, penitus quae tota mente laborant.
15 nos alio mentes, alio divisimus aures:
iure igitur vincemur, amat victoria curam.
quare nunc animos saltem convertite vestros !
dicere iam incipient, iam respondere decebit.
        Hymen o Hymenaee, Hymen ades o Hymenaee !

20 Hespere, quis caelo fertur crudelior ignis ?

Lust und Wonne der Lieb' unüberschwänglich.
25 Kein glückseliger Paar hat man gesehen,
Keine Liebe, so schön vom Gott besiegelt.

Eduard Mörike nach Karl Wilhelm Ramler

CAIUS VALERIUS *CATULLUS*

Hochzeitgesang

Chor der Jünglinge

Auf! der Abend ist da! ihr Jünglinge auf! am Olympus
Hebt der langersehnete Stern sein funkelndes Haupt schon.
Laßt das triefende Mahl! es ist Zeit! es ist Zeit! denn im Nu wird
Kommen die Braut und soll der Hymenäus ertönen.
5 Hymen o Hymenäus! Hymen komm Hymenäus.

Mädchen

Jungfraun, schauet ihr nicht die Jünglinge? Ihnen entgegen,
Auf! der Bote der Nacht, er schwingt die himmlische Fackel.
Wahrlich! sehet ihr nicht, wie sie sich zum Kampf schon rüsten:
Nicht vergeblich rüsten! der Sieg im Gesange wird ihr seyn.
10 Hymen o Hymenäus! Hymen komm Hymenäus.

Jünglinge

Brüder, es ist uns nicht so leicht die Palme verliehen!
Seht, wie die Jungfraun dort nachsinnend suchen Gesänge,
Nicht vergebens sinnen sie nach; sie suchen das Schönste,
Wohl das Schönste, da sie mit ganzer Seele sich mühen;
15 Und wir schweifen umher, das Ohr, die Seele getheilet.
Billig siegen sie denn: denn Sieg will Mühe! Wohlauf noch
Itzt ihr Brüder, o ruft zum Gesang' die Seele zusammen.
Sie beginnen im Nu; im Nu soll Antwort ertönen.
Hymen o Hymenäus! Hymen, komm Hymenäus.

Mädchen

20 Hesperus, blickt am Himmel wohl Ein grausamer Gestirn, als

qui natam possis conplexu avellere matris,

conplexu matris retinentem avellere natam

et iuveni ardenti castam donare puellam.

quid faciunt hostes capta crudelius urbe?

25   Hymen o Hymenaee, Hymen ades o Hymenaee!

Hespere, quis caelo lucet iocundior ignis?

qui desponsa tua firmes conubia flamma,

quae pepigere viri, pepigerunt ante parentes

nec iunxere prius quam se tuus extulit ardor.

30 quid datur a divis felici optatius hora?

        Hymen o Hymenaee, Hymen ades o Hymenaee!

Hesperus e nobis, aequales, abstulit unam . . .

namque tuo adventu vigilat custodia semper.

nocte latent fures, quos idem saepe revertens,

35 Hespere, mutato conprendis nomine Eous.

at lubet innuptis ficto te carpere questu.

quid tum, si carpunt, tacita quem mente requirunt?

        Hymen o Hymenaee, Hymen ades o Hymenaee!

ut flos in saeptis secretus nascitur hortis,

40 ignotus pecori, nullo convolsus aratro,

quem mulcent aurae, firmat sol, educat imber.

multi illum pueri, multae optavere puellae:

idem cum tenui carptus defloruit ungui,

nulli illum pueri, nullae optavere puellae:

Du, der Mutterarmen vermag die blühende Tochter
Zu entreissen, sie loszureissen dem Arm, der sie vesthält
Und dem brennenden Jüngling' ein keusches Mädchen zu geben.
Feind' in eroberter Stadt, was können sie härter beginnen?
25 Hymen o Hymenäus! Hymen komm Hymenäus.

Jünglinge

Hesperus, ist am Himmel wohl ein holdseliger Stern, als
Du, deß Flamme den Bund der treuen Liebe nun vestknüpft,
Knüpft das Band, das Männer, das Eltern geschlungen und eh
                                                        nicht
Zuziehn konnten, bis dein segnendes Auge darauf blickt.
30 Können Götter uns mehr verleihn als die glückliche Stunde?
Hymen o Hymenäus! Hymen komm Hymenäus.

Mädchen

Hesperus, ach ihr Schwestern, er hat uns Eine Gespielin
Weggeraubet, der Räuber, dem jede Wache vergebens
Lauret, der die Diebe verbirgt und wenn er mit anderm
35 Namen wiedererscheint, die er barg, nun selber enthüllet.

Jünglinge

Hesperus, höre sie nicht: sie singen gedichtete Klagen,
Was sie schelten, es ist, was still ihr Herz sich ersehnet.
Hymen o Hymenäus! Hymen komm Hymenäus.

Mädchen

Wie die Blum' im umzäunten Garten verschwiegen heranblüht,
40 Nicht vom weidenden Zahn, von keinem Pfluge verwundet,
Auferzogen von Regen und Sonne, von schmeichelnden Lüftchen
Sanft gewebet; es wünschen sie Knaben, es wünschen sie Mäd-
                                                        chen.
Aber kaum ist sie geknickt vom zartesten Finger,
Ach, dann wünschen sie Knaben nicht mehr, nicht wünschen sie
                                                        Mädchen.

45 sic virgo, dum intacta manet, dum cara suis est;
   cum castum amisit polluto corpore florem,
   nec pueris iocunda manet, nec cara puellis . . . .

   ut vidua in nudo vitis quae nascitur arvo
(50) numquam se extollit, numquam mitem educat uvam, . . .
50 iam iam contingit summum radice flagellum;
   hanc nulli agricolae, nulli coluere bubulci:
   at si forte eademst ulmo coniuncta marito,
(55) multi illam agricolae, multi coluere bubulci:
   sic virgo dum intacta manet, dum inculta senescit;
55 cum par conubium maturo tempore adeptast,
   cara viro magis et minus est invisa parenti . . . .

   at tu ne pugna cum tali coniuge virgo.
(60) non aequomst pugnare, pater cui tradidit ipse,
   ipse pater cum matre, quibus parere necessest.
60 virginitas non tota tuast, ex parte parentumst,
   tertia pars patrist, pars est data tertia matri,
   tertia sola tuast: noli pugnare duobus,
(65) qui genero sua iura simul cum dote dederunt.
        Hymen o Hymenaee, Hymen ades o Hymenaee!

                CAIUS VALERIUS *CATULLUS*

   Noli admirari, quare tibi femina nulla,
        Rufe, velit tenerum supposuisse femur,
   non si illam rarae labefactes munere vestis
        aut perluciduli deliciis lapidis.
5 laedit te quaedam mala fabula, qua tibi fertur

45 So die Jungfrau: Blühet sie noch, die Liebe der Ihren,
  Unberühret; so bald sie sinkt die zärtliche Blume,
  Ach, denn lieben sie Knaben nicht mehr, nicht lieben sie Mäd-
  chen.

Jünglinge

Wie im nackten Felde die Rebe sinket zu Boden,
  Hebt sich nimmer, erzieht nicht Eine fröliche Traube,
50 Bis sich Wipfel und Wurzel im dunkeln Staube verschlingen;
  Nicht der Landmann achtet der Armen, der weidende Stier nicht.
  Aber windet sie sich empor dem gattenden Ulmbaum,
  Achtet hoch sie der Landmann, hoch der weidende Stier auch.
  So die Jungfrau; altet sie öd' im Hause der Ihren —
55 Aber hat sie das Band der reifen Ehe vermählet,
  Achtet hoch sie der Mann, es achten hoch sie die Eltern.

Jungfrau, sträube dich nicht. Mit solchem Manne zu streiten
  Ist nicht billig, ihm gab dich der Vater, ihm gab mit dem Vater
  Dich die liebende Mutter, und du must beiden gehorchen.
60 Deiner Jugend Blume, du denkst, sie ist dein, sie ist nicht dein
  Ganz; ist deines Vaters, ist deiner Mutter; der dritte
  Theil gehöret dir nur, und du willt zweien entgegen
  Streiten? sie geben dich mit der Morgengabe dem Eidam.
  Hymen o Hymenäus! Hymen komm Hymenäus.

Johann Gottfried Herder

CAIUS VALERIUS *CATULLUS*

Der verhaßte Liebhaber

NIcht wundre dich, daß sich kein Mägdgen zu dir legt,

Daß ihre Gunst kein Kleid, so schön es ist, erregt,

Und keine dein Geschenck und deine Gaben acht;

5 Es geht ein böser Ruff, der dich verhaßt gemacht.

valle sub alarum trux habitare caper.
hunc metuunt omnes; neque mirum: nam mala valdest
bestia, nec quicum bella puella cubet.
quare aut crudelem nasorum interfice pestem,
10   aut admirari desine cur fugiunt.

CAIUS VALERIUS *CATULLUS*

Nulli se dicit mulier mea nubere malle
quam mihi, non si se Iuppiter ipse petat.
dicit: sed mulier cupido quod dicit amanti,
in vento et rapida scribere oportet aqua.

CAIUS VALERIUS *CATULLUS*

Chommoda dicebat, si quando commoda vellet
dicere, et insidias Arrius hinsidias,
et tum mirifice sperabat se esse locutum,
cum quantum poterat dixerat hinsidias.
5 credo, sic mater, sic † liber avonculus eius,
sic maternus avos dixerat atque avia.
hoc misso in Syriam requierant omnibus aures:
audibant eadem haec leniter et leviter
nec sibi postilla metuebant talia verba,
10   cum subito adfertur nuntius horribilis,
Ionios fluctus, postquam illuc Arrius isset,
iam non Ionios esse, sed Hionios.

Du bist ein Stänckerbock; so nennet man dich hier.

Wie aber schlieffe nun ein Mägdgen gern bey dir?

Drum tilge nur zuvor der Nasen arge Pest;

10 Wer weiß, ob sich hernach nicht eine fangen läst?

Philander von der Linde (Johann Burchard Menke)

CAIUS VALERIUS *CATULLUS*

Weiberzusagen

Mein, saget Lina, mein soll stets ihr Herzchen bleiben;
Mein, wenn auch Zeus darauf selbst einen Hauptsturm wagt;
Sie sagts; doch was ein Weib dem giergen Buhlen sagt,
Das muß man in den Wind und schnelle Wasser schreiben.

Johann v. Alxinger

CAIUS VALERIUS *CATULLUS*

Auf den Arrius

›O r d n u n k h‹ sagte mein trefflicher Arrius, wenn sich's von
Ordnung
Handelte; ›H e p h e u‹, wo ›Epheu‹ ein Anderer sagt.
Und er glaubte dir schön ganz über die Maßen zu reden,
Wenn er sein ›Hepheu‹ so recht grundaus der Lunge geholt.
5 (Sicherlich hatte sich seine Mama, Frau Ahne deßgleichen,
Und nicht minder sein Oehm eben der Sprache bedient).
Als er nach Syrien ging, da wünschten wir unseren Ohren
Glück, und jegliches Wort hörte man wie sich's gebührt.
Ja wir glaubten uns los und ledig der Plage für immer,
10 Als man, o Schreckenspost! plötzlich die Kunde vernahm:
Seit Herr Arrius über das Meer ging, gibt es in aller
Welt kein Ionisches mehr, aber ein H ü o n i s c h e s.

Eduard Mörike

CAIUS VALERIUS *CATULLUS*

Odi et amo. quare id faciam, fortasse requiris.

nescio, sed fieri sentio et excrucior.

CAIUS VALERIUS *CATULLUS*

Quintia formosast multis, mihi candida, longa,

rectast. haec ego sic singula confiteor,

totum illud formosa nego: nam nulla venustas,

nulla in tam magnost corpore mica salis.

5 Lesbia formosast, quae cum pulcerrima totast,

tum omnibus una omnes surripuit Veneres.

PUBLIUS *VERGILIUS* MARO

Mantua me genuit, Calabri rapuere: tenet nunc
Parthenope. cecini pascua, rura, duces.

PUBLIUS *VERGILIUS* MARO

Quocunque ire ferunt variae nos tempora vitae,
tangere quas terras quosque videre homines,
dispeream si te fuerit mihi carior alter:
alter enim qui te dulcior esse potest?

CAIUS VALERIUS *CATULLUS*

Zwiespalt

Hassen muß ich und lieben zugleich. Warum? — wenn ich's
wüßte!
Aber ich fühl's, und das Herz möchte zerreissen in mir.

Eduard Mörike

CAIUS VALERIUS *CATULLUS*

Die Lylla sey schön, wie mit fleisß
Vil rühmen kan ich nicht gestehen:
Sie ist (ohn witz,) lang, auffrecht, weisß,
Recht wie ein schönes Bild zu sehen:

5 Da meine Myrta hipsch, süß, weyß
Und gantz holdseelig zubekennen,
Verdienend aller hertzen preyß,
Die Schönheit selbs allein zu nennen.

Georg Rudolf Weckherlin

PUBLIUS *VERGILIUS* MARO ÜBER SICH SELBST

Mantua hat mich gezeugt, mich raffte Kalabrien, birgt nun
Parthenope; ich sang Hirten und Felder und Krieg.

Rudolf Alexander Schröder

PUBLIUS *VERGILIUS* MARO

Freund, wohin uns die Frist entschiedenen Lebens verschlage,
Welchem Gefilde wir nahn, welche Gesellen wir schaun,
Will ich sterben, wo je mir jemand lieber denn du gilt.
Wer vermöchte mir auch süßer zu gelten, als du?

5 cui iuveni ante alios divi divomque sorores
     cuncta neque indigno, Musa, dedere bona,
  cuncta, quibus gaudet Phoebi chorus ipseque Phoebus, —
     doctior o quis te, Musa, fuisse potest?
  o quis te in terris loquitur iucundior uno?
10   Clio nam certe candida nunc loquitur.
  quare illud satis est, si te permittis amari,
     nam contra ut sit amor mutuos, unde mihi?

PUBLIUS *VERGILIUS* MARO

Formosum pastor Corydon ardebat Alexim,

delicias domini; nec quid speraret habebat.

tantum inter densas, umbrosa cacumina, fagos

adsidue veniebat. ibi haec incondita solus

5 montibus et silvis studio iactabat inani:

'o crudelis Alexi, nihil mea carmina curas?

nil nostri miserere? mori me denique cogis?

5 Haben die Himmlischen doch und himmlische Schwestern dem
                                                              Jüngling
    Nicht unwürdigen, dir jegliche Gabe verliehn,
  Jegliche, deren sich freut des Phöbus Reigen und Phöbus
    Selber. Wer war und wär', Musa, gelehrter als du?
  Wer im weiten Bereich der Welt spräch holder, als du sprichst?
10   Klio redete selbst nimmer so lauteren Munds.
  Sei mir's immer genug, wenn du mir Liebe verstattest;
    Aber dein Gegengeschenk hoffen, wie stünde mir's an?
Rudolf Alexander Schröder

PUBLIUS *VERGILIUS* MARO

Alexis

Der Poete

DEr Schäffer Coridon empfand in seinem Hertzen
Sehr grosse Liebes-brunst / vnd daher grossen Schmertzen
Dieweil der schöne Knab' Alexis / der da war
Die Wollust seines Herrn / jhm wolte gantz vnd gar
Erzeigen keine Gunst. Darumb Er auff den Feldern /
5 Im Buschen / im Gesträuch vnd Schattenreichen Weldern
  Sich offt vnd viel befand / woselbst er ohn verdrieß
  Diß schlechte Lied / jedoch vmbsonst / erschallen ließ:

     O Alexis du von Sinnen
       Allzuhart vnd grausam bist /
       Alles für dir nichtig ist /
     Was ich auch nur mag beginnen.

     All mein Tichten / all mein Singen
       Schlegt bey dir vergebens an
       Du wirst mich / wenn ich nicht kan
     Dich bewegen / ins Grab bringen.

nunc etiam pecudes umbras et frigora captant;

nunc viridis etiam occultant spineta lacertos,

10 Thestylis et rapido fessis messoribus aestu

alia serpyllumque herbas contundit olentis.

at mecum raucis, tua dum vestigia lustro,

sole sub ardenti resonant arbusta cicadis.

nonne fuit satius tristis Amaryllidis iras

15 atque superba pati fastidia? nonne Menalcan,

quamvis ille niger, quamvis tu candidus esses?

o formose puer, nimium ne crede colori!

alba ligustra cadunt, vaccinia nigra leguntur.

despectus tibi sum, nec qui sim quaeris, Alexi,

20 quam dives pecoris, nivei quam lactis abundans.

Alles Vieh' ist jtzt gewichen
   Nach dem kühlen Schatten zu
   Vnd die Eydex ist zur Ruh
In den Dornen Busch geschlichen.

10   Auch die Bäurin hackt zusammen
   Knoblauch sampt den Quendel ein
   Für die Schnitter / welche seyn
Matt von Febus heissen Flammen.

Aber deinen Tritt vnd Rucken
   In der Hitze folg' ich auch /
   Es erschallt von mir der Strauch /
Gleich von heischern Grasemucken.

15   Lieber hett ich mügen leiden
   Amaryllis übermuth.
   War nicht auch Menalcas gut?
Ob euch schwartz vnd weiß schon scheiden.

Schöner Knab' / ach laß die Güte
   Deiner Schönheit vnd Gestalt
   Nicht erheben mit Gewalt
Deinen Sinn vnd dein Gemüte.

O schaw an der Blumen Wesen /
   Wie wird weisses angesehn?
   Weisse Reinweid läst man stehn /
Die Viol wird auffgelesen.

Ich bin gantz von dir verachtet /
   Ja es wird auch nicht einmahl
20   Meiner vielen Schafe Zahl
Weder meine Milch betrachtet.

mille meae Siculis errant in montibus agnae,

lac mihi non aestate novum, non frigore defit.

canto quae solitus, si quando armenta vocabat,

Amphion Dircaeus in Actaeo Aracyntho.

25 nec sum adeo informis: nuper me in litore vidi,

cum placidum ventis staret mare. non ego Daphnim

iudice te metuam, si numquam fallit imago.

o tantum libeat mecum tibi sordida rura

atque humilis habitare casas et figere cervos,

30 haedorumque gregem viridi compellere hibisco!

mecum una in silvis imitabere Pana canendo

(Pan primum calamos cera coniungere pluris

Meine grosse Heerde gehet
  In Siciljen auff der Höh' /
  Es sey Sommer oder Schnee /
Frische Milch mir nie entstehet.

Eben also kan ich singen /
  Als Amfion hiebevor /
  Wann Er durch den süssen Chor
Pflag das Vieh zur Weide bringen.

25 Etwas Schönheit ist zu finden
  Auch bey mir / wie ich vernam /
  Als ich negst ans Vfer kam /
Da es stille war von Winden.

So das Bild dem Leben gleichet /
  Furcht ich deinen Außspruch nicht /
  Daß auch wol dein Angesicht
Dafnis seinem schwerlich weichet.

Möchte dir es nur behagen
  Auff das Feld mit mir zu gehn /
  Da die Bawer-hütten stehn /
Vnd da Wohnung anzuschlagen.

Wolten wir daselbsten bleiben /
  Auff der Hirschjagt embsig seyn /
30 Vnsre Heerden auch in ein
Zu den grünen Ibisch treiben.

Du solt mit mir lustig singen /
  Gleich wie Pan im Walde that /
  Der die Kunst erfunden hat
Viel Hälm' in ein Werck zubringen.

instituit, Pan curat ovis oviumque magistros),

nec te paeniteat calamo trivisse labellum:

35 haec eadem ut sciret, quid non faciebat Amyntas?

est mihi disparibus septem compacta cicutis

fistula, Damoetas dono mihi quam dedit olim,

et dixit moriens: 'te nunc habet ista secundum':

dixit Damoetas, invidit stultus Amyntas.

40 praeterea duo nec tuta mihi valle reperti

capreoli, sparsis etiam nunc pellibus albo;

bina die siccant ovis ubera: quos tibi servo.

iam pridem a me illos abducere Thestylis orat;

et faciet, quoniam sordent tibi munera nostra.

Pan beliebt den Schäffer Orden
   Vnd die Schaff'. Es sol auch dir
   Nicht gereuen / glaube mir /
Daß du seist ein Pfeiffer worden.

35   O wie offt hat sich beflissen
   Der Amyntas / daß er auch
   Dieser schönen Flöten Brauch
Neben vns recht möchte wissen.

Ein Werck / daß auß Sieben Rören
   Vngleich groß an Ein gesetzt /
   Hab ich / daß mir noch zur letzt
Hat Dametas wolln verehren.

Der im Sterben zu mir sagte:
   Du bist nun jhr ander Herr
   Da die Mißgunst hefftig sehr
Dich / O Narr Amyntas / plagte.

40   Neulich hab ich auch gefunden
   Zwene Böcklein schwartz besprengt /
   Vnd annoch weiß eingemengt /
Die im Thal nicht sicher stunden.

Diese laß ich täglich trencken
   Von zwey Schafen / die da seind
   Wol beeutert: bin gemeint
Dir dieselben auch zuschencken.

Thestilis hat offt begehret /
   Daß ich jhr sie lassen möcht' /
   Vnd weil dir mein Thun zuschlecht /
Wird sie derer noch gewehret.

45 huc ades, o formose puer: tibi lilia plenis

   ecce ferunt Nymphae calathis; tibi candida Nais,

   pallentis violas et summa papavera carpens,

   narcissum et florem iungit bene olentis anethi;

   tum casia atque aliis intexens suavibus herbis

50 mollia luteola pingit vaccinia calta.

   ipse ego cana legam tenera lanugine mala

   castaneasque nuces, mea quas Amaryllis amabat.

   addam cerea pruna (honos erit huic quoque pomo);

   et vos, o lauri, carpam, et te, proxima myrte:

55 sic positae quoniam suavis miscetis odores.

   rusticus es, Corydon; nec munera curat Alexis,

   nec, si muneribus certes, concedat Iollas.

   heu heu, quid volui misero mihi? floribus Austrum

   perditus et liquidis immisi fontibus apros.

45   Kom vnd schawe wunder Dinge
            Wie die Schaar der Nymfen dier /
            O du schöner Knaben Zier /
        Korbe voller Lilgen bringe.

        Nais selbst bricht ab Violen /
            Magsam vnd geschmackte Till /
            Auch was sie darneben will
        Dir zu Ehren noch mehr holen.

50   Die Golt-ehnlichen Narcissen /
            Vnd das gelbe Ringel Kraut /
            Ist sie sampt der Lentzen Braut
        Dir zuschencken höchst beflissen.

        Auch ich selbst wil Aepffel pflücken /
            Derer Schalen rauch vnd zart /
            Vnd Castanjen / welcher art
        Amaryllen kunt' erquicken.

        Spilling / Lorbern / vnd darzwischen /
            Was ich von den Myrten bring' /
55   Vnd dergleichen gutes Ding /
        Lieblichen Geruch zumischen.

        Er betrachtet gar kein schencken /
            Coridon gib dich zur Ruh'
            Jolas lest es auch nicht zu /
        Ihn mit Gaben vmb zulencken.

        Ey / was hab ich doch verübet!
            Meinen Blumen ist der Wind
            Schädlich: Meine Brunnen sind
        Durch die wilden Säu getrübet.

60 quem fugis, a, demens? habitarunt di quoque silvas

Dardaniusque Paris. Pallas quas condidit arces

ipsa colat; nobis placeant ante omnia silvae.

torva leaena lupum sequitur, lupus ipse capellam,

florentem cytisum sequitur lasciva capella,

65 te Corydon, o Alexi: trahit sua quemque voluptas.

aspice, aratra iugo referunt suspensa iuvenci,

et sol crescentis decedens duplicat umbras:

me tamen urit amor: quis enim modus adsit amori?

a, Corydon, Corydon, quae te dementia cepit!

70 semiputata tibi frondosa vitis in ulmo est:

quin tu aliquid saltem potius, quorum indiget usus,

60   Ach wen wiltu toller fliehen?
       Selbst die Götter (wie bewust)
       Vnd auch Paris hatten Lust
    In den grünen Wald zuziehen.

    Laß die Schlösser wolgefallen
       Pallas / jhrer Stiffterin:
       Vns beliebt in vnserm Sinn
    Ein begrünter Wald / für allen.

    Wie die Löwin ist gefliessen
       Das sie nur den Wolff erreicht /
       Welcher nach der Zige schleicht /
    Die den Kleh mag gern geniessen.

    So begert dein mit Verlangen
65   Wie vor / auch nun / Coridon.
       So helt jedem stets sein Thun
    Vnd erwünschte Lust gefangen.

    Sih' jtzt kömpt der Ochse wieder /
       Der das Joch am Halse tregt;
       Vnd die Sonne nunmehr schlegt
    Ihren Schatten doppelt nieder.

    Aber meine Liebe brennet
       Ohne Maß vnd ohne Ziehl /
       Coridon ach wie so viel
    Thorheit hat dein Hertz berennet!

70   Halb beschnitten deine Reben
       An der Vlme bleiben stehn /
       Laß doch das von statten gehn /
    Daß dir mehr kan Nutzen geben.

viminibus mollique paras detexere iunco?

invenies alium, si te hic fastidit, Alexim.'

PUBLIUS *VERGILIUS* MARO

Menalcas Damoetas Palaemon

M.   Dic mihi, Damoeta, cuium pecus? an Meliboei?

D.   non, verum Aegonis; nuper mihi tradidit Aegon.

M.   infelix o semper, oves, pecus! ipse Neaeram

     dum fovet ac ne me sibi praeferat illa veretur,

5   hic alienus ovis custos bis mulget in hora,

     et sucus pecori et lac subducitur agnis.

D.   parcius ista viris tamen obicienda memento.

     novimus et qui te transversa tuentibus hircis

     et quo — sed faciles Nymphae risere — sacello.

10 M. tum, credo, cum me arbustum videre Miconis

     atque mala vitis incidere falce novellas.

D.   aut hic ad veteres fagos cum Daphnidis arcum

     fregisti et calamos: quae tu, perverse Menalca,

     et cum vidisti puero donata, dolebas,

15   et si non aliqua nocuisses, mortuus esses.

Schilff vnd Weiden soltu binden /
Vnd was sonst von nöten thut /
Helt Alexis sich zu gut
Wird sich wol einander finden.

Oswald Beling

PUBLIUS *VERGILIUS* MARO

Menalcas:

Sag mir Damöt, wem hört das Vieh? Mich dünkt Meliböus.

Damötas:

Nein, dem Ägon gehört's. Erst jüngst vertraute mir's Ägon.

Menalcas:

Traurige Schafe, verlorener Pferch! Weil jener Neräa
Liebt und einzig besorgt, sein Mädchen möchte mich vorziehn,
5 Leert ein verlaufener Bursch hier zweimal stündlich die Euter,
Daß dem erbärmlichen Vieh der Saft und den Lämmern die Milch
fehlt.

Damötas:

Schilt nur nicht gar so laut mit Männern, Freundchen, verstehst
du?
Denn wir wissen es, wer — wollüstig schielten die Böcke —
Und in welchem Tempel er dich zum Gelächter der Nymphen . .

Menalcas:

10 Damals meinst du, da sie mich sahn die Bäume des Micon
Und die sprossenden Reben mit schändlicher Hippe verhauen?

Damötas:

Oder im Buchengehölz, daselbst du den Bogen des Daphnis
Samt den Pfeilen zerbrachst; denn du, vielböser Menalcas,
Schautest mit bitterem Neid des Knäbleins schönes Geschenk an.
15 Traun, du wärest zerplatzt, sofern du nicht Schaden gestiftet.

M. quid domini faciant, audent cum talia fures?

non ego te vidi Damonis, pessime, caprum

excipere insidiis multum latrante Lycisca?

et cum clamarem 'quo nunc se proripit ille?

20   Tityre, coge pecus,' tu post carecta latebas.

D. an mihi cantando victus non redderet ille,

quem mea carminibus meruisset fistula caprum?

si nescis, meus ille caper fuit; et mihi Damon

ipse fatebatur; sed reddere posse negabat.

25 M. cantando tu illum? aut umquam tibi fistula cera

iuncta fuit? non tu in triviis, indocte, solebas

stridenti miserum stipula disperdere carmen?

D. vis ergo inter nos quid possit uterque vicissim

experiamur? ego hanc vitulam (ne forte recuses,

30   bis venit ad mulctram, binos alit ubere fetus)

depono: tu dic mecum quo pignore certes.

M. de grege non ausim quicquam deponere tecum:

est mihi namque domi pater, est iniusta noverca;

bisque die numerant ambo pecus, alter et haedos.

35   verum, id quod multo tute ipse fatebere maius

(insanire libet quoniam tibi), pocula ponam

fagina, caelatum divini opus Alcimedontis,

lenta quibus torno facili superaddita vitis

diffusos hedera vestit pallente corymbos.

Menalcas:

Sag, was beginnen die Herren, wenn so die Diebe sich brüsten?
Hab ich nicht selber gesehn, daß du den Widder des Damon
Listig gefangen, du Schelm? Laut bellte die brave Lycisca,
Und ich rief: Heda, wo läuft der Widder von dannen?
20 Tityrus, sammle dein Vieh. Du lauertest hinten im Riedgras.

Damötas:

Wie? So sollt er vielleicht den Schafbock selber behalten,
Den ich im Wettkampf mir mit Lied und Flöte gewonnen?
Wenn du es noch nicht weißt: mein war der Widder und Damon
Gab es auch zu. Nur meint er hernach, er könnt ihn nicht geben.

Menalcas:

25 Du ihn mit Flöten besiegt? Hast du, mein Lieber, zur Syrinx
Je mit Wachs die Rohre verschränkt? Mißhandelst du, Tropf,
nicht
Auf einem Hälmchen Stroh am Dreiweg wimmernde Liedlein?

Damötas:

Willst du, wir sollen zu zweit, was jeglicher könne, versuchen?
Schau dies säugende Rind (und daß du's nicht etwa verweigerst,
30 Zweimal melkst du's am Tag, zwei Kälblein tränket ihr Euter),
Dies setz ich. Sag du, welch Pfand dagegen bereit steht?

Menalcas:

Aus meinen Herden wag ich dir nichts zum Pfande zu setzen,
Weil Stiefmutter daheim so streng ist. Sie und der Vater
Zählen mir zweimal tags abwechselnd Geißen und Schäflein,
35 Doch (und du selbst siehst ein, daß dies viel größern Wert hat),
Da dir nun einmal zu rasen beliebt, so setz ich die schönen
Becher, gedrechselt aus Buchs, Alcimedons göttliche Arbeit.
Außen hat sein Meißel gar fein·die Blätter der Rebe
Zwischen die Ranken und Beeren des glänzenden Eppichs ge-
schlungen.

40　in medio duo signa, Conon, et — quis fuit alter,

descripsit radio totum qui gentibus orbem,

tempora quae messor, quae curvus arator haberet?

necdum illis labra admovi, sed condita servo.

D.　et nobis idem Alcimedon duo pocula fecit,

45　et molli circum est ansas amplexus acantho,

Orpheaque in medio posuit silvasque sequentis.

necdum illis labra admovi, sed condita servo.

si ad vitulam spectas, nihil est quod pocula laudes.

M.　numquam hodie effugies; veniam quocumque vocaris.

50　audiat haec tantum — vel qui venit ecce Palaemon.

efficiam posthac ne quemquam voce lacessas.

D.　quin age, si quid habes; in me mora non erit ulla,

nec quemquam fugio: tantum, vicine Palaemon,

sensibus haec imis (res est non parva) reponas.

55 P.　dicite, quandoquidem in molli consedimus herba.

et nunc omnis ager, nunc omnis parturit arbos,

nunc frondent silvae, nunc formosissimus annus.

incipe, Damoeta; tu deinde sequere, Menalca.

alternis dicetis; amant alterna Camenae.

60 D.　ab Iove principium musae: Iovis omnia plena;

ille colit terras, illi mea carmina curae.

M.　et me Phoebus amat; Phoebo sua semper apud me

munera sunt, lauri et suave rubens hyacinthus.

40 Innen sind Bilder zu schaun — Conon — und wer noch der andre,
Der mit dem Stabe den Völkern den Kreis des Himmels beschrie-
ben
Und die Jahrszeit jedem bestimmt, so Schnittern als Pflügern?
Nie noch bracht ich die Lippe daran, sie liegen verwahret.

Damötas:
Uns auch hat Alcimedon so zwei Becher gefertigt,
45 Hat die Henkel daran mit zartem Akanthus bekleidet.
Orpheus stellt er inmitten dar und die folgenden Wälder.
Nie noch bracht ich die Lippe daran, sie liegen verwahret.
Wenn du die Kuh anschaust, was hilft's, die Becher zu loben?

Menalcas:
Heut entgehst du mir nicht. Ich folg, wohin du mich aufrufst,
50 Käme nur wer, uns Richter zu sein. — Da siehe: Palämon!
Freund, jetzt werd ich dir bald die Lust am Wetten versalzen.

Damötas:
Auf denn, wenn du was weißt. Ich lasse dich sicher nicht warten.
Mich bringt keiner in Furcht. — So komm denn, Nachbar Pa-
lämon,
Sitz herzu und höre genau; der Streit ist gewichtig.

Palämon:
55 Fang nur an. Wir lagern dieweil im schwellenden Rasen.
Jeglicher Halm im Saatfeld blüht, es blühen die Bäume,
Grünen die Wälder umher zur schönsten Stunde des Jahres.
Du, Damötas, beginnst. Und du erwiderst, Menalcas.
Wechselsweis, denn Wechselgesang erfreuet die Musen.

Damötas:
60 Jupiter sei des Liedes Beginn: er füllet die Welt aus,
Hält die Länder in Hut. Ihm sei meine Muse befohlen.

Menalcas:
Mich aber liebt Apoll, ich halt ihm seine Geschenke
Immer bereit: den Lorbeerzweig und Bluthyazinthen.

D.   malo me Galatea petit, lasciva puella,

65   et fugit ad salices et se cupit ante videri.

M.   at mihi sese offert ultro, meus ignis, Amyntas,

notior ut iam sit canibus non Delia nostris.

D.   parta meae Veneri sunt munera: namque notavi

ipse locum, aëriae quo congessere palumbes.

70 M.   quod potui, puero silvestri ex arbore lecta

aurea mala decem misi; cras altera mittam.

D.   o quotiens et quae nobis Galatea locuta est!

partem aliquam, venti, divum referatis ad auris!

M.   quid prodest quod me ipse animo non spernis, Amynta,

75   si, dum tu sectaris apros, ego retia servo?

D.   Phyllida mitte mihi: meus est natalis, Iolla:

cum faciam vitula pro frugibus, ipse venito.

M.   Phyllida amo ante alias: nam me discedere flevit

et longum 'formose, vale, vale,' inquit, 'Iolla.'

80 D.   triste lupus stabulis, maturis frugibus imbres,

arboribus venti, nobis Amaryllidis irae.

Damötas:

Äpfel warf sie mir nach, Galatee, die lüsterne Dirne,
65 Flohe zum Weidengebüsch und wünscht, ich möchte sie sehen.

Menalcas:

Mir aber bietet Amynt von selbst sich an, meine Flamme,
Daß unsern Hunden schon jetzt kaum Delia besser bekannt ist. —

Damötas:

Schau meiner Venus Geschenke bereit! Ich habe den Platz mir
Selber gemerkt; im Baum hoch droben nisten die Täublein.

Menalcas:

70 Was ich vermocht: ich las vom Strauch im Walde dem Knaben
Goldener Äpfel zehn, und morgen bring ich desgleichen.

Damötas:

Oh, wie so oft und was hat mir Galatea geschworen!
Winde, so weht und tragt einen Teil zu den Ohren der Götter.

Menalcas:

Wenn mich dein Herz auch nicht verschmäht, was hilft mir's,
                                                    Amyntas,
75 Da du den Eber jagst und ich die Netze bediene?

Damötas:

Schick mir, Jollas, die Phyllis her, ich feire Geburtstag!
Nächstens opfr' ich am Fest ein Kalb, da lad ich dich selber.

Menalcas:

Phyllis gefällt mir vor allen. Sie weinete, da sie mich gehn sah:
»Wohl, leb ewig wohl«, so rief sie, »schöner Jollas.«

Damötas:

80 Schlimm ist im Stalle der Wolf, auf reifenden Früchten der Re-
                                                              gen,
Schlimm für die Bäume der Sturm, für mich Amaryllidis Zürnen.

M. dulce satis umor, depulsis arbutus haedis,

lenta salix feto pecori, mihi solus Amyntas.

D. Pollio amat nostram, quamvis est rustica, Musam:

85   Pierides, vitulam lectori pascite vestro.

M. Pollio et ipse facit nova carmina: pascite taurum,

iam cornu petat et pedibus qui spargat harenam.

D. qui te, Pollio, amat, veniat quo te quoque gaudet;

mella fluant illi, ferat et rubus asper amomum.

90 M. qui Bavium non odit, amet tua carmina, Maevi,

atque idem iungat vulpes et mulgeat hircos.

D. qui legitis flores et humi nascentia fraga,

frigidus, o pueri, fugite hinc, latet anguis in herba.

M. parcite, oves, nimium procedere: non bene ripae

95   creditur; ipse aries etiam nunc vellera siccat.

D. Tityre, pascentis a flumine reice capellas:

ipse, ubi tempus erit, omnis in fonte lavabo.

M. cogite ovis, pueri: si lac praeceperit aestus,

ut nuper, frustra pressabimus ubera palmis.

Menalcas:

Süß ist den Saaten der Tau, die Erdbeerstaude den Böcklein,
Weidengebüsch dem trächtigen Vieh, mir einzig Amyntas.

Damötas:

Pollio mag mein Singen, so bäurisch immer es sein mag:
85 Weidet dem freundlichen Hörer zu Dank, ihr Musen, ein Kälblein.

Menalcas:

Pollio schreibt jetzt selbst ein Lied, so zieht einen Stier ihm;
Stark schon dräue sein Horn, sein Hufschlag wirble den Staub
auf.

Damötas:

Wer dich, Pollio, liebt, komm hin, wo du selber dich hinwünschst:
Honig fließe für ihn, und Balsam trage der Dorn ihm!

Menalcas:

90 Wer nicht Bavius haßt, der liebe des Mävius Lieder,
Beuge die Füchslein unter das Joch und melke den Geißbock.

Damötas:

Die ihr die Blumen euch pflückt und Erdbeern drunten am
Boden,
Knaben, entflieht, hier lauert im Krautwerk fröstelnd die
Schlange.

Menalcas:

Halt, ihr Schafe, zurück! Nicht ist's am Flusse geheuer.
95 Sehet den Widder, er selbst läßt jetzt die Wolle sich trocknen.

Damötas:

Tityrus, rufe hinweg vom Fluß die weidenden Zicklein,
Kam erst die richtige Zeit, so bad ich sie selber im Quellbronn.

Menalcas:

Wahret, ihr Burschen, das Vieh. Wenn wieder wie neulich die
Milch uns
Vor der Hitze verstockt, so pressen umsonst wir die Euter.

100 D: heu heu, quam pingui macer est mihi taurus in ervo!

     idem amor exitium pecori pecorisque magistro.

   M. hi certe — neque amor causa est — vix ossibus haerent.

     nescio quis teneros oculus mihi fascinat agnos.

   D. dic quibus in terris — et eris mihi magnus Apollo —

105   tris pateat Caeli spatium non amplius ulnas.

   M. dic quibus in terris inscripti nomina regum

     nascantur flores, et Phyllida solus habeto.

   P. non nostrum inter vos tantas componere lites.

     et vitula tu dignus et hic: et quisquis amores

110   aut metuet dulcis, aut experietur amaros.

     claudite iam rivos, pueri; sat prata biberunt.

PUBLIUS *VERGILIUS* MARO

Sicelides Musae, paulo maiora canamus!
non omnis arbusta iuvant humilesque myricae
si canimus silvas, silvae sint consule dignae.

ultima Cumaei venit iam carminis aetas;
5 magnus ab integro saeclorum nascitur ordo.
iam redit et virgo, redeunt Saturnia regna,

Damötas:

100 Weh, wie weidet mein Stier so dürr im üppigen Kraute,
Ward doch die selbige Brunst dem Vieh und den Hirten verderb-
lich.

Menalcas:

Dies ist Liebe nicht schuld: Kaum hangen die Knochen zusam-
men!
Möcht ich's doch kennen das Aug, das so meine Lämmer be-
hext hat.

Damötas:

Sage mir, wo zuland — und du bist mir der große Apollo —
105 Nur drei Ellen bemißt, nicht mehr! die Breite des Himmels?

Menalcas:

Sage mir, wo zuland die Blumen wachsen und tragen
Königsnamen im Kelch; und du sollst mir Phyllis besitzen.

Palämon:

Freunde, mir steht nicht an, solch wichtigen Streit zu ent-
scheiden:
Du und er seid würdig des Pfands. Geh jeder und fürchte
110 Süßes, das Liebe verbirgt, sonst lernt er ihr Bitteres kennen.
Schließet die Schleußen, ihr Burschen, genugsam tranken die
Auen.

Rudolf Alexander Schröder

PUBLIUS *VERGILIUS* MARO

Musen Siziliens auf, laßt höhere Weisen ertönen.
Reben- und Myrtengehölz, das bescheidene, fruchtet nicht jedem.
Singen wir Wälder, so seien des Konsuls würdig die Wälder.

Schon erfüllte sich ganz die Zeit Cumäischer Sänge.
5 Schon von neuem beginnt der Jahrhunderte mächtige Ordnung,
Kehrt uns die heilige Magd und kehrt das Reich des Saturnus.

iam nova progenies caelo demittitur alto.
tu modo nascenti puero, quo ferrea primum
desinet ac toto surget gens aurea mundo,
10 casta fave Lucina: tuus iam regnat Apollo.
teque adeo decus hoc aevi, te consule, inibit,
Pollio, et incipient magni procedere menses;
te duce, si qua manent sceleris vestigia nostri,
inrita perpetua solvent formidine terras.
15 ille deum vitam accipiet divisque videbit
permixtos heroas et ipse videbitur illis,
pacatumque reget patriis virtutibus orbem.

at tibi prima, puer, nullo munuscula cultu
errantis hederas passim cum baccare tellus
20 mixtaque ridenti colocasia fundet acantho.
ipsae lacte domum referent distenta capellae
ubera, nec magnos metuent armenta leones;
ipsa tibi blandos fundent cunabula flores.
occidet et serpens, et fallax herba veneni
25 occidet; Assyrium vulgo nascetur amomum.
at simul heroum laudes et facta parentis
iam legere et quae sit poteris cognoscere virtus,
molli paulatim flavescet campus arista,
incultisque rubens pendebit sentibus uva,
30 et durae quercus sudabunt roscida mella.
pauca tamen suberunt priscae vestigia fraudis,
quae temptare Thetim ratibus, quae cingere muris
oppida, quae iubeant telluri infindere sulcos.
alter erit tum Tiphys, et altera quae vehat Argo
35 delectos heroas; erunt etiam altera bella
atque iterum ad Troiam magnus mittetur Achilles.

Schon vom hohen Olymp erscheint ein neues Geschlecht uns.
Sei der Geburt des Sohns, dem bald dies eiserne Alter
Weicht und das goldene Jahr neu aufgeht über der Erde,
10 Keusche Lucina, geneigt: schon herrscht dein Bruder Apollo.

Also beginnt die Zierde der Zeit und nehmen die großen
Monde den Lauf, da du des Konsuls Würde verwaltest
Pollio, Führer des Jahrs; jetzt weicht von Frevel und Grauen
Jede gebliebene Spur, erleichtert atmen die Länder.
15 Göttlich Schicksal teilet das Kind und schaut die Heroen,
Wandelnd im seligen Schwarm; und freundlich grüßen sie selbst
ihn,
Wenn er die Lande regiert, durch Kraft seiner Väter befriedet.
Siehe, dir treibt, o Sohn, sogleich, ohn Pflege der Boden
Rankenden Eppich hervor und Fülle gewürzigen Heilkrauts.
20 Seltene Blumen zumal und erlesene, blühende Sträucher.
Heimwärts tragen von selbst den strotzenden Euter die Geißen,
Nimmer fürchtet das Schaf die Wut des mächtigen Leuen.
Da du, in Schlummer gewiegt, dich ausruhst, blühet das Bette:
Ja, und die Natter stirbt, es stirbt das täuschende Giftkraut,
25 Rings auf den Feldern erblüht die Balsamstaude des Ostens.

Wenn du nun aber der Helden Lob und die Taten des Ahnherrn
Selber zu lesen begannst und weißt, was männlicher Mut sei,
So erblondet gemach von schwankenden Ähren der Acker,
Rot im wilden Gedörn erwächst die schwellende Traube,
30 Honig träufelt wie Tau·vom Stamm verhärteter Eichen.
Noch aber bleibt ein Rest des frühern Truges bestehen,
Welcher die Naue gelehrt, das Meer versuchen, die Städte,
Steinerne Mauern zu baun, den Pflug, die Scholle zu furchen.
Dann wird ein anderer Tiphys sein, es führet die Argo
35 Andere Helden hinaus; und andere Kriege beginnen,
Und ein zweiter Achill erstürmt die troische Feste.

hinc, ubi iam firmata virum te fecerit aetas,
cedet et ipse mari vector, nec nautica pinus
mutabit merces: omnis feret omnia tellus.
40 non rastros patietur humus, non vinea falcem;
robustus quoque iam tauris iuga solvet arator;
nec varios discet mentiri lana colores,
ipse sed in pratis aries iam suave rubenti
murice, iam croceo mutabit vellera luto;
45 sponte sua sandyx pascentis vestiet agnos.

'talia saecla' suis dixerunt 'currite' fusis
concordes stabili fatorum numine Parcae.
adgredere o magnos (aderit iam tempus) honores,
cara deum suboles, magnum Iovis incrementum!
50 aspice convexo nutantem pondere mundum,
terrasque tractusque maris caelumque profundum:
aspice venturo laetentur ut omnia saeclo!
o mihi tum longae maneat pars ultima vitae,
spiritus et quantum sat erit tua dicere facta:
55 non me carminibus vincet nec Thracius Orpheus,
nec Linus, huic mater quamvis atque huic pater adsit,
Orphei Calliopea, Lino formosus Apollo.
Pan etiam, Arcadia mecum si iudice certet,
Pan etiam Arcadia dicat se iudice victum.
60 incipe, parve puer, risu cognoscere matrem
(matri longa decem tulerunt fastidia menses)
incipe, parve puer: qui non risere parenti,
nec deus hunc mensa, dea nec dignata cubili est.

Wenn aber schließlich dich zum Mann die Jahre gefestigt,
Weichet der Fischer sogar vom Meer, die fichtene Planke
Tauschet die Güter nicht mehr, allum trägt alles die Scholle.
40 Nimmer duldet der Grund den Karst, die Rebe das Messer,
Fröhlich erlöset den Stier vom Joch der kräftige Pflüger:
Ja, und die Wolle verlernt die Kunst erlogener Farben:
Schon am lebendigen Leib erscheint mit prangender Röte
Oder mit leuchtendem Gelb der zottige Widder gekleidet,
45 Purpur kleidet von selbst den Schwarm der weidenden Lämmer.

Laufet, ihr Spindeln, o lauft und bringt dies schöne Jahrhundert,
Riefen die Parzen zumal, der Schicksalswende gehorsam.
Siehe die Zeiten bereit, o komm, deiner Ehre genießen,
Du, der Unsterblichen Pfand, des gewaltigen Jupiter Schößling.
50 Schau, wie das schwere Gewölb des Weltalls schwankend sich
                                                              reget,
Land und die Ströme des Meers und sämtliche Tiefen des Him-
                                                              mels.
Schau, wie sie alle sich freun des kommenden seligen Alters!

Oh, und bliebe mir nur ein Rest des Lebens erhalten,
Und des Gesangs so viel, als genügt, deine Taten zu singen,
55 Würde mit Liedern mich Orpheus nicht, nicht Linus besiegen,
Wenn auch die Mutter dem einen hülf, der Vater dem andern,
Calliopea dem Orpheus, Apoll, der Schöne, dem Linus.
Ja, und bestritte mich Pan, und Arkadien spräche das Urteil,
Gäb auch Arkadien mir vor Pan den Preis des Gesanges.

60 Komm doch, o Knäblein, komm und grüß mit Lächeln die Mutter,
Schon zehn Monde verbarg im Schoß dich harrend die Mutter.
Komm doch, o Knäblein, komm: wer nicht das Lächeln der El-
                                                              tern
Kennen gelernt, dem winkt nicht Tisch noch Bette der Götter.
                                        Rudolf Alexander Schröder

PUBLIUS *VERGILIUS* MARO

Prima Syracosio dignata est ludere versu
nostra neque erubuit silvas habitare Thalia.
cum canerem reges et proelia, Cynthius aurem
vellit et admonuit: 'pastorem, Tityre, pinguis
5 pascere oportet ovis, deductum dicere carmen.'
nunc ego (namque super tibi erunt qui dicere laudes,
Vare, tuas cupiant et tristia condere bella)
agrestem tenui meditabor harundine Musam.
non iniussa cano. si quis tamen haec quoque, si quis
10 captus amore leget, te nostrae, Vare, myricae,
te nemus omne canet; nec Phoebo gratior ulla est
quam sibi quae Vari praescripsit pagina nomen.

pergite, Pierides. Chromis et Mnasyllus in antro
Silenum pueri somno videre iacentem,
15 inflatum hesterno venas, ut semper, Iaccho;
serta procul tantum capiti delapsa iacebant,
et gravis attrita pendebat cantharus ansa.
adgressi (nam saepe senex spe carminis ambo
luserat) iniciunt ipsis ex vincula sertis.
20 addit se sociam timidisque supervenit Aegle,
Aegle Naiadum pulcherrima, iamque videnti
sanguineis frontem moris et tempora pingit.
ille dolum ridens 'quo vincula nectitis?' inquit.
'solvite me, pueri; satis est potuisse videri.

PUBLIUS *VERGILIUS* MARO

Silenus

Silenus

Meine Muse zuerst hatte Lust an munteren Strophen
Und errötete nie, in Wäldern und Auen zu hausen.
Als von Fürsten, von Schlachten ich sang, da zupfte Apollo
Mahnend am Ohr mich: »Hirten, o Tityrus, ziemt es, die fetten
5 Schafe zu weiden und in gedämpfterem Tone zu singen.«
Heute auch will ich (es bleiben genug ja übrig, begierig
Dich, o Varus, zu preisen und traurige Kriege zu schildern)
Ländliche Strophen ersinnen auf dieser einfachen Flöte.
Ohne Geheiß nicht sing' ich. Wenn dennoch einer auch dieses
10 Liest, von Liebe erfaßt: Von dir, o Varus, sie reden,
All meine Sträucher und Haine. Kein Blatt ist so lieb dem Apollo
Wie eins, auf dem des Varus Namen als Widmung geschrieben.
Fahrt fort, Musen. Mnasyllos und Chromis, zwei Jünglinge, sahen
In einer Grotte liegen Silenus vom Schlaf überwältigt,
15 Schwellend wie immer die Adern vom Wein, den er gestern ge-
                                               trunken.
Wie wenn eben vom Haupte geglitten, lag abseits sein Kranz
                                               noch,
Hing der gewichtige Humpen am abgegriffenen Henkel.
Drauf gingen beide (denn oft schon betrog der Greis ihr Erwar-
                                               ten,
Lieder zu hören) und flochten aus eigenem Kranz ihm die Fessel.
20 Ihnen gesellte sich Aegle und brachte den Ängstlichen Hilfe;
Aegle, aller Najaden die schönste, wie er erwacht schon,
Färbt ihm die Stirn und die Schläfen mit blutrotem Safte der
                                               Maulbeern.
Der aber lacht zu dem Streich und schreit: »Was knüpft ihr mir
                                               Fesseln?
Lasset, Kinder, mich los, es genügt, daß ihr mich ertappt habt.

25 carmina quae vultis cognoscite; carmina vobis,
   huic aliud mercedis erit.' simul incipit ipse.
   tum vero in numerum Faunosque ferasque videres
   ludere, tum rigidas motare cacumina quercus;
   nec tantum Phoebo gaudet Parnasia rupes,
30 nec tantum Rhodope miratur et Ismarus Orphea.

   namque canebat uti magnum per inane coacta
   semina terrarumque animaeque marisque fuissent
   et liquidi simul ignis; ut his exordia primis
   omnia et ipse tener mundi concreverit orbis;
35 tum durare solum et discludere Nerea ponto
   coeperit et rerum paulatim sumere formas;
   iamque novum terrae stupeant lucescere solem,
   altius atque cadant summotis nubibus imbres;
   incipiant silvae cum primum surgere, cumque
40 rara per ignaros errent animalia montis.
   hinc lapides Pyrrhae iactos, Saturnia regna,
   Caucasiasque refert volucris furtumque Promethei.
   his adiungit, Hylan nautae quo fonte relictum
   clamassent, ut litus 'Hyla, Hyla' omne sonaret;
45 et fortunatam, si numquam armenta fuissent,
   Pasiphaen nivei solatur amore iuvenci.
   a, virgo infelix, quae te dementia cepit!
   Proetides implerunt falsis mugitibus agros,
   at non tam turpis pecudum tamen ulla secuta
50 concubitus, quamvis collo timuisset aratrum,
   et saepe in levi quaesisset cornua fronte.
   a, virgo infelix, tu nunc in montibus erras:
   ille latus niveum molli fultus hyacintho
   ilice sub nigra pallentis ruminat herbas

25 Hört jetzt die Lieder, die ihr begehrt, und nehmt sie zum Lohne —
Die da bekommt etwas anderes!« Und zugleich auch begann er.
Siehe, da tanzen im Rhythmus, im Takte die Faunen und Bestien,
Schütteln im Takt ihre Wipfel die steil aufragenden Eichen.
Solche Freude hat nicht an Apollo der fels'ge Parnassos,
30 So verzaubert sind nicht von Orpheus die Thrakischen Berge.
Denn er sang, wie im unermeßlichen Nichts die Atome
Alle, der Erde, der Luft und des Wassers verdichtet sich fügten,
Auch des ätherischen Feuers, und wie aus dem Urstoff entstan-
                                                                den
Alles, ja selbst der Kreis des edleren Himmels sich wölbte;
35 Wie dann die Erde fest ward, das Meer sich schied von der Feste,
Und wie langsam geformt und gestaltet die Dinge sich zeigten,
Alle die Länder staunend die junge Sonne begrüßen,
Und aus entrückten Wolken hochher strömet der Regen.
Wie dann erstmals Wälder erstehen, und einzelne Tiere
40 Irren durch das Gebirge, das solches noch niemals erschaut hat.
Dann von den Steinen, die Pyrrha geworfen, Saturnischem Aeon,
Von des Prometheus Diebstahl und Leiden am Fels durch den
                                                                Adler.

Singt von der Quelle, an der die Schiffer den Hylas verloren,
Rufend, daß rings die Gestade all hallten: »Hylas, o Hylas!«
45 Und von Pasiphae — glücklich, hätt' es nie Rinder gegeben —
Wie ihre Glut sie kühlt in der Liebe zum schneeigen Stiere.
Ah, unseliges Weib, welch ein Wahnsinn hat dich ergriffen!
Proetus' Töchter erfüllten die Felder mit täuschendem Brüllen:
Dennoch ist keine so schimpflicher Leidenschaft jemals erlegen,
50 Ob sie doch gleich im Wahne das Joch schon gespürt auf dem
                                                                Nacken,
Oft an der glatten Stirne getastet, ob Hörner nicht wüchsen.
Ah, unseliges Weib, nun irrst du umher im Gebirge.
Jener auf Hyazinthen gebettet die schneeige Flanke
Kaut dort unter der dunkeln Eiche die hellgrünen Kräuter,

55 aut aliquam in magno sequitur grege. 'claudite, Nymphae,
   Dictaeae Nymphae, nemorum iam claudite saltus,
   si qua forte ferant oculis sese obvia nostris
   errabunda bovis vestigia; forsitan illum
   aut herba captum viridi aut armenta secutum
60 perducant aliquae stabula ad Gortynia vaccae.'
   tum canit Hesperidum miratam mala puellam;
   tum Phaethontiadas musco circumdat amarae
   corticis atque solo proceras erigit alnos.
   tum canit errantem Permessi ad flumina Gallum
65 Aonas in montis ut duxerit una sororum,
   utque viro Phoebi chorus adsurrexerit omnis;
   ut Linus haec illi divino carmine pastor
   floribus atque apio crinis ornatus amaro
   dixerit: 'hos tibi dant calamos, en accipe, Musae,
70 Ascraeo quos ante seni, quibus ille solebat
   cantando rigidas deducere montibus ornos.
   his tibi Grynei nemoris dicatur origo,
   ne quis sit lucus quo se plus iactet Apollo.'
   quid loquar aut Scyllam Nisi, quam fama secuta est
75 candida succinctam latrantibus inguina monstris
   Dulichias vexasse rates et gurgite in alto,
   a, timidos nautas canibus lacerasse marinis,
   aut ut mutatos Terei narraverit artus,
   quas illi Philomela dapes, quae dona pararit,
80 quo cursu deserta petiverit et quibus ante
   infelix sua tecta super volitaverit alis?
   omnia, quae Phoebo quondam meditante beatus
   audiit Eurotas iussitque ediscere lauros,
   ille canit (pulsae referunt ad sidera valles),

55 Oder verfolgt aus der großen Herd' eine. »Sperret, o Nymphen,
Nymphen von Kreta, sperrt ab zu Auen und Wäldern die Pässe,
Ob nicht von ungefähr doch die Spuren des schweifenden Stieres
Irgendwo finde mein Auge — es möchte ja sein doch, daß schließ-
lich
Von einem Kraute verlockt oder selber folgend der Herde
60 Heim ihn brächten die Kühe zu unseren kretischen Ställen.«
Hierauf singt er vom Mädchen, verlockt von den goldenen Äpfeln,
Kleidet um Helios' Töchter Moos und bittere Rinde,
Läßt sie als schlank aufsteigende Erlen entwachsen dem Boden.
Darauf singt er von Gallus, wandelnd am Flusse Permessus,
65 Wie ihn der Göttinnen eine geführt zum Aonischen Hügel,
Wie sich erhoben vor ihm, dem Mann, alle Musen Apollos,
Wie zu ihm Linus, der Hirt des unsterblichen Liedes, die Haare
Schön bekränzt mit Büten und bitterem Eppich, gesprochen:
»Nimm diese Flöte, es schenken die Musen sie dir, Hesiod einst
70 Spielte als Greis sie: mit ihr und seinen Gesängen vermocht' er
Starrende Eschen vom Berge zu locken, daß sie ihm folgten.
Du sollst singen auf ihr den Ursprung Aeolischen Waldes,
Daß da kein Hain sei, dessen Apollo höher sich rühme.«

Was sang er noch?! Daß von Scylla, des Nisus Tochter, erzählt
wird,
75 Ihre strahlenden Hüften umgürtet mit kläffenden Monstren,
Hab' des Odysseus Schiff sie bedrängt, und im gurgelnden Stru-
del
Hätten die bebenden Fischer zerfleischt ihre scheußlichen Hunde.
Auch von des Tereus verwandelter Form erzählte er vieles,
Von dem Mahle der Philomele und ihren Geschenken,
80 Wie sie im Fluge die Wüste erreicht, und mit ruhlosen Schwingen
Doch noch zuvor, unselig, das Dach ihres Heimes umflattert!
Alles, was einst Apollo sang und Eurotas glückselig
Hörte, was er dem Lorbeer gebot, für immer zu lernen —
Alles sang jener (die Berge trugen das Echo zum Himmel),

85 cogere donec ovis stabulis numerumque referre

iussit et invito processit Vesper Olympo.

PUBLIUS *VERGILIUS* MARO

Extremum hunc, Arethusa, mihi concede laborem:
pauca meo Gallo, sed quae legat ipsa Lycoris,
carmina sunt dicenda: neget quis carmina Gallo?
sic tibi, cum fluctus subterlabere Sicanos,
5 Doris amara suam non intermisceat undam,
incipe; sollicitos Galli dicamus amores,
dum tenera attondent simae virgulta capellae.
non canimus surdis, respondent omnia silvae.

quae nemora aut qui vos saltus habuere, puellae
10 Naides, indigno cum Gallus amore peribat?
nam neque Parnasi vobis iuga, nam neque Pindi
ulla moram fecere, neque Aonie Aganippe.
illum etiam lauri, etiam flevere myricae,
pinifer illum etiam sola sub rupe iacentem
15 Maenalus, et gelidi fleverunt saxa Lycaei.
stant et oves circum (nostri nec paenitet illas,
nec te paeniteat pecoris, divine poeta;
et formosus ovis ad flumina pavit Adonis),
venit et opilio, tardi venere subulci,
20 uvidus hiberna venit de glande Menalcas.
omnes 'unde amor iste' rogant 'tibi?' venit Apollo,
'Galle, quid insanis?' inquit 'tua cura Lycoris
perque nives alium perque horrida castra secuta est.'
venit et agresti capitis Silvanus honore,

85 Bis die Schafe zum Stalle zu treiben und dann sie zu zählen
Nahender Abend uns zwang — sein Stern war niemand will-
kommen.

Theodor Haecker

PUBLIUS *VERGILIUS* MARO

Gallus

Gallus

Gönne ein Werk mir noch, o Nymphe der Quelle, dies letzte!
Wenige Verse — doch Lycoris sollte sie lesen —
Singe ich Gallus, dem Freund: wer weigerte Verse dem Gallus?
Möge das Meer mit dir seine bittere Welle nicht mischen,
5 Während du klar hinfließest unter dem Busen Siziliens:
Fang an, ruheraubende Liebe des Gallus zu singen —
Noch beknappern das zarte Gestrüpp plattnasige Ziegen.
Auch nicht singen wir Tauben, widerhallen die Wälder.
Welcher Hain denn, welche Schlucht, jungfräuliche Mädchen,
10 Hielten euch, da Gallus verging in unseliger Liebe?
Denn es hinderten euch ja nicht die Höhen des Pindus,
Auch nicht die des Parnassus, noch die böotische Quelle.
Ihn beklagte der Lorbeer, beklagten alle Gebüsche,
Maenalus, fichtenbewachsen, um ihn, der in einsamer Schlucht lag,
15 Führte die Klage, es klagten die Felsen des eis'gen Lycaeus.
Ringsum stehen auch Schafe (und sie kümmern sich unsrer;
Du auch, göttlicher Dichter, mißachte nicht ihre Herde:
Auch Adonis weidete Schafe nahe dem Flusse),
Und der Schäfer kam, und langsam, träge der Schweinhirt,
20 Naß noch vom triefenden Winterfutter kam auch Menalcas.
Alle fragten: »Woher diese Liebe?« Es kam auch Apollo:
»Gallus, was rasest du?« sprach er. »Lycoris, deine Geliebte,
Folgt einem andern durch Eis und Schnee und unwirtliche Lager.«
Dann Silvanus, das Haupt geschmückt mit dem ländlichen Kranze:

25 florentis ferulas et grandia lilia quassans.
   Pan deus Arcadiae venit, quem vidimus ipsi
   sanguineis ebuli bacis minioque rubentem.
   'ecquis erit modus?' inquit 'Amor non talia curat,
   nec lacrimis crudelis Amor nec gramina rivis
30 nec cytiso saturantur apes nec fronde capellae.'
   tristis at ille 'tamen cantabitis, Arcades' inquit
   'montibus haec vestris, soli cantare periti
   Arcades. o mihi tum quam molliter ossa quiescant,
   vestra meos olim si fistula dicat amores!
35 atque utinam ex vobis unus vestrique fuissem
   aut custos gregis aut maturae vinitor uvae!
   certe sive mihi Phyllis sive esset Amyntas,
   seu quicumque furor (quid tum, si fuscus Amyntas?
   et nigrae violae sunt et vaccinia nigra),
40 mecum inter salices lenta sub vite iaceret;
   serta mihi Phyllis legeret, cantaret Amyntas.
   hic gelidi fontes, hic mollia prata, Lycori,
   hic nemus; hic ipso tecum consumerer aevo.
   nunc insanus amor duri me Martis in armis
45 tela inter media atque adversos detinet hostis.
   tu procul a patria (nec sit mihi credere tantum)
   Alpinas a, dura, nives et frigora Rheni
   me sine sola vides. a, te ne frigora laedant!
   a, tibi ne teneras glacies secet aspera plantas!
50 ibo et Chalcidico quae sunt mihi condita versu
   carmina pastoris Siculi modulabor avena.
   certum est in silvis inter spelaea ferarum
   malle pati tenerisque meos incidere amores
   arboribus: crescent illae, crescetis, amores.
55 interea mixtis lustrabo Maenala Nymphis,
   aut acris venabor apros. non me ulla vetabunt
   frigora Parthenios canibus circumdare saltus.

25 Blühendes Steckenkraut und riesige schwankende Lilien.
   Pan, Arkadiens Gott kam; diesen sahen wir selber.
   Rot sein Antlitz von Mennig und blutigen Beeren des Attich.
   »Findest nimmer ein Maß; was kümmert sich darum die Liebe!
   Nie wird Liebe der Tränen satt, nie Auen der Bäche,
30 Blühenden Klees nie die Biene, noch würziger Blätter die Ziege.«
   Er aber antwortet traurig: »Singet, Arkader, singt dennoch
   Dieses auf eueren Hügeln, denn ihr allein nur, Arkader,
   Wisset zu singen. Wie sanft, ach, sollen meine Gebeine
   Ruhen, wenn einst von meiner Liebe erzählt eure Flöte!
35 Ach, daß ich einer von euch, und mitgehütet doch hätte
   Euere Herde, und mitgekeltert die schwellenden Trauben!
   Mir gehörte dann sicherlich Phyllis oder Amyntas,
   Oder irgend jemand (was tät's, daß Amyntas so braun ist?
   Dunkel sind auch die Veilchen, und Heidelbeeren sind dunkel),
40 Läge mit mir zwischen Weiden, und unter den biegsamen Reben:
   Phyllis bände Girlanden, Amyntas sänge mir Lieder.
   Hier sind kühlende Quellen, hier üppige Wiesen, Lycoris,
   Hier ein Hain; hier könnte ich altern mit dir und sterben.
   Nun aber hält heillose Liebe in drückender Rüstung
45 Mitten mich unter Geschossen und hart anstürmenden Feinden:
   Du so ferne der Heimat (dürft' ich's doch nimmermehr glauben!)
   Grausame! Alpen und Schnee und den eisigen Winter am Rheine
   Siehst du allein ohne mich. Daß dir der Winter nicht schade!
   Ach, daß das scharfe Eis nicht die zarten Sohlen dir schneide!
50 Fort nun und was ich gedichtet in chalcidischem Versmaß,
   Will ich begleiten hier auf der einfachen Flöte des Hirten.
   Jetzt ist's entschieden: in Wäldern zwischen den Höhlen des
                                                    Wildes
   Lieber entsag' ich und schneid' meiner Liebe Leiden in zarte
   Bäume; sie werden wachsen, und mit ihnen wächst meine Liebe.
55 Ich will Arkadien durchwandern mitten im Reigen der Nymphen,
   Jagen die hitzigen Eber, und nie soll mich hindern die Kälte,
   Alle Parthenischen Schluchten mit Hunden rings zu umstellen.

iam mihi per rupes videor lucosque sonantis

ire, libet Partho torquere Cydonia cornu

60 spicula — tamquam haec sit nostri medicina furoris,

aut deus ille malis hominum mitescere discat.

iam neque Hamadryades rursus neque carmina nobis

ipsa placent; ipsae rursus concedite silvae.

non illum nostri possunt mutare labores,

65 nec si frigoribus mediis Hebrumque bibamus,

Sithoniasque nives hiemis subeamus aquosae,

nec si, cum moriens alta liber aret in ulmo,

Aethiopum versemus ovis sub sidere Cancri.

omnia vincit Amor: et nos cedamus Amori.'

70 haec sat erit, divae, vestrum cecinisse poetam,

dum sedet et gracili fiscellam texit hibisco,

Pierides: vos haec facietis maxima Gallo,

Gallo, cuius Amor tantum mihi crescit in horas

quantum vere novo viridis se subicit alnus.

75 surgamus: solet esse gravis cantantibus umbra,

iuniperi gravis umbra; nocent et frugibus umbrae.

ite domum saturae, venit Hesperus, ite capellae.

PUBLIUS *VERGILIUS* MARO

Ipse cava solans aegrum testudine amorem

(465) te, dulcis coniunx, te solo in litore secum,

te veniente die, te decedente canebat.

Taenarias etiam fauces, alta ostia Ditis,

Über die Hänge durch brausende Wälder seh' ich mich streifen,
Mir behagt's, von parthischem Bogen die kretischen Pfeile
50 Sicher zu schnellen. — Wie denn? Soll das mir heilen den Wahn-
sinn?
Oder soll darum der Gott sich erbarmen des Jammers der Men-
schen?
Schon gefallen die Bäume mir nimmer, sogar meine Lieder
Selber gefallen mir nimmer; ihr Wälder auch lasset mich wieder.
Jene Liebe vermöchte nimmer zu wandeln unsere Mühsal:
55 Ob wir mitten im Frost der Maritza Wasser auch tränken,
Uns aussetzten dem stürmenden Schnee der thrakischen Winter,
Ob wir, wann schrumpfend der Bast eindorrt an ragender Ulme,
Schafe hüteten glühend in afrikanischer Sonne.
Alles besieget Eros: wir auch weichen dem Eros.‹

70 Mag es, ihr Musen, genug sein, was euer Dichter gesungen,
Während er hier sitzt, aus dürrem Eibisch ein Körbchen sich
flechtend,
Musen, mögt ihr dieses Lied doch teuer machen dem Gallus,
Gallus, zu dem meine Liebe so wächst mit jeglicher Stunde,
Wie im Lenz empor sich reckt die grünende Erle.
75 Stehen wir auf! Wacholder wirft verderblichen Schatten,
Sängern schadet oft Schatten; die Frucht auch verderben die
Schatten.
Gehet gesättigt — der Abend naht — geht heim, meine Ziegen.
Theodor Haecker

PUBLIUS *VERGILIUS* MARO

Orpheus und Eurydice

. . . .

Orpheus tröstete mit der gewölbten Leier sein Sehnen,
Dich, du süsses Weib! dich sang er am einsamen Ufer,
Dich mit dem kommenden, dich mit dem niedersinkenden Tage!
Durch die Tänarischen Schlünde, durch die Pforten des Pluton,

5 et caligantem nigra formidine lucum
ingressus, manisque adiit regemque tremendum
(470) nesciaque humanis precibus mansuescere corda.
at cantu commotae Erebi de sedibus imis
umbrae ibant tenues simulacraque luce carentum,
10 quam multa in foliis avium se milia condunt,
vesper ubi aut hibernus agit de montibus imber,
(475) matres atque viri defunctaque corpora vita
magnanimum heroum, pueri innuptaeque puellae,
impositique rogis iuvenes ante ora parentum,
15 quos circum limus niger et deformis harundo
Cocyti tardaque palus inamabilis unda
(480) alligat et novies Styx interfusa coercet.
quin ipsae stupuere domus atque intima Leti
Tartara caeruleosque implexae crinibus anguis
20 Eumenides, tenuitque inhians tria Cerberus ora,
atque Ixionii vento rota constitit orbis.
(485) iamque pedem referens casus evaserat omnis,
redditaque Eurydice superas veniebat ad auras
pone sequens (namque hanc dederat Proserpina legem),
25 cum subita incautum dementia cepit amantem,
ignoscenda quidem, scirent si ignoscere manes:
(490) restitit, Eurydicenque suam iam luce sub ipsa
immemor heu! victusque animi respexit. ibi omnis
effusus labor atque immitis rupta tyranni
30 foedera, terque fragor stagnis auditus Averni.
illa 'quis et me' inquit 'miseram et te perdidit, Orpheu,
(495) quis tantus furor? en iterum crudelia retro
fata vocant, conditque natantia lumina somnus.

₅ Durch den düstern Hain, den schwarzes Grauen umhüllet,
  Ging er, hin zu den Manen, hin zum schrecklichen König,
  Herzen immer vordem durch menschliche Bitten erweichet.

  Sieh, es erregte sein Lied des Erebus nichtige Schatten,
  Daß sich von ihren Sizen die dunkeln Gestalten erhuben,
₁₀ Zahllos, wie der Vögel Tausende, welche der Abend,
  Oder ein Ungewitter, von Bergen in Büsche verscheuchet.
  Weiber und Männer erschienen, und abgeschiedene Leichen
  Edler Helden, noch unverlobter Jungfraun und Knaben,
  Und der Jünglinge, die dereinst vor den Augen der Eltern
  Auf dem Scheiterhaufen die Flamme hatte verzehret,
₁₅ Welche nun alle schwarzer Schlamm und scheusliches Schilfrohr
  Und der menschenfeindliche träge Pful des Kocythus
  Einschleußt, und der Styx neunmal umhergegossen.

  Ja, es staunte selber die Burg, es staunten des Todes
  Tiefste Schatten, die Schlangenumwundenen Eumeniden,
₂₀ Cerbers drei zum Bellen geöfnete Rachen verstumten,
  Und Ixions Rad blieb stehn bei seinem Gesange.

  Siehe, schon ging zurück, den Gefahren entronnen, schon nahte
  Eurydice, wiedergeschenkt den oberen Lüften,
  Orpheus folgend, so hatte Proserpina selber geboten,
₂₅ Als unachtsame Thorheit ergriff den liebenden Jüngling,
  Zwar so leicht zu verzeihn, wofern die Manen verziehen!
  Stehen blieb er, nun schon dem Lichte näher, und wandte,
  Ach! uneingedenk des Befehls und liebebezwungen,
  Sich nach seiner Geliebten um — des harten Tirannen
  Bündniß war gebrochen, und Orpheus Mühe verschüttet!
₃₀ Dreimal ward ein Getöse gehört im Avernischen Sumpfe.
  Ach, rief sie, durch wen, mein Orpheus! sind wir verloren?
  Wessen Wut ergreift mich! es ruft das grausame Schicksal
  Mich zurück, und Schlummer umhüllt die schwimmenden Augen!

iamque vale: feror ingenti circumdata nocte
35 invalidasque tibi tendens, heu non tua, palmas.'
dixit et ex oculis subito, ceu fumus in auras
(500) commixtus tenuis, fugit diversa, neque illum
prensantem nequiquam umbras et multa volentem
dicere praeterea vidit; nec portitor Orci
40 amplius obiectam passus transire paludem.
quid faceret? quo se rapta bis coniuge ferret?
(505) quo fletu manis, quae numina voce moveret?
illa quidem Stygia nabat iam frigida cumba.
septem illum totos perhibent ex ordine mensis
45 rupe sub aëria deserti ad Strymonis undam
flesse sibi, et gelidis haec evolvisse sub astris
(510) mulcentem tigris et agentem carmine quercus;
qualis populea maerens philomela sub umbra
amissos queritur fetus, quos durus arator
50 observans nido implumis detraxit; at illa
flet noctem, ramoque sedens miserabile carmen
(515) integrat, et maestis late loca questibus implet.
nulla Venus, non ulli animum flexere hymenaei:
solus Hyperboreas glacies Tanaimque nivalem
55 arvaque Riphaeis numquam viduata pruinis
lustrabat, raptam Eurydicen atque inrita Ditis
(520) dona querens. spretae Ciconum quo munere matres
inter sacra deum nocturnique orgia Bacchi
discerptum latos iuvenem sparsere per agros.
60 tum quoque marmorea caput a cervice revulsum
gurgite cum medio portans Oeagrius Hebrus

Lebe wohl! schon werd' ich, in Nacht verhüllet, ergriffen,
35 Meine schwachen Hände, nicht mehr die Deine! dir reichend.

Sprach's, und verschwand, wie ein nichtiger Rauch in die Lüfte
                                 sich mischet,
Seinen Augen, und sah ihn nicht mehr; vergebens umarmt er
Leere Schatten; er wollte noch viel, und konte nicht reden;
40 Wieder den Pful zu durchschiffen verbot der Fährmann des Or-
                                 kus.

Ach, was solt' er thun? zum zweiten mal war sie entrissen!
Welche Thränen konten die Manen und Götter erweichen?
Sieh, erkaltet schiffte sie schon im stygischen Nachen!

Sieben nach einander gereihte Monden durchweint' er
45 Unter einem Felsen, an Strymons ödem Gewässer;
Sein Gesang erscholl in Schauerbringenden Hallen,
Daß er zähmte den Tiger, und ihm die Eiche sich neigte!

Wie im Pappelschatten die klagende Philomele
Ihre verlornen Kinder beweint, die ein grausamer Landmann
50 Sah' und federlos entriß dem Neste; die Mutter
Jammert, die ganze Nacht ihr weinendes Lied erneuend,
Und erfüllt die Gegend umher mit trauernder Klage.

Venus beugte nicht mehr sein Herz, und nicht Hymenäus;
Einsam ging er umher an Tanais schneeigem Ufer,
55 Auf Rhipäischen Feldern, die immer starren vom Reife,
Eurydice beweinend, beweinend des grausamen Pluton
Eitle Gunst. Deß zürnten verachtet Cikoniens Weiber;
Bei den Festen der Götter, in nächtlicher Feier des Bacchus,
Streuten sie übers Gefilde, zerrissen, die Glieder des Jünglings.
60 Da noch hat sein Haupt, vom Marmornacken gerissen,
Als im mittelsten Strudel der flutende Hebrus es wälzte,

(525) volveret, Eurydicen vox ipsa et frigida lingua
a miseram Eurydicen! anima fugiente vocabat:
Eurydicen toto referebant flumine ripae.

PUBLIUS *VERGILIUS* MARO

Hic aliud maius miseris multoque tremendum

(200) obicitur magis atque improvida pectora turbat.

Laocoon, ductus Neptuno sorte sacerdos,

sollemnis taurum ingentem mactabat ad aras.

5 ecce autem gemini a Tenedo tranquilla per alta

(horresco referens) immensis orbibus angues

(205) incumbunt pelago pariterque ad litora tendunt;

pectora quorum inter fluctus arrecta iubaeque

sanguineae superant undas; pars cetera pontum

10 pone legit sinuatque immensa volumine terga.

fit sonitus spumante salo; iamque arva tenebant

(210) ardentisque oculos suffecti sanguine et igni

sibila lambebant linguis vibrantibus ora.

diffugimus visu exsangues. illi agmine certo

15 Laocoonta petunt; et primum parva duorum

corpora natorum serpens amplexus uterque

(215) implicat et miseros morsu depascitur artus;

Ausgerufen mit kalter Zunge: Eurydice!
Ach, mit fliehender Seele, Eurydice! gerufen,
Eurydice! schollen des ganzen Stromes Gestade! . . .

Friedrich Leopold zu Stolberg

PUBLIUS *VERGILIUS* MARO

— — — — — —

Jetzt aber stellt sich den entsetzten Blicken
Ein unerwartet schrecklich Schauspiel dar.
Es stand, den Opferfarren zu zerstücken,
Laokoon am festlichen Altar.
5 Da kam (mir bebt die Zung', es auszudrücken)
Von Tenedos ein gräßlich Schlangenpaar,
Den Schweif gerollt in fürchterlichem Bogen,
Dahergeschwommen auf den stillen Wogen.

Die Brüste steigen aus dem Wellenbade,
Hoch aus den Wassern steigt der Kämme blut'ge Glut,
10 Und nachgeschleift in ungeheurem Rade
Netzt sich der lange Rücken in der Flut;
Lautrauschend schäumt es unter ihrem Pfade,
Im blut'gen Auge flammt des Hungers Wut,
Am Rachen wetzen zischend sich die Zungen:
So kommen sie ans Land gesprungen.

Der bloße Anblick bleicht schon alle Wangen,
Und auseinander flieht die furchtentseelte Schar;
Der pfeilgerade Schuß der Schlangen
15 Erwählt sich nur den Priester am Altar.
Der Knaben zitternd Paar sieht man sie schnell umwinden,
Den ersten Hunger stillt der Söhne Blut;
Der Unglückseligen Gebeine schwinden
Dahin von ihres Bisses Wut.

post ipsum auxilio subeuntem ac tela ferentem

corripiunt spirisque ligant ingentibus; et iam

20 bis medium amplexi, bis collo squamea circum

terga dati superant capite et cervicibus altis.

(220) ille simul manibus tendit divellere nodos

perfusus sanie vittas atroque veneno,

clamores simul horrendos ad sidera tollit:

25 qualis mugitus, fugit cum saucius aram

taurus et incertam excussit cervice securim.

(225) at gemini lapsu delubra ad summa dracones

effugiunt saevaeque petunt Tritonidis arcem,

sub pedibusque deae clipeique sub orbe teguntur.

30 tum vero tremefacta novus per pectora cunctis

insinuat pavor, et scelus expendisse merentem

(230) Laocoonta ferunt, sacrum qui cuspide robur

laeserit et tergo sceleratam intorserit hastam.

PUBLIUS *VERGILIUS* MARO

Extemplo Libyae magnas it Fama per urbes,

Fama, malum qua non aliud velocius ullum:

(175) mobilitate viget virisque adquirit eundo,

Zum Beistand schwingt der Vater sein Geschoß;
Doch in dem Augenblick ergreifen
Die Ungeheu'r ihn selbst, er steht bewegungslos,
Geklemmt von ihres Leibes Reifen;
20 Zwei Ringe sieht man sie um seinen Hals und noch
Zwei andre schnell um Brust und Hüfte stricken,
Und furchtbar überragen sie ihn doch
Mit ihren hohen Hälsen und Genicken.

Der Knoten furchtbares Gewinde
Gewaltsam zu zerreißen, strengt
Der Arme Kraft sich an; des Geifers Schaum besprengt
Und schwarzes Gift die priesterliche Binde.
Des Schmerzens Höllenqual durchdringt
Der Wolken Schoß mit berstendem Geheule:
25 So brüllt der Stier, wenn er, gefehlt vom Beile
Und blutend, dem Altar entspringt.

Die Drachen bringt ein blitzgeschwinder Schuß
Zum Heiligtum der furchtbarn Tritonide;
Dort legen sie sich zu der Göttin Fuß,
Beschirmt vom weiten Umkreis der Aegide.
30 Entsetzen bleibt in jeder Brust zurück,
Gerechte Büßung heißt Laokoons Geschick,
Der frech und kühn das Heilige und Hehre
Verletzt mit frevelhaftem Speere. — — —

Friedrich v. Schiller

PUBLIUS *VERGILIUS* MARO

— — — — —

Alsbald macht das Gerücht sich auf,
Die große Post durch Libyen zu tragen.
Wer kennt sie nicht, die Kräfte schöpft im Lauf,
Der Wesen flüchtigstes, die schnellste aller Plagen?

parva metu primo, mox sese attollit in auras

5 ingrediturque solo et caput inter nubila condit.

illam Terra parens ira inritata deorum

extremam, ut perhibent, Coeo Enceladoque sororem

(180) progenuit pedibus celerem et pernicibus alis,

monstrum horrendum, ingens, cui quot sunt corpore plumae,

10 tot vigiles oculi subter (mirabile dictu),

tot linguae, totidem ora sonant, tot subrigit auris.

nocte volat caeli medio terraeque per umbram

(185) stridens, nec dulci declinat lumina somno;

luce sedet custos aut summi culmine tecti

15 turribus aut altis, et magnas territat urbes,

tam ficti pravique tenax quam nuntia veri.

PUBLIUS *VERGILIUS* MARO

Excudent alii spirantia mollius aera
(credo equidem), vivos ducent de marmore vultus,
orabunt causas melius, caelique meatus
(850) describent radio et surgentia sidera dicent:
5 tu regere imperio populos, Romane, memento

Klein zwar vor Furcht kriecht sie aus des Erfinders Schoß,
Ein Wink — und sie ist riesengroß,
5 Berührt den Staub mit ihrer Sohle,
Mit ihrem Haupt des Himmels Pole.

Das ungeheure Kind gebar einst Tellus' Wut,
Zu rächen am Olymp den Untergang der Brüder,
Die jüngste Schwester der Gigantenbrut,
Behend im Lauf, mit flüchtigem Gefieder.
Groß, scheußlich, fürchterlich! So viel es Federn trägt,
Mit so viel Ohren kann es um sich lauschen,
10 Durch so viel Augen sieht's, so viele Rachen reckt
Es auf, mit so viel Zungen kann es rauschen.

Winkt Hekate die laute Welt zur Ruh,
So fliegt es brausend zwischen Erd' und Himmel,
Kein Schlummer schließt sein Auge zu.
Am Tage sucht's der Städte rauschendes Getümmel,
15 Da pflanzt es horchend sich auf hoher Türme Thron
Und schreckt die Welt mit seinem Donnerton,
So eifrig, Lästerung und Lügen fest zu halten,
Als fertig, Wahrheit zu entfalten. — — —

Friedrich v. Schiller

PUBLIUS *VERGILIUS* MARO

. . . . .

Die andern zwar die werden Künstler seyn,
Als lebendig, zu bilden Ertz und Stein,
Sie werden sich verstehn auf Rechtens-Sachen,
Des Himmels Lauf mit Zirckeln kündig machen:
5 Du, Römer, solst beherrschen Volck und Land,

(hae tibi erunt artes), pacisque imponere morem,

parcere subiectis et debellare superbos.

PUBLIUS *VERGILIUS* MARO

Excudent alii spirantia mollius aera

(credo equidem), vivos ducent de marmore vultus,

orabunt causas melius, caelique meatus

(850) describent radio et surgentia sidera dicent:

5 tu regere imperio populos, Romane, memento

(hae tibi erunt artes), pacisque imponere morem,

parcere subiectis et debellare superbos.

———————————

Excudent alii spirantia mollius aera

(credo equidem), vivos ducent de marmore vultus,

orabunt causas melius, caelique meatus

(850) describent radio et surgentia sidera dicent:

5 tu regere imperio populos, Romane, memento

(hae tibi erunt artes), pacisque imponere morem,

parcere subiectis et debellare superbos.

(Die Kunst bleibt dir) und haben in der Hand
Die Ruh und Krieg: solst schonen, die dich hören,
Und durch das Schwerdt, die stoltzen Demuth lehren . . . .
Martin Opitz

PUBLIUS *VERGILIUS* MARO

— — — — — —

Andere gießen vielleicht geründeter athmende Erze,
Oder entziehn, ich glaub' es, beseeltere Bildung dem Marmor;
Besser kämpft vor dem Richter ihr Wort, und die Bahnen des
                                    Himmels
Zeichnet genauer ihr Stab, und verkündiget Sternen den Auf-
                                    gang:
5 Du, o Römer, behersche des Erdreichs Völker mit Obmacht;
(Dies sein Künste für dich!) du gebeut Anordnung des Friedens;
Demutsvoller geschont, und Trozige niedergekämpfet! — — —
Johann Heinrich Voß

. . . . . .

Andere werden ein athmendes Erz anmuthiger glätten,
Werden, ich weiß! anbilden lebendige Züge dem Marmor;
Werden beredsamer sein im Gericht, und die Bahnen des Him-
                                    mels
Meßen mit kreißendem Stab, und der Stern' Aufgänge verkün-
                                    den:
5 Du sei, Römer! bedacht, weltherrschende Macht zu verwalten
(Solcherlei Kunst sei dein!), dann friedliche Sitte zu ordnen,
Wer sich ergab, zu verschonen, und Trotzige niederzukämpfen . . . .
August Wilhelm v. Schlegel

PUBLIUS *VERGILIUS* MARO

Excudent alii spirantia mollius aera
(credo equidem), vivos ducent de marmore vultus,
orabunt causas melius, caelique meatus
(850) describent radio et surgentia sidera dicent:
5 tu regere imperio populos, Romane, memento
(hae tibi erunt artes), pacisque imponere morem,
parcere subiectis et debellare superbos.

POETA INCERTUS

Copa

Copa Syrisca, caput Graeca redimita mitella
   crispum sub crotalo docta movere latus
ebria fumosa saltat lasciva taberna,
   ad cubitum raucos excutiens calamos.
5 'quid iuvat aestivo defessum pulvere abesse
   quam potius bibulo decubuisse toro?
sunt topia et kalybae, cyathi rosa, tibia chordae
   et triclia umbrosis frigida harundinibus.
en et, Maenalio quae garrit dulce sub antro,
10   rustica pastoris fistula in ore sonat.
est et vappa, cado nuper defusa picato,
   et strepitans rauco murmure rivos aquae,
sunt etiam croceo violae de flore corollae
   sertaque purpurea lutea mixta rosa
15 et quae virgineo libata Achelois ab amne
   lilia vimineis attulit in calathis.

PUBLIUS *VERGILIUS* MARO

. . . . . .

Andere werden vielleicht das Erz noch atmender schneiden,
Werden ein lebend Gebild aus Marmorstufen hervorhaun,
Tönender reden am Markt, und Bahn und Kehre der Himmel
Messen im Zirkel gebannt, Sternankunft kennend und kündend.
5 Sei du, Römer, gedenk des Reichs und übe die Herrschaft,
Das sind Künste, die dir anstehn. Bring Friede den Völkern,
Über Besiegten gelind und siegreich über den Stolzen . . . .

Rudolf Alexander Schröder

PUBLIUS *VERGILIUS* MARO ZUGESCHRIEBEN

Das Schenkmädchen

Syriens Schenkin, geübt, nach dem Takte der Rohrkastagnetten
  Zierlich und schmuck sich zu drehn, griechische Bänder im
                                                  Haar,
  Tanzt vom Becher erhitzt an dem Tor der geschwärzten Taberne,
  Während sie über dem Haupt rasselnd die Klappern bewegt.
5 »Fremdling, willst du erschöpft im brennenden Staube vorbei-
                                                  ziehn,
  Statt, hinlagernd am Wein, dir ein Genüge zu tun?
  Hier sind Fässer und Krüge genug, hier Saiten und Flöten,
  Becher und Blumen, und kühl spannt sich aus Rohr das Gezelt.
  Auch des Hirten Schalmei, die Verkünderin ländlicher Freuden,
10 Schallt, wie sie lieblicher nicht Mänalus' Grotte vernahm.
  Landwein haben wir hier, erst eben gezapft aus dem Pech-
                                                  schlauch,
  Haben daneben den Born, der mit Geplätscher entrauscht.
  Hier sind gelbe Violen, zum Kranz anmutig gewunden,
  Hier mit lichtem Jasmin purpurne Rosen verwebt,
15 Lilien auch, von des Bachs jungfräulicher Quelle gefeuchtet,
  Die im Körbchen von Bast gütig die Nymphe beschert.

    sunt et caseoli, quos iuncea fiscina siccat,

        sunt autumnali cerea pruna die

19 castaneaeque nuces et suave rubentia mala,

22   et pendet iunco caeruleus cucumis;

21 sunt et mora cruenta et lentis uva racemis:

20   est en munda Ceres, est Amor et Bromius . . . .

23 (25) huc kalybita veni. lassus iam sudat asellus,

        parce illi: Vestae delicium est asinus.

25 nunc cantu crebro rumpunt arbusta cicadae,

        nunc varia in gelida sede lacerta latet:

   si sapis, aestivo recubans nunc prolue vitro,

(30)   seu vis cristalli ferre novos calices.

   hic age pampinea fessus requiesce sub umbra

(30   et gravidum roseo necte caput strophio,

    formosum tenerae decerpens ora puellae —

        a pereat cui sunt prisca supercilia.

35) quid cineri ingrato servas bene olentia serta ?

        anne coronato vis lapide ista tegi ?'

35 'pone merum et talos. pereat qui crastina curat.' — —

        Mors aurem vellens 'vivite,' ait, 'venio.'

POETA INCERTUS

  Hunc ego, o iuvenes, locum villulamque palustrem

  tectam vimine iunceo caricisque maniplis

  quercus arida rustica fomitata securi

Auf dem Binsengeflecht schon trocknen die zierlichen Käse,
   Pflaumen, golden wie Wachs, liefert der Herbst auf den Tisch;
19 Auch der Kastanie Frucht und den hellrot schwellenden Apfel,
22 Eben am Stengel gereift, blauliche Gurken dazu,
21 Blutige Maulbeern auch und rankende Trauben, es winken
20 Ceres in reinster Gestalt, Amor und Bromius dir.
23 Kehre denn ein! Von Schweiß schon trieft dein keuchendes Saumtier,
   Schon' es; erwies sich doch selbst Vesta den Eseln geneigt.
25 Schwirrend ertönt in den Büschen bereits der Gesang der Zikade,
   Und in den kühlsten Versteck schlüpft die Lacerte zurück.
Bist du gescheit, so trink aus dem Mischkrug gleich dir ein Räuschchen,
   Oder beliebt dir ein Kelch erst aus geschliffnem Kristall?
Eia, dehne die Glieder zur Rast im Schatten des Weinlaubs,
30 Und mit Rosengewind kränze das trunkene Haupt!
Nippe, Jüngling, den Kuß von den blühenden Lippen des Mädchens,
   Gönn' es den Greisen, die Stirn mürrisch in Falten zu ziehn!
Willst du den duftenden Kranz für ein fühllos Restchen von Asche
   Sparen und wähnst fürs Grab unsere Blumen gepflückt?
35 Wein und Würfel daher! Wer grämt sich um morgen! — Im Nacken
   Steht uns der Tod und »Lebt!« raunt er, »ich bleibe nicht aus.«
   Emanuel Geibel

PUBLIUS *VERGILIUS* MARO ZUGESCHRIEBEN

Der Feldgott

Hört, ihr Jungen, dieß Feld und das Meierhöfchen im Moorgrund,
Leicht mit Röhrig gedeckt, mit geflochtenen Binsen und Riedgras,
Wurde gesegnet von mir, den ein ländliches Beil aus der Eiche

nutrior: magis et magis fit beata quotannis.

5 huius nam domini colunt me deumque salutant,

pauperis tuguri pater filiusque adulescens,

alter assidua colens diligentia, ut herbae

asper aut rubus a meo sint remota sacello,

alter parva manu ferens semper munera larga.

10 florido mihi ponitur picta vere corolla,

primitus tenera virens spica mollis arista,

luteae violae mihi lacteumque papaver

pallentesque cucurbitae et suave olentia mala,

uva pampinea rubens educata sub umbra.

15 sanguine haec etiam mihi (sed tacebitis) arma

barbatus linit hirculus cornipesque capella.

pro quis omnia honoribus nunc necesse Priapo est

praestare et domini hortulum vineamque tueri.

quare hinc, o pueri, malas abstinete rapinas:

20 vicinus prope dives est neglegensque Priapi,

inde sumite, semita haec deinde vos feret ipsa.

QUINTUS *HORATIUS* FLACCUS

Exegi monumentum aere perennius
regalique situ pyramidum altius
quod non imber edax, non aquilo inpotens
possit diruere aut innumerabilis
5 annorum series et fuga temporum.
non omnis moriar, multaque pars mei
vitabit Libitinam: usque ego postera
crescam laude recens, dum Capitolium
scandet cum tacita virgine pontifex:

Trockenem Stamme geformt, und ich denk' es noch ferner zu
segnen.

5 Denn die Besitzer des ärmlichen Hüttleins, Vater und Sohn, sind
Meine Verehrer, und grüßen mich Gott nach Würden; der eine
Ist gar eiferig immer bedacht, von meiner Kapelle
Weg die Dornen und wildes Gekräute zu räumen, der andre
Bringt mit reichlicher Hand mir beständig kleine Geschenke.

10 Mein ist das erste Kränzchen der Flur im blühenden Frühjahr;
Zart noch werden mir Aehren mit grünlichen Spitzen gewidmet,
Mir der gelbliche Mohn und mir die goldne Viole,
Bläßliche Kürbisse dann und lieblich duftende Quitten,
Purpurtrauben, gereift in schützender Blätter Umschattung.

15 Oft auch pflegt mir diesen Altar ein bärtiges Böcklein
(Dieß im Vertrauen gesagt) und ein Zicklein blutig zu färben.
Ehrt man so den Priapus, so muß er für Alles auch einstehn,
Muß er des Herrn Weinberg und muß ihm das Gärtchen be-
schützen.

Hier muthwillige Knaben, enthaltet euch also des Stehlens!

20 Nächst hier an ist ein Reicher und steht ein Priap, der nicht auf-
paßt.

Nehmt euch dort was; dann mögt ihr den Fußsteig wieder zu-
rückgehn.

Eduard Mörike nach Karl Wilhelm Ramler

QUINTUS *HORATIUS* FLACCUS ÜBER
SICH SELBST

Ich hab' ein Werck vollbracht dem Ertz nicht zu ver-
gleichen /

Dem die Pyramides an Höhe müssen weichen /
Das keines Regens Macht / kein starcker Nortwind
nicht /

5 Noch Folge vieler Jahr vnd flucht der Zeit zerbricht.
Ich kan nicht gar vergehn, man wird mich rühmen hören
So lange man zu Rom den Jupiter wird ehren:

10 dicar, qua violens obstrepit Aufidus
   et qua pauper aquae Daunus agrestium
   regnavit populorum ex humili potens
   princeps Aeolium carmen ad Italos
   deduxisse modos. sume superbiam
15 quaesitam meritis et mihi Delphica
   lauro cinge volens, Melpomene, comam.

QUINTUS *HORATIUS* FLACCUS

Maecenas atavis edite regibus,
o et praesidium et dulce decus meum:
sunt quos curriculo pulverem Olympicum
collegisse iuvat, metaque fervidis
5 evitata rotis palmaque nobilis
terrarum dominos evehit ad deos;
hunc, si mobilium turba Quiritium
certat tergeminis tollere honoribus;
illum, si proprio condidit horreo
10 quidquid de Libycis verritur areis.
gaudentem patrios findere sarculo
agros Attalicis condicionibus
numquam demoveas, ut trabe Cypria
Myrtoum pavidus nauta secet mare;
15 luctantem Icariis fluctibus Africum
mercator metuens otium et oppidi
laudat rura sui: mox reficit ratis
quassas, indocilis pauperiem pati.
est qui nec veteris pocula Massici
20 nec partem solido demere de die
spernit, nunc viridi membra sub arbuto

10 Mein Lob soll Aufidus der starck mit rauschen fleußt /
Vnd Daunus wissen auch / der selten sich ergeußt.
Dann ich bin der durch den der Griechen schönes Wesen /
Was jhre Verß anlangt / jetzt Römisch wird gelesen:
15 Setz' / O Melpomene / mir auff zu meinem Rhum
Den grünen Lorberkrantz / mein rechtes Eigenthumb.

Martin Opitz

QUINTUS *HORATIUS* FLACCUS

An Mäcenas

Königssprosse, Mäcen, Du mein erhabener
Schutzfreund, süßer Gewinn, Würde des Lebens mir,
Vielen freilich gefällt Vieles. Olympischen
Staub erjagete sich, wer um das nächste Ziel
5 Schwang sein glühendes Rad. Palme des Ruhmes hebt,
Hebt die Herren der Welt hoch zu den Göttern auf.
Den erfreuet es, wenn Ihm des Quiritenvolks
Wankelmüthiger Schwarm höher und höhere
Würden schenket. Es lacht Jener im Inneren,
10 Wenn er Lybiens Saat sich in die Scheuer birgt.
Diesen, bötest Du ihm Attalus Schätze, daß
Er auf Cyprischem Schiff sich dem Aegeermeer
Zitternd traue, Du wirst nie ihn bewegen, wenn
Er sein väterlich Gut baute mit stiller Lust.
15 Den der Afrikus einst, mit den Ikarischen
Fluthen kämpfend, erschreckt, jener ein Handelsmann
Lobt die Ruhe sich jetzt an dem gelegenen
Städtchen. Aber ihm droht Mangel, den Mangel kann
Er nicht tragen, er flickt bald das gebrochne Schiff.
Wieder Jener verschmäht Massischen alten Wein,
20 Wär's an Mitte des Tags, nimmer. Im Grase jetzt
Unterm Schattengebüsch, jetzt an der rieselnden

stratus, nunc ad aquae lene caput sacrae:
multos castra iuvant et lituo tubae
permixtus sonitus bellaque matribus
25 detestata; manet sub Iove frigido
venator tenerae coniugis immemor,
seu visa est catulis cerva fidelibus,
seu rupit teretes Marsus aper plagas.
me doctarum ederae praemia frontium
30 dis miscent superis: me gelidum nemus
Nympharumque leves cum Satyris chori
secernunt populo, si neque tibias
Euterpe cohibet nec Polyhymnia
Lesboum refugit tendere barbiton:
35 quodsi me lyricis vatibus inseres,
sublimi feriam sidera vertice.

QUINTUS *HORATIUS* FLACCUS

Solvitur acris hiems grata vice veris et Favoni,

trahuntque siccas machinae carinas,

Heilgen Quelle, wie sanft streckt er die Glieder aus.
Viele locket das Feld! locket der Tuba Ton,
Der Trommete Gehall, und der verwünschte Krieg,
25 Den die Mutter beweint. Weilet der Jäger nicht
Starr im Froste, sobald hier ein gejagter Hirsch
Seinem Hunde sich zeigt, oder ein Marsisch Schwein
Dort die Netze zerriß; und er vergaß bei ihm
Seiner Gattin, die zart jetzt ihn erwartete.
Wohl dann! Ich o Mäcen wähle das Meinige.
Mir geliebet der Kranz weiserer Stirnen, der
30 Mich den Göttern gesellt; wenn mich ein kühlender
Hain, mit Satyren mich Chöre der Nymphen mich
Fern absondern dem Volk, und Polyhymnia
Mir die Leier bespannt, und auch Euterpe mir
Nicht die Flöte versagt, und o Mäcen auch Du
35 Mich den Dichtern, Du mich lyrischen Dichtern, Du
Zugesellest; ich schweb' unter den Sternen dann.

Johann Gottfried Herder

QUINTUS *HORATIUS* FLACCUS
An L. Sextius Rathsherrn
Innhalt

Weil alles in den Lentz und dessen Lieblichkeiten
Sich schicket | wollen wir mit nehmen auch die Zeiten.
Denn unser Leben kurtz. Drumb | Sexti | rath' ich dir |
Daß | weil es noch vergunt | du lustig seist mit mir.

ES lindert und mindert den Winter itzund
Der liebliche Frühlung / die Winde sanft wehen:
Es wollen die Schiffe zu Wasser nun gehen:
    Es lebet und lachet / was traurig sonst stund.
    Sich alles verjünget / sich alles erfreut /
Indem sich vermählet / indem sich ergiebet
Die Erde dem Zephyr / in dem sie verliebet /
    Laub / Heyde / Graß / Felder / und alles verneut.

ac neque iam stabulis gaudet pecus aut arator igni,

   nec prata canis albicant pruinis;

5 iam Cytherea choros ducit Venus inminente luna,

   iunctaeque Nymphis Gratiae decentes

alterno terram quatiunt pede, dum gravis Cyclopum

   Volcanus ardens visit officinas.

nunc decet aut viridi nitidum caput inpedire myrto,

10   aut flore, terrae quem ferunt solutae;

nunc et in umbrosis Fauno decet inmolare lucis,

   seu poscat agna sive malit haedo.

pallida Mors aequo pulsat pede pauperum tabernas

   regumque turris. o beate Sesti,

15 vitae summa brevis spem nos vetat incohare longam:

   iam te premet nox fabulaeque Manes

et domus exilis Plutonia: quo simul mearis,

   nec regna vini sortiere talis

nec tenerum Lycidan mirabere, quo calet iuventus

20   nunc omnis et mox virgines tepebunt.

Es wil das Vieh bey so anmutiger Zeit /
Nicht bleiben / gedencket nun grünes zu kriegen:
Der Bauer wil hintern Camin nicht mehr liegen /
    Die Wiesen sind nicht mehr vom Reiffe beschneit.
5   Beym Mondenschein stellet sich Venus jtzt ein /
Mit Nymphen und Gracien singet und springet /
Für Freudigkeit daß es in Wäldern erklinget /
    Sie tantzen von einem auffs andere Bein.
Indeme Vulcanus die Esse heiß macht /
Es ziemet sich jtzo die Häupter zu binden
Mit Myrthen / und über die Haare zu winden
10   Die Schmüncke der Blumen / die Erde jtzt lacht.
    Es ziemet sich Fauno aus unserer Herd'
In schattichten Wäldern zum Opfer zu geben
Ein Lämgen / ein Böcklein / nur lustig zu leben /
    Wies ihme gefället / und was er begehrt.
Es scheuet / glückseeligster Sexte / sich nicht
Der blasse verwegene Menschen-Erwürger
An König / an Adel / an Bauer / und Bürger
    Zu machen sich / sondern zu allen einbricht.
15   Die Kürtze deß Lebens / und Zeiten / verbeut /
Daß wir uns nicht lange zu bleiben gedencken
Es kan dich der schlauche Tod plötzlich einsencken
    In Sarges Dach / und dich in weniger Zeit
    In Plutons verfinsterstes Häuselein nein
Hinschicken: und wenn du dahin wirst seyn gangen
So wirst du durch Würffelspiel nicht mehr erlangen
    Die Herrschafft / noch Marschalck seyn über den Wein.
    Noch loben den zärtlichen Lycidas mehr
Den Junge Gesellen jtzt lieben vor allen /
20 Vnd der auch wird balde den Jungfern gefallen /
    Indem er nu forthin wird wachsen daher.

Ungenannter Übersetzer

QUINTUS *HORATIUS* FLACCUS

Vides ut alta stet nive candidum
Soracte, nec iam sustineant onus
    silvae laborantes, geluque
        flumina constiterint acuto:

5 dissolve frigus, ligna super foco
large reponens, atque benignius
    deprome quadrimum Sabina
        o Thaliarche merum diota.

permitte divis cetera, qui simul
10 stravere ventos aequore fervido
    deproeliantis, nec cupressi
        nec veteres agitantur orni.

quid sit futurum cras fuge quaerere, et
quem fors dierum cumque dabit lucro
15   adpone, nec dulcis amores
        sperne puer neque tu choreas,

donec virenti canities abest
morosa: nunc et campus et areae
    lenesque sub noctem susurri
20   conposita repetantur hora . . . .

QUINTUS *HORATIUS* FLACCUS

Integer vitae scelerisque purus
non eget Mauris iaculis neque arcu

QUINTUS *HORATIUS* FLACCUS

An Thaliarchus

Siehst du den Sorakte schimmern,
Schneebeladen? Kaum ertragen
Ihre Last gedrückte Wälder,
Und die Ströme hemmt der Frost.

5 Mildere die Kälte, schichte
Holz auf Holz zur Flamme reichlich,
Geuß auch in sabin'sche Krüge
Williger den alten Wein!

Andres überlaß den Göttern,
10 Die den Kampf der Stürm' und Meere
Sänftigen, daß unerschüttert
Ulmen und Cypressen stehn!

Frage nicht, was morgen sein wird,
Zieh Gewinn von jedem Tage,
15 Und verscheuche nicht die süßen
Musen, Knabe, nicht den Tanz,

Bis das Alter trüb' dich heimsucht!
Jetzt versäume nie den Circus,
Und des nächtlichen Geflüsters
20 Anberaumte Stunde nie! . . .

August v. Platen

QUINTUS *HORATIUS* FLACCUS

Ein redlicher und unbescholtener Mann, mein lieber Fus-
kus, bedarf keines Maurischen Wurfspießes, keines Bogens,

   nec venenatis gravida sagittis,
       Fusce, pharetra,

5 sive per Syrtis iter aestuosas
  sive facturus per inhospitalem
  Caucasum vel quae loca fabulosus
      lambit Hydaspes.

   namque me silva lupus in Sabina,
10 dum meam canto Lalagen et ultra
  terminum curis vagor expeditis,
      fugit inermem,

   quale portentum neque militaris
  Daunias latis alit aesculetis
15 nec Iubae tellus generat, leonum
      arida nutrix.

   pone me pigris ubi nulla campis
  arbor aestiva recreatur aura,
  quod latus mundi nebulae malusque
20   Iuppiter urguet;

   pone sub curru nimium propinqui
  solis, in terra domibus negata:
  dulce ridentem Lalagen amabo,
      dulce loquentem.

QUINTUS *HORATIUS* FLACCUS

  Vitas inuleo me similis, Chloe,
  quaerenti pavidam montibus aviis

noch eines mit vergifteten Pfeilen angefüllten Köchers. Er gehe

5 gleich durch brennende Lybische Wüsten, oder über den unwirth-

baren Caucasus, er wandle durch die Gegenden, welche der, durch

fabelhafte Erzählungen der Dichter, berühmte Hydaspes wäs-

10 sert. Mich selbst, da ich meine Lalage in dem Sabinerwald be-

sang, und sorgenlos und unbewafnet über die Gränzen heraus mich

verirrte, mich flohe ein Wolf, ein Ungeheuer, dergleichen das

kriegerische Apulien in seinen Eichwäldern nicht nähret, noch

15 das heiße Numidien (die Mutter der Löwen) zeugt. Das Schicksal

setze mich hin, wo auf trägen Fluren kein Baum jemals von einer

Sonnenluft erfrischet wird, in einen Welttheil, voller Nebel

20 und dicker schädlichen Dünste; es setze mich in eine Oede, wo

der, über unsrer Scheitel nahe Sonnenwagen keinen Aufenthalt

verstattet. Immer werde ich meine Lalage lieben, das süß

lächelnde Mädchen, das plaudernde Kind.

Louise Adelgunde Victorie Gottsched

QUINTUS *HORATIUS* FLACCUS

An Chloe

Warum fliehst du mich, Kind, scheu wie das junge Reh,
Das im wilden Gebirg nach der geängsteten

> matrem non sine vano
> > aurarum et siluae metu.

5 nam seu mobilibus veris inhorruit
  adventus foliis seu virides rubum
  > dimovere lacertae,
  > > et corde et genibus tremit.

  atqui non ego te tigris ut aspera
10 Gaetulusve leo frangere persequor.
  > tandem desine matrem
  > > tempestiva sequi viro.

QUINTUS *HORATIUS* FLACCUS

O Venus regina Cnidi Paphique,
sperne dilectam Cypron et vocantis
ture te multo Glycerae decoram
> transfer in aedem.

5 fervidus tecum puer et solutis
  Gratiae zonis properentque Nymphae
  et parum comis sine te Iuventas
  > Mercuriusque.

QUINTUS *HORATIUS* FLACCUS

Parcus deorum cultor et infrequens,
insanientis dum sapientiae
> consultus erro, nunc retrorsum
> > vela dare atque iterare cursus

Mutter sucht und in eitler
Furcht vor jeglichem Hauch erschrickt?

5 Gehn durchs zitternde Laub nur des erwachenden
Frühlings Schauer dahin, raschelt im Brombeerstrauch
Nur die grüne Lacerte,
Gleich erbeben ihm Herz und Knie.

Doch ich folge ja nicht wie ein Gätulerleu,
10 Wie ein Tiger dir nach, der dich zerreißen will;
Laß denn, laß von der Mutter
Endlich, da du zur Liebe reif!

Emanuel Geibel

QUINTUS *HORATIUS* FLACCUS

An die Venus

Venus, Paphos Koeniginn, o! verlaß dein
Theures Eyland, zeuch in das schoen geschmückte
Tempelhaus Glycerens, die Wolken Weihrauchs
Zu dir hinaufschickt.

5 Mit dir sey dein feuriger Knabe, deine
Gürtellosen Grazien, deine Nymphen,
Und Merkur, und Hebe, die dann nur reizet,
Wann sie dir nachfolgt.

Karl Wilhelm Ramler

QUINTUS *HORATIUS* FLACCUS

In unsinnige Weisheit vertieft, irrt ich umher, ein karger,

saumseliger Verehrer der Götter. Doch nun, nun spann ich,

den verlaßnen Lauf zu erneuern, gezwungen die Segel zurück.

5 cogor relictos: namque Diespiter
  igni corusco nubila dividens
      plerumque, per purum tonantis
          egit equos volucremque currum,

  quo bruta tellus et vaga flumina,
10 quo Styx et invisi horrida Taenari
      sedes Atlanteusque finis
         concutitur: valet ima summis

  mutare, et insignem attenuat deus
  obscura promens: hinc apicem rapax
15   Fortuna cum stridore acuto
      sustulit, hic posuisse gaudet.

QUINTUS *HORATIUS* FLACCUS

Nunc est bibendum, nunc pede libero
pulsanda tellus, nunc Saliaribus
    ornare pulvinar deorum
       tempus erat dapibus, sodales:

5 antehac nefas depromere Caecubum
  cellis avitis, dum Capitolio
    regina dementis ruinas,
       funus et imperio parabat

  contaminato cum grege turpium
10 morbo virorum, quidlibet inpotens
    sperare fortunaque dulci
      ebria: sed minuit furorem

5 Denn sonst nur gewohnt die Wolken mit blendenden Blitzen zu
trennen, trieb der Vater der Tage, durch den heitern Himmel,
die donnernden Pferde und den beflügelten Wagen.

Auf ihm erschüttert er der Erde sinnlosen Klumpen, und die
10 schweifenden Ströme; auf ihm den Styx und die niegesehenen
Wohnungen im schrecklichen Tänarus, und die Wurzeln des
Atlas.

Gott ist es, der das Tiefste ins Höchste zu verwandeln vermag,
der den Stolzen erniedrigt, und das, was im Dunkeln ist, her-
15 vor zieht. Hier riß mit scharfem Geräusche das räuberische Glück
den Wipfel hinweg, und dort gefällt es ihm, ihn anzusetzen.

Gotthold Ephraim Lessing

QUINTUS *HORATIUS* FLACCUS

An die Freunde

Nach dem Sieg über die Kleopatra

Jezt laßt uns trinken! jezt mit entbundnem Fuß
Den Boden stampfen! jezt ist es hohe Zeit,
    Der Götter Polster auszuschmücken
      Mit Saliarischem Mahl, o Freunde!

5 Jüngst war es Frevel, altenden Cäcuber
Vom Keller holen, während dem Capitol
    Die tolle Königin den Umsturz,
      Tod und Verderben dem Reiche drohte

Mit ihrer siechen Heerde Verschnittener,
10 Bethört von wild ausschweifenden Hoffnungen,
    Und trunken aus dem Kelch des Glückes.
      Aber der rasende Taumel schwand bald,

vix una sospes navis ab ignibus,
mentemque lymphatam Mareotico
15   redegit in veros timores
         Caesar ab Italia volantem

remis adurgens, accipiter velut
mollis columbas aut leporem citus
     venator in campis nivalis
20   Haemoniae, daret ut catenis

fatale monstrum: quae generosius
perire quaerens nec muliebriter
     expavit ensem nec latentis
        classe cita reparavit oras,

25 ausa et iacentem visere regiam
voltu sereno, fortis et asperas
     tractare serpentes, ut atrum
        corpore conbiberet venenum,

deliberata morte ferocior:
30 saevis Liburnis scilicet invidens
     privata deduci superbo
        non humilis mulier triumpho.

QUINTUS *HORATIUS* FLACCUS

Aequam memento rebus in arduis
servare mentem, non secus in bonis
     ab insolenti temperatam
        laetitia, moriture Delli

Als kaum den Feuerflammen Ein Schiff entrann.
Bald jagte Cäsar ihr, die der Wein des Nil
15   Verwirrte, wahre Furcht ein; drang ihr,
        Als sie dem Italer-Strand enteilte,

Mit schnellen Rudern nach, — wie der zarten Taub'
Ein Habicht, und dem Hasen im Schneegefild
        Aemoniens ein rascher Jäger, —
20   Ketten dem höllischen Scheusal drohend.

Doch sie, die edler endigen will, erblaßt
Jezt vor dem Stahl nicht feige nach Weibes Art,
        Noch sucht sie mit geschwinden Schiffen
        Hinter entlegenen Küsten Zuflucht;

25 Sieht ihres Thrones Sturz, die Unbeugsame,
Mit heitrer Stirn' an, muthig das schreckliche
        Gezücht der Schlangen fassend, läßt sich
        Tödtendes Gift in die Adern rinnen.

Zum Tod entschlossen, trotzig vergönnte sie
30 Den lezten Sieg der Flotte nicht, wollte nicht
        Herabgewürdigt vor des Siegers
        Wagen — kein niedriges Weib! — einherziehn.

                    Eduard Mörike nach älteren Übersetzern

            QUINTUS *HORATIUS* FLACCUS

                    An Delius

Aufrecht in Trübsal strebe die Seele dir
Stets zu erhalten: immer im Glücke sey
        Gesänftigt für der stolzen Freude
        Wütigen Stürmen. Du mußt, o Deli

5 seu maestus omni tempore vixeris,
  seu te in remoto gramine per dies
    festos reclinatum bearis
      interiore nota Falerni.

  quo pinus ingens albaque populus
10 umbram hospitalem consociare amant
    ramis ? quid obliquo laborat
      lympha fugax trepidare rivo ?

  huc vina et unguenta et nimium brevis
  flores amoenae ferre iube rosae,
15   dum res et aetas et sororum
      fila trium patiuntur atra.

  cedes coemptis saltibus et domo
  villaque flavus quam Tiberis lavit,
    cedes et exstructis in altum
20   divitiis potietur heres;

  divesne prisco natus ab Inacho
  nil interest an pauper et infima
    de gente sub divo moreris
      victima nil miserantis Orci:

25 omnes eodem cogimur, omnium
  versatur urna serius ocius
    sors exitura et nos in aeternum
      exilium inpositura cumbae.

5 Doch sterben; habest immer dein Leben du
  Dahingetrauert, oder im Grase dir
    Es seliglich durch lange Feste
      Tief in die Wonne Falerns getauchet.

  Da, wo die hohe Fichte mit Pappeln sich
10 Freundschaftlich gattet, wo sich ihr Schatte sanft
    Zu Lauben wölbet und die helle
      Nymphe mit Zittern umher sich windet,

  Hieher dir Wein und Salben, und die zu schnell
  Verblühnde Rosen, winke sie her zu dir
15   So lang' es Zeit und Alter gönnen
      Und die Gewebe der Schicksalschwestern.

  Mußt einst doch alles, Triften dir angekauft
  Und Haus und Fluren, wo sie die Tiber spült,
    Verlassen! Aller aufgethürmten
20   Haufen erfreuet sich einst der Erbe.

  Sey reich und hochgebohren von Inachus
  Wie oder arm, ein darbender Bettlersohn
    Frey unterm Himmel hausend: Alles
      Beutet der nie zu erflehnde Orkus.

25 Dahin wir alle müssen! Die Urne wirft
  Umher sich; früher, später ereilt sein Loos
    Den, oder jenen! Alle schiffet
      Charon hinüber in ewge Bannung.

Johann Gottfried Herder

QUINTUS *HORATIUS* FLACCUS

Septimi, Gadis aditure mecum et
Cantabrum indoctum iuga ferre nostra et
barbaras Syrtis, ubi Maura semper
    aestuat unda,

5 Tibur Argeo positum colono
sit meae sedes utinam senectae,
sit domus lasso maris et viarum
    militiaeque.

unde si Parcae prohibent iniquae,
10 dulce pellitis ovibus Galaesi
flumen et regnata petam Laconi
    rura Phalantho.

ille terrarum mihi praeter omnis
angulus ridet, ubi non Hymetto
15 mella decedunt viridique certat
    baca Venafro,

ver ubi longum tepidasque praebet
Iuppiter brumas et amicus Aulon
fertili Baccho minimum Falernis
20   invidet uvis.

ille te mecum locus et beatae
postulant arces: ibi tu calentem
debita sparges lacrima favillam
    vatis amici.

QUINTUS *HORATIUS* FLACCUS

Du, der mit mir zu den Gaden zu gehn bereit ist
Und zum Cantabrier hin,
Der unser Joch zu tragen nicht weiss,
Und zu den Syrten der Barbarei, wo immer gähren
     Die Maurischen Wasser,

5 Mein Septimius! wann mir nur einst Tibur,
  Erbaut von Argiver Colonien,
  Die Ruhestätte meines Alters ist,
  Das Ziel des Manns, den das Meer und die Strassen
     Müde gemacht und der Kriegsdienst.

Lassen mich dahin nicht die neidischen Parzen,
10 So will ich suchen den Galesusstrom,
  Den lieblichen mit den wolligen Schafen,
  Und die Felder, vom Spartaner
     Phalantus beherscht.

Vor allen Ländern der Erde lächelt jenes
Ekchen mich an, wo der Honig nicht
15 Dem Hymettus weicht und die Beere sich misst
     Mit dem grünen Venafrum,

Wo lange Frühlinge, laue Winter
Jupiter schenkt, und Aulon, geliebt
Vom fruchtbaren Bacchus, mit nichten Falerner
20   Trauben beneidet.

Jene Pläze laden, wie mich,
Jene seeligen Lustgebäude dich ein;
Dort wirst du deines Dichters warme Asche
     Mit der Thräne, die er fordert, bestreun.

Friedrich Hölderlin

QUINTUS *HORATIUS* FLACCUS

Ulla si iuris tibi peierati
poena, Barine, nocuisset umquam,
dente si nigro fieres vel uno
    turpior ungui,

5 crederem: sed tu simul obligasti
perfidum votis caput, enitescis
pulchrior multo, iuvenumque prodis
    publica cura.

expedit matris cineres opertos
10 fallere et toto taciturna noctis
signa cum caelo gelidaque divos
    morte carentis.

ridet hoc inquam Venus ipsa, rident
simplices Nymphae ferus et Cupido,
15 semper ardentis acuens sagittas
    cote cruenta.

adde quod pubes tibi crescit omnis,
servitus crescit nova, nec priores
inpiae tectum dominae relinquunt
20   saepe minati.

te suis matres metuunt iuvencis,
te senes parci, miseraeque nuper
virgines nuptae tua ne retardet
    aura maritos.

QUINTUS *HORATIUS* FLACCUS

Hätte dich je des verwirkten Meineyds Strafe getroffen;
würde nur einer deiner Zähne schwarz, nur einer deiner Nä-
gel häßlicher: so wollt ich dir glauben.

5 Kaum aber hast du das treulose Haupt mit falschen Gelüb-
den verstrickt: so blühst du weit schöner auf, und trittst
stolz einher, aller Jünglinge sehnlichstes Augenmerk.

Dir steht es frey, der Mutter beygesetzte Asche, die stillen
10 Gestirne der Nacht, und den ganzen Himmel, und alle un-
sterblichen Götter zu täuschen.

Venus selbst, wie gesagt, lachet darüber; die guten Nymphen
15 lachen; es lachet der immer brennende Pfeile auf blutigem
Wetzstein schleifende, strenge Kupido.

Noch mehr: nur dir reifet die Jugend alle, nur die wachsen in
ihr immer neue Sklaven auf; und noch können die Alten
dich, ihre gewissenlose Gebieterin, nicht meiden, so oft sie
20 es auch gedroht.

Dich fürchten die Mütter für ihre Söhne; dich fürchten die
geitzigen Alten; dich fürchten die armen nur erst verheirathe-
ten Mädchen, um deren Männer es geschehen ist, wenn sie
einmal deine Spur finden.

Gotthold Ephraim Lessing

QUINTUS *HORATIUS* FLACCUS

Rectius vives, Licini, neque altum
semper urguendo neque, dum procellas
cautus horrescis, nimium premendo
    litus iniquum.

5 auream quisquis mediocritatem
diligit, tutus caret obsoleti
sordibus tecti, caret invidenda
    sobrius aula.

saepius ventis agitatur ingens
10 pinus et celsae graviore casu
decidunt turres feriuntque summos
    fulgura montis.

sperat infestis, metuit secundis
alteram sortem bene praeparatum
15 pectus: informis hiemes reducit
    Iuppiter, idem

submovet; non si male nunc, et olim
sic erit: quondam cithara tacentem
suscitat musam neque semper arcum
20   tendit Apollo.

rebus angustis animosus atque
fortis adpare, sapienter idem
contrahes vento nimium secundo
    turgida vela.

QUINTUS *HORATIUS* FLACCUS

Such', o Licin, um recht beglückt zu leben,
Mit deinem Schiff nicht stets das hohe Meer;
Doch komm auch nicht, indem du Stürme scheuest,
    Dem falschen Ufer allzu nah!

5 Der Freund des güldnen Mittelstands begehret
Kein altes Dach, das schon den Einfall droht;
Begehret frey von Stolz, und unbeneidet,
    Kein Wohnhaus, das Pallästen gleicht.

Ein hocherhabner Tannenbaum wird öfter
10 Vom Wind erschüttert; schröcklicher entstürzt
Ein Thurm der stolzen Höh', und Blitze treffen
    Zuerst des höchsten Berges Haupt.

Im Unglück hofft, im Glück besorgt ein weiser
Entschloßner Geist den Wechsel des Geschicks.
15 Er, Jupiter, der itzt den rauhen Winter
    Herbeyführt, ists, der ihn verjagt.

Gehts heute schwer: o darum wirds nicht immer
Wie heut ergehn! Nicht immer spannt Apoll
Den Bogen; oft nimmt er die Ley'r, und wecket
20   Der Muse schlummernden Gesang.

Laß, von Gefahr umdrängt, dich unerschrocken
Und standhaft sehn; doch bey zu gutem Wind
Versäume nicht, die aufgeblähten Segel
    Aus kluger Vorsicht einzuziehn!

Ernst Wratislaw Wilhelm v. Wobeser

QUINTUS *HORATIUS* FLACCUS

Ille et nefasto te posuit die,
quicumque primum, et sacrilega manu
    produxit, arbos, in nepotum
        perniciem opprobriumque pagi;

5 illum et parentis crediderim sui
fregisse cervicem et penetralia
    sparsisse nocturno cruore
        hospitis; ille venena Colcha

et quidquid usquam concipitur nefas
10 tractavit, agro qui statuit meo
    te triste lignum, te caducum
        in domini caput inmerentis.

quid quisque vitet numquam homini satis
cautum est in horas. navita Bosporum
15   Thynus perhorrescit neque ultra
        caeca timet aliunde fata,

miles sagittas et celerem fugam
Parthi, catenas Parthus et Italum
    robur: sed improvisa leti
20   vis rapuit rapietque gentis.

quam paene furvae regna Proserpinae
et iudicantem vidimus Aeacum
    sedesque discretas piorum et
        Aeoliis fidibus querentem

QUINTUS *HORATIUS* FLACCUS

An einen Baum

Der pflanzte dich an einem unselgen Tag',
Der mit Gottloser frevelnder Rechte dich,
    O Baum, erzog, zum Weh der Enkel,
        Allen Bewohnern des Gaus zum Vorwurf;

5 Ich glaub', er hatt' den eigenen Vater selbst
  Erwürgt und färbte nächtlicher Zeit mit Blut
    Des Gastfreunds seine innre Kammer,
        Kolchische Gifte zu mischen wußt' er,

  Und was an Frevel irgend ersinnlich war,
10 Verübte, der auf meine Gefilde dich
    Gestellt, du Unglücksbaum, damit du
        Stürzend den gütigen Herrn erschlagest.

  Was jede Stunde jeder der Sterblichen
  Zu fliehn hat kennet Keiner; dem Bosporus
15   Erbebt der Punier und fürchtet
        Anderher nirgend ein blindes Schicksal.

  Des Parthers Pfeil auf trügender Flucht vermied
  Der Römer; jenen Parther erschreckte Roms
    Gefangenschaft; und alle Schaaren
20   Reißet und riß unversehns der Tod hin.

  Fast sah ich schon der dunklen Proserpina
  Behausung, sah den richtenden Aeakus;
    Der Selgen abgetrennte Wohnung;
        Und zur Aeolischen Laute hört' ich

25 Sappho puellis de popularibus,
   et te sonantem plenius aureo
      Alcaee plectro dura navis,
         dura fugae mala, dura belli.

   utrumque sacro digna silentio
30 mirantur umbrae dicere, sed magis
      pugnas et exactos tyrannos
         densum umeris bibit aure volgus.

   quid mirum, ubi illis carminibus stupens
   demittit atras belua centiceps
35   auris et intorti capillis
        Eumenidum recreantur angues?

   quin et Prometheus et Pelopis parens
   dulci laborem decipitur sono,
      nec curat Orion leones
40   aut timidos agitare lyncas.

QUINTUS *HORATIUS* FLACCUS

   Eheu fugaces Postume Postume
   labuntur anni, nec pietas moram
      rugis et instanti senectae
        adferet indomitaeque morti,

5 non si trecenis quotquot eunt dies,
   amice, places inlacrimabilem
      Plutona tauris, qui ter amplum
        Geryonen Tityonque tristi

25 Der Sappho Klagen über der Mädchen Neid —
Auch dich auf deinem goldenen Saitenspiel,
    Alcäus, alle harten Leiden
        Krieges, der Flucht und des stürmgen Meeres

    Hört' ich in vollern Tönen; die Schatten rings
30 Bewundern beider Stillegebietend Lied,
    Doch Krieg' und tapfer ausgejagte
        Wilde Tyrannen erspäht der Haufe

    Mit durstgerm Ohre; Schulter an Schulter steht
    Gedränget er! Was Wunder? Der Höllenhund
35   Mit hundert Köpfen senkt bei solchem
        Liede die Ohren, und in dem Haupthaar

Der Eumeniden legen die Schlangen sich
Danieder; Pelops Vater, Prometheus selbst
    Vergißt der Quaalen, und Orion
40   Denket der Löwen- nicht mehr und Luchsjagd.
            Johann Gottfried Herder

QUINTUS *HORATIUS* FLACCUS

An Postumus

Ach, wie im Fluge, Postumus, Postumus,
Entfliehn die Jahre! Frömmigkeit hält umsonst
    Das Alter, das die Schläfe furchet,
        Hält den unbändigen Tod umsonst auf;

5 Und brächtest du zur Sühnung auch jeden Tag
Dreihundert Opferstiere dem ehrnen Gott,
    Ihm, der den dreigestalt'gen Riesen,
        Geryon, drunten gefangen hält, und

conpescit unda, scilicet omnibus,
10 quicumque terrae munere vescimur,
    enaviganda, sive reges
       sive inopes erimus coloni.

frustra cruento Marte carebimus
fractisque rauci fluctibus Hadriae,
15   frustra per autumnos nocentem
       corporibus metuemus austrum:

visendus ater flumine languido
Cocytos errans et Danai genus
    infame damnatusque longi
20   Sisyphus Aeolides laboris,

linquenda tellus et domus et placens
uxor, neque harum quas colis arborum
    te praeter invisas cupressos
       ulla brevem dominum sequetur.

25 absumet heres Caecuba dignior
servata centum clavibus et mero
    tinguet pavimentum superbo,
       pontificum potiore cenis.

QUINTUS *HORATIUS* FLACCUS

Odi profanum volgus et arceo.
favete linguis: carmina non prius
    audita Musarum sacerdos
       virginibus puerisque canto.

Den ungeheuren Tityos, im Bereich
10 Des Stroms, den Alle, die wir der Erde Frucht
   Genießen, Fürstenkinder oder
   Dürftige Pflüger, beschiffen werden.

Vergebens, Freund, entgehn wir der Wuth des Mars,
Den wildgebrochnen Fluthen des Adria,
15   Vergebens sichern wir im Herbstmond
   Uns vor den schädlichen Mittagswinden:

Wir müssen doch den schwarzen Kocytus sehn
In krummen Ufern schleichen, des Danaus
   Verruchte Brut, den Aeoliden
20   Sisyphus, ewig verdammt zur Arbeit.

Verlassen mußt du Felder und Haus, und ach!
Dein süßes Weib; der Bäume, die du gepflegt,
   Wird keiner seinem kurzen Eigner,
   Als die verhaßte Cypresse, folgen.

25 Dann trinkt ein klügrer Erbe den Cäcuber,
Den hundert Schlösser hüten, und nezt mit Wein,
   Den edler nicht des Oberpriesters
   Tafel gewähret, den Marmor-Estrich.

Eduard Mörike nach älteren Übersetzern

QUINTUS *HORATIUS* FLACCUS

Unreinen Pöbel haß ich und halt ihn fern!
Seid fromm und schweigt! — Ein nimmer vernommnes Lied
   Sing ich, ihr Knaben, euch und Jungfraun,
   Ich, den die Muse geweiht, ein Priester.

5 regum timendorum in proprios greges,
   reges in ipsos imperium est Iovis,
       clari Giganteo triumpho,
           cuncta supercilio moventis.

   est ut viro vir latius ordinet
10 arbusta sulcis, hic generosior
       descendat in campum petitor,
           moribus hic meliorque fama

   contendat, illi turba clientium
   sit maior: aequa lege Necessitas
15   sortitur insignis et imos,
           omne capax movet urna nomen.

   destrictus ensis cui super inpia
   cervice pendet, non Siculae dapes
       dulcem elaborabunt saporem,
20   non avium citharaeque cantus

   somnum reducent: somnus agrestium
   lenis virorum non humilis domos
       fastidit umbrosamque ripam,
           non zephyris agitata tempe.

25 desiderantem quod satis est neque
   tumultuosum sollicitat mare
       nec saevus Arcturi cadentis
           impetus aut orientis haedi,

   non verberatae grandine vineae
30 fundusque mendax, arbore nunc aquas
       culpante nunc torrentia agros
           sidera nunc hiemes iniquas.

5 Die Furcht des Königs bändiget Herden Volks;
  Ihn selbst, den König, bändiget Jovis Macht,
     Der über den Giganten aufging,
       Der mit der Braue das Weltall regelt.

  Es ist, daß Mann dem Manne verglichen wird
10 Um Wingerts Breiten, edleren Blutes Der
     Vom Volk im Marsfeld Ämter fodert,
       Jenen sein Wandel und Ruf, den andern

  Der Schutzverwandtschaft wimmelnder Schwarm empfiehlt.
  Doch schüttelt Not mit gleicher Gerechtigkeit
15   Die hellen wie die dunklen Lose;
       Jeglichen Namen verwahrt die Urne.

  Gezücktes Schwert, wem's über der Scheitel hangt,
  Der gottverfluchten, wendet das Königsmahl
     Den Wohlgeschmack im Mund zu Gallen,
20   Rufen nicht Vogelgesang noch Laute

  Den Schlaf herbei. Schlaf bäurischer Männer ist
  Gar süß, verachtet niedere Wohnstatt nicht
     Und nicht des Waldbachs Ranft und Täler,
       Da der belebende Westwind säuselt.

25 Wer das begehrt, des jeder bedürftig ist,
  Den schreckt des Meers gefährlicher Aufruhr nicht,
     Schreckt nicht des Rinderhirten Abschied
       Oder des grimmigen Fuhrmanns Aufgang;

  Nicht Hagelschlag in Rebengeländ und Korn,
30 Auch nicht Verdruß, wenn Anger und Ölbaum bald
     Dem Regen schuld gibt, bald des Hundssterns
       Dörrenden Gluten und bald dem Winter.

contracta pisces aequora sentiunt
iactis in altum molibus: huc frequens
35   caementa demittit redemptor
            cum famulis dominusque terrae

fastidiosus; sed Timor et Minae
scandunt eodem quo dominus, neque
        decedit aerata triremi et
40   post equitem sedet atra Cura.

quodsi dolentem nec Phrygius lapis
nec purpurarum sidere clarior
        delenit usus nec Falerna
            vitis Achaemeniumque costum,

45 cur invidendis postibus et novo
sublime ritu moliar atrium ?
        cur valle permutem Sabina
            divitias operosiores ?

QUINTUS *HORATIUS* FLACCUS

Angustam amice pauperiem pati
robustus acri militia puer
        condiscat, et Parthos ferocis
            vexet eques metuendus hasta,

5 vitamque sub divo et trepidis agat
in rebus. illum ex moenibus hosticis
        matrona bellantis tyranni
            prospiciens et adulta virgo

Dem Volk der Fische dünket sein Reich verengt
Durch eure Bauten. Siehe, der Meister stürzt
35   Sein Mauerwerk mit den Gesellen
            Weit in die Fluten; ihm folgt der Fronherr,

Weil ihn die Feste widert. — Doch Furcht und Dräun
Gehn mit dem Fronherrn einerlei Weg. Es steigt
            Aufs erzumschlagne Schiff und sitzet
40   Hinter dem Reiter zu Roß die Sorge.

Und sänftet ihm kein phrygischer Marmorstein
Noch seltnen Purpurs Sternengeweb die Sucht,
            Noch des Falerners reife Lese
            Oder die Narde des Morgenlandes,

45 Was soll denn ich nach neuem Gebrauch mir Saal
Und Säule türmen, daß es den Neider kränkt?
            Was soll ich mühevollen Reichtum
                Mit dem sabinischen Tal vertauschen?

Rudolf Alexander Schröder

QUINTUS *HORATIUS* FLACCUS

Der engen Armut gerne gewöhnen lern
Der Knabe, früh durch strenges Geschäft des Kriegs
            Gestählt, bis er mit reisigem Speer zu
            Paaren die trutzigen Parther treibe.

5 Vorm offnen Himmel, wo die Gefahr ihn trifft,
    Führ er sein Leben. — Blickt von der Burg herab
            Des feindlichen Tyrannen Hausfrau
            Oder die mannbare Braut und sieht ihn,

suspiret, eheu, ne rudis agminum
10 sponsus lacessat regius asperum
  tactu leonem, quem cruenta
   per medias rapit ira caedis.

dulce et decorum est pro patria mori:
mors et fugacem persequitur virum
15 nec parcit inbellis iuventae
   poplitibus timidoque tergo.

virtus repulsae nescia sordidae
intaminatis fulget honoribus
  nec sumit aut ponit securis
20   arbitrio popularis aurae:

virtus recludens inmeritis mori
caelum negata temptat iter via
  coetusque volgaris et udam
   spernit humum fugiente penna.

25 est et fideli tuta silentio
merces: vetabo, qui Cereris sacrum
  volgarit arcanae, sub isdem
   sit trabibus fragilemque mecum

solvat phaselon: saepe Diespiter
30 neglectus incesto addidit integrum;
  raro antecedentem scelestum
   deseruit pede Poena claudo.

Erseufze sie: »Weh, wollte der Gatte nie,
10 Noch grün zum Streit, der König, den Leu'n bestehn,
    Den unangreifbarn, den die Zornwut
    Mitten durch Mord und Gemetzel fortreißt!«

Süß ist's und ruhmvoll: fallen fürs Vaterland.
Der Tod folgt auch dem flüchtigen Manne nach,
15   Schont nicht der kampfentwöhnten Jugend
    Schlotternd Gebein und den feigen Nacken.

Manns Mut, der schnöden Ämterverweigrung fremd,
In Ehren funkelnd, nimmer bemakelten,
    Nimmt nicht und legt das Beil nicht nieder
20   Nach dem Geraune der Pöbelwillkür.

Manns Mut, gewürdigt, nimmer den Tod zu schaun,
Erschließt den Himmel, wandelt mißgönnte Bahn,
    Gemeine Rottung und der Erde
    Brodem verweigernd mit flüchtger Schwinge.

25 Behalten bleibt der treuen Verschwiegenheit
    Ihr Lohn. — Wer Ceres' heilig verborgnen Dienst
    Verplaudert, sei nicht unterm gleichen
    Dach oder löse mit mir gemeinsam

Den leichten Kahn vom Strande. Diespiter
30 Sucht mit dem Frevler öfters den Frommen heim;
    Doch selten weicht von sündger Sohle,
    Folgend mit hinkendem Fuß die Strafe.

Rudolf Alexander Schröder

QUINTUS *HORATIUS* FLACCUS

Delicta maiorum inmeritus lues,
Romane, donec templa refeceris
   aedisque labentis deorum et
      foeda nigro simulacra fumo.

5 dis te minorem quod geris, imperas.
hinc omne principium, huc refer exitum:
   di multa neglecti dederunt
      Hesperiae mala luctuosae.

iam bis Monaeses et Pacori manus
10 inauspicatos contudit inpetus
   nostros et adiecisse praedam
      torquibus exiguis renidet;

paene occupatam seditionibus
delevit urbem Dacus et Aethiops,
15   hic classe formidatus, ille
      missilibus melior sagittis.

fecunda culpae saecula nuptias
primum inquinavere et genus et domos:
   hoc fonte derivata clades
20   in patriam populumque fluxit.

motus doceri gaudet Ionicos
matura virgo et fingitur artibus
   iam nunc et incestos amores
      de tenero meditatur ungui:

25 mox iuniores quaerit adulteros
inter mariti vina, neque eligit

QUINTUS *HORATIUS* FLACCUS

Unschuldig zahlst du Väterversündigung,
Bis, Römer, du von neuem die Tempel baust,
    Der Götterwohnung wanke Stützen
    Richtest und Bilder, die Rauch geschändet.

5 Weil du den Göttern huldigest, herrschest du.
Setzt hier den Anfang, suche das Ende hier:
    Viel kam von Göttern, von verschmähten,
    Jammer, Hesperia, dir und Unheil.

Monaeses warf und Pacorus' Mannschaft zwier
10 Den ohne Gott begonnenen Heereszug
    Der Unsrigen. — Zum schmalen Halsbund
    Tragen sie lachend die reichre Beute.

Hat nicht die Stadt, von innerer Fehde krank,
Der Daker jüngst, der Nubier fast zerstört,
15   Der eine dräuend mit Ägyptens
    Flotte, mit Bogen und Pfeil der andre?

An Lastern trächtig hat das Jahrhundert erst
Den Ehebund und Namen und Haus befleckt:
    Das ist der Born, daher geflossen
20   Volkes Verderben und Vaterlandes.

Kaum mannbar lernt die lüsterne Dirne schon
Ionisch Tänzeln, wendet und wiegt den Leib,
    Schon abgerichtet, schon vom ersten
    Zartesten Alter auf Buhlschaft sinnend;

25 Sucht Ehebrecher jünger an Jahren bald
Beim Weingelag des Gatten und wählt nicht mehr

cui donet inpermissa raptim
        gaudia luminibus remotis,

    sed iussa coram non sine conscio
30 surgit marito, seu vocat institor
        seu navis Hispanae magister,
                dedecorum pretiosus emptor.

    non his iuventus orta parentibus
    infecit aequor sanguine Punico
35   Pyrrhumque et ingentem cecidit
                Antiochum Hannibalemque dirum,

    sed rusticorum mascula militum
    proles, Sabellis docta ligonibus
        versare glaebas et severae
40   matris ad arbitrium recisos

    portare fustis, sol ubi montium
    mutaret umbras et iuga demeret
        bobus fatigatis, amicum
                tempus agens abeunte curru.

45 damnosa quid non inminuit dies?
    aetas parentem peior avis tulit
        nos nequiores, mox daturos
                progeniem vitiosiorem.

                QUINTUS *HORATIUS* FLACCUS

Donec gratus eram tibi,

        nec quisquam potior bracchia candidae

Den, der Geschenk verbotner Wonnen
Heimlich genießt, wenn die Lampen fort sind,

Nein auf Geheiß, nein offen und wissentlich
30 Dem Gatten, geht sie, wenn der Hausierer winkt,
      Wenn von der Spanienfahrt der Schiffsherr
  Kehrt, der der Schande den Kaufpreis zuwägt.

Nicht solcher Eltern Same verfinsterte
Mit Punierblut vorzeiten die See, warf nicht
35   Antiochus den Riesen, warf den
  Pyrrhus und Hannibal nicht zu Boden.

Der Bauernkrieger männliche Jugend war's,
Die mit dem Karst sabellische Schollen früh
     Gelernt zu wenden und die Knüttel
40   Nach dem Gebot der gestrengen Mutter

Vom Wald heimtrug, da sinkender Sonne Fahrt
Schon berghernieder längere Schatten warf
     Und brachte die willkommne Stunde
  Die den ermüdeten Stier vom Joch löst.

45 Was mindert nicht verlierender Tag dem Tag?
Dem Ahn schon ungleich zeugten die Väter uns
     Geringre Nachfahrn, uns, gewärtig
  Immer verworfnerer Enkel-Staaten.

Rudolf Alexander Schröder

QUINTUS *HORATIUS* FLACCUS

Versöhnung

Horaz

Als du mich noch im Herzen trugst,
Und kein trauterer Freund zärtlich die Arme dir

cervici iuvenis dabat,

    Persarum vigui rege beatior.

5 'donec non alia magis

    arsisti neque erat Lydia post Chloen,

multi Lydia nominis

    Romana vigui clarior Ilia.'

me nunc Thressa Chloe regit,

10   dulcis docta modos et citharae sciens,

pro qua non metuam mori,

    si parcent animae fata superstiti.

'me torret face mutua

    Thurini Calais filius Ornyti,

15 pro quo bis patiar mori,

    si parcent puero fata superstiti.'

quid si prisca redit Venus

    diductosque iugo cogit aeneo,

si flava excutitur Chloe

20   reiectaeque patet ianua Lydiae?

'quamquam sidere pulchrior

    ille est, tu levior cortice et inprobo

iracundior Hadria,

    tecum vivere amem, tecum obeam libens.'

Um den blendenden Nacken wand,
Schwelgt' in reicherem Glück Persiens Herrscher nicht.

Lydia

5   Als ich dir noch allein gefiel
Und vor Chloe noch nicht Lydiens Reiz erblich,
   Ging mein Name von Mund zu Mund,
Selbst nicht Ilias Ruhm strahlte so hell im Lied.

Horaz

   Jetzt beherrscht mich die Thracerin
10 Chloe; lieblicher singt keine zum Lautenspiel;
   Freudig will ich den Tod bestehn,
Gönnt der Süßen dafür Leben und Heil ein Gott.

Lydia

   Mich hat Calais, Thuriums
Sohn entzündet und gibt Glut mir um Glut zurück;
15   Zwiefach duld' ich des Todes Pein,
Gönnt dem Knaben dafür Leben und Heil ein Gott.

Horaz

   Doch wenn sanft die Getrennten nun
Alter Liebe Gewalt wieder zusammenzwingt?
   Wenn nun Chloe, die Blonde, weicht,
20 Und mein Pförtchen, wie sonst, Lydien offen steht?

Lydia

   Schön ist jener wie Phöbus zwar,
Du noch schwanker als Rohr, leichter in Zorn gestürmt
   Als der Hadria wilde Flut,
Doch in Leben und Tod will ich die Deine sein.

Emanuel Geibel

QUINTUS *HORATIUS* FLACCUS

O fons Bandusiae, splendidior vitro,
dulci digne mero non sine floribus,
    cras donaberis haedo,
        cui frons turgida cornibus

5 primis et Venerem et proelia destinat,
frustra, nam gelidos inficiet tibi
    rubro sanguine rivos
        lascivi suboles gregis.

te flagrantis atrox hora caniculae
10 nescit tangere, tu frigus amabile
    fessis vomere tauris
        praebes et pecori vago;

fies nobilium tu quoque fontium
me dicente cavis inpositam ilicem
15   saxis, unde loquaces
        lymphae desiliunt tuae.

QUINTUS *HORATIUS* FLACCUS

Quo me, Bacche, rapis tui

    plenum? quae nemora aut quos agor in specus

velox mente nova? quibus

    antris egregii Caesaris audiar

5 aeternum meditans decus

QUINTUS *HORATIUS* FLACCUS

An die Blandusische Quelle

O Blandusiens Quell, silbern und Spiegelhell,
Werth mit Weine vermählt, Blumen gekränzt zu seyn,
    Morgen soll dich ein Opfer
      Zieren, dem an der Stirne schon

5 Knoten sprossen: es sinnt, siehe, das Böcklein sinnt
Lieb' und Schlachten! Umsonst. Soll das Gewässer mit
    Rothem Blute dir färben,
      Aller Heerden itzt Bräutigam.

Nicht der brennende Hauch dörrenden Sommers kann
10 Dich berühren: Du strömst irrendem Vieh! Du strömst
    Matt erlechzetem Stiere
      Sanfte wonnige Kühlung dar.

Lieblich rinnender Quell! unter den edelsten
Quellen wird dich mein Lied preisen! wie oben sich
15   Felsen wölben, und nieden
      Hin die schwätzende Nymphe wallt.

Johann Gottfried Herder

QUINTUS *HORATIUS* FLACCUS

Wohin ziehst du mich,
Fülle meines Herzens,
Gott des Rausches,
Welche Wälder, welche Klüfte
Durchstreif ich mit fremdem Mut.
O, welche Höhlen
Hören in den Sternenkranz
5 Cäsars ewigen Glanz mich flechten

> stellis inserere et consilio Iovis?

dicam insigne, recens, adhuc

> indictum ore alio. non secus in iugis

exsomnis stupet Euhias,

10   Hebrum prospiciens et nive candidam

Thracen ac pede barbaro

> lustratam Rhodopen, ut mihi devio

ripas et vacuum nemus

> mirari libet . . . .

QUINTUS *HORATIUS* FLACCUS

Pindarum quisquis studet aemulari,
Iulle, ceratis ope Daedalea
nititur pennis, vitreo daturus
    nomina ponto.

5 monte decurrens velut amnis, imbres
quem super notas aluere ripas,
fervet inmensusque ruit profundo
    Pindarus ore,

laurea donandus Apollinari,
10 seu per audacis nova dithyrambos
verba devolvit numerisque fertur
    lege solutis,

seu deos regesve canit, deorum
sanguinem, per quos cecidere iusta
15 morte Centauri, cecidit tremendae
    flamma Chimaerae,

Und den Göttern ihn zugesellen.
Unerhörte, gewaltige,
Keinen sterblichen Lippen entfallene
Dinge will ich sagen.
Wie die glühende Nachtwandlerin,
Die bacchische Jungfrau
10 Am Hebrus staunt
Und im thrazischen Schnee
Und in Rhodope, im Lande der Wilden,
So dünkt mir seltsam und fremd
Der Flüsse Gewässer,
Der einsame Wald . . . .

Novalis (Friedrich v. Hardenberg)

QUINTUS *HORATIUS* FLACCUS

Wer den Wettstreit wagt mit dem Pindar, Dädals
Wachs beflügelt den, er, Iulus, giebt einst
Einem lichten Meere den Namen . .

. . . . .

5 Wie ein Bergstrom, den das Gewitter über
Sein Gestad' aufschwellt, so ergeußt sich Pindar
Siedend, unbegränzt in der tiefen Rede,

. . . . .

Phöbus Lorbeer werth, wenn er neue Laute
10 Kühn herabwälzt in Dithyramben, tönend
Seinen Rhythmus, frey vom Gesetz . . .

. . . . .

Wenn er Götter dann und Heroen singt, den
Götterstamm, durch welche Centauren sanken
15 Vor gerechten Lanzen, und sank die grause
Flamme Chimära's;

sive quos Elea domum reducit
palma caelestis pugilemve equumve
dicit et centum potiore signis
20   munere donat,

flebili sponsae iuvenemve raptum
plorat et viris animumque moresque
aureos educit in astra nigroque
        invidet Orco.

25 multa Dircaeum levat aura cycnum,
tendit, Antoni, quotiens in altos
nubium tractus: ego apis Matinae
        more modoque,

grata carpentis thyma per laborem
30 plurimum, circa nemus uvidique
Tiburis ripas operosa parvus
        carmina fingo.

concines maiore poeta plectro
Caesarem, quandoque trahet ferocis
35 per sacrum clivum merita decorus
        fronde Sygambros,

quo nihil maius meliusve terris
fata donavere bonique divi
nec dabunt, quamvis redeant in aurum
40   tempora priscum,

concines laetosque dies et urbis
publicum ludum super inpetrato
fortis Augusti reditu forumque
        litibus orbum.

Oder, kehrt wer heim mit den Palmen Elis,
Als ein Gott, dann preist, sey es Sieg mit Rossen,
Sey's mit starker Faust, und ein Opfer darbringt,
20   Welches der Mahle

Hundert übertrifft; wenn er weint den Jüngling,
Ihn, der starb der jammernden Braut, und seinen
Muth, sein Herz erhöht, und die goldnen Sitten
                Zu dem Olympus,

25 Jener schwarzen Nacht sie beneidend. Hoch hebt
Dirce's Schwan die Luft, wenn er zu der fernen
Wolke steiget. Ich auf die Weis' und Art der
                Bien' am Matinus,

Die voll Emsigkeit die erkohrne Blume
30 Sauget, bilde mühsam das Lied, mit leiser
Hebung, an dem Hain und den Bächen Tiburs.
                . . . . .

Höher singest du zu der Sait' Augustus,
Führet er die wilden Sikambrer, von des
35 Sieges Laube schön, zu dem Kapitole.
                . . . . .

Größ'res gaben, Besseres nicht das Schicksal
Und die guten Götter der Erde, werden's
Niemals geben, kehrete selbst zum alten
40   Golde die Zeit um.

Singen wirst du Tage der Lust, und Roma's
Feyerliche Spiele, daß ihr der tapf're
Cäsar wiederkam, und von Zwist kein Richtstuhl
                Hallet . . .

45 tum meae, si quid loquar audiendum,
   vocis accedet bona pars, et 'o sol
   pulcher, o laudande' canam recepto
       Caesare felix,

   teque, dum procedis, io Triumphe,
50 non semel dicemus, io Triumphe,
   civitas omnis, dabimusque divis
       tura benignis.

   te decem tauri totidemquae vaccae,
   me tener solvet vitulus, relicta
55 matre qui largis iuvenescit herbis
       in mea vota,

   fronte curvatos imitatus ignis
   tertium lunae referentis ortum,
   qua notam duxit niveus videri,
60   cetera fulvus.

QUINTUS *HORATIUS* FLACCUS

   Quem tu, Melpomene, semel
       nascentem placido lumine videris,
   illum non labor Isthmius
       clarabit pugilem, non equus inpiger

5 curru ducet Achaico
       victorem, neque res bellica Deliis
   ornatum foliis ducem,
       quod regum tumidas contuderit minas,

   ostendet Capitolio:

45 Dann soll meine Stimme, wenn hörenswürdig
  Sie sich hebt, auch tönen von meinen Freuden;
  O der schönen Sonne, der hochgepriesnen!
                    Sing ich dann glücklich

  Durch die Rückkehr! Gehst du einher, so werden
50 Wir nicht einmal: O des Triumphes! sagen,
  Wir des Volks Heer: O des Triumphes! euch dann
                    Zünden, ihr holden

  Götter, Weihrauch. Zehn von den Stieren, gleiche
  Zahl der Kühe lösen dich, mich ein zartes
55 Kalb, das mutterlos in der reichen Flur hüpft
                    Meinem Gelübde,

  Auf der Stirn nachahmend gebogne Schimmer,
  Die des Mondes, blinkt er zum drittenmale,
  An der Stelle weiß, der ihm Zeichen ward, sonst
60   Überall röthlich.
                    Friedrich Gottlieb Klopstock

QUINTUS *HORATIUS* FLACCUS

  Auf wen einmal, Melpomene, du,
Da er gebohren ward, mit Wohlgefallen geblikt,
  Dem wird der Isthmische Kampf nicht
Geben des Fechters Ruhm, noch wird das muntere Ross
5   Auf dem Achäischen Wagen ihn
Als Sieger führen, noch die Kriegsmacht ihn mit Delischen
  Blättern geziert als Feldherrn,
Weil er der Könige schwülstige Drohungen
  Niedergeschlagen, vors Capitolium stellen.

10   sed quae Tibur aquae fertile praefluunt
     et spissae nemorum comae
          fingent Aeolio carmine nobilem.

     Romae principis urbium
          dignatur suboles inter amabilis
15 vatem ponere me choros,
          et iam dente minus mordeor invido.

     o testudinis aureae
          dulcem quae strepitum, Pieri, temperas,
     o mutis quoque piscibus
20   donatura cycni, si libeat, sonum,

     totum muneris hoc tuist,
          quod monstror digito praetereuntium
     Romanae fidicen lyrae;
          quod spiro et placeo, si placeo, tuumst.

QUINTUS *HORATIUS* FLACCUS

     Diffugere nives, redeunt iam gramina campis
          arboribusque comae;
     mutat terra vices, et decrescentia ripas
          flumina praetereunt;

5 Gratia cum Nymphis geminisque sororibus audet
          ducere nuda choros.
     inmortalia ne speres monet annus et almum
          quae rapit hora diem:

     frigora mitescunt zephyris, ver proterit aestas,

10 Aber die das fruchtbare Tibur vorüberfliessen,

    Die Wasser und die dichten Loken der Haine

Werden ihn friedlich bilden zum Aeolischen Liede.

    Die Söhne Roms, der Städtefürstin,

Achten es werth, mich unter die liebenswürdigen

15   Chöre der Dichter zu sezen:

Und schon werd' ich von minder neidischem Zahne gebissen.

    O die du ordnest der goldenen Leier

Süsses Rauschen, Pieride,

    Die du auch stummen Fischen

20 Des Schwans Stimme zu geben vermöchtest, gefiel' es dir!

    Dein Werk ist es einzig,

Dass wenn die vorübergehn, mit dem Finger mich zeigen

    Als den Saitenspieler auf römischer Leier:

Dass ich athme und gefalle, wenn ich gefalle, von dir ists.

                    Friedrich Hölderlin

QUINTUS *HORATIUS* FLACCUS

An Manlius Torquatus

Ringsum taute der Schnee; schon grünt im Gefilde der Rasen,

    Grünt an den Bäumen das Laub;

Wechselnd verjüngt sich die Flur und beruhigt am hohen Gestade

    Wandeln die Ströme dahin.

5 Mit den Nymphen versucht und den Zwillingsschwestern die

                           nackte

    Grazie schüchtern den Tanz.

Hoff Unsterbliches nie! So mahnt dich das Jahr und die Stunde,

    Die den Genuß dir entführt.

Tauwind löset den Frost, in den Frühling drängt sich der Som-

                           mer,

10   interitura simul
      pomifer autumnus fruges effuderit, et mox
            bruma recurrit iners.

      damna tamen celeres reparant caelestia lunae.
            nos ubi decidimus
15 quo pater Aeneas, quo dives Tullus et Ancus,
            pulvis et umbra sumus.

      quis scit an adiciant hodiernae crastina summae
            tempora di superi?
      cuncta manus avidas fugient heredis, amico
20   quae dederis animo.

      cum semel occideris et de te splendida Minos
            fecerit arbitria,
      non, Torquate, genus, non te facundia, non te
            restituet pietas.

25 infernis neque enim tenebris Diana pudicum
            liberat Hippolytum,
      nec Lethaea valet Theseus abrumpere caro
            vincula Pirithoo.

              QUINTUS *HORATIUS* FLACCUS

      Beatus ille qui procul negotiis,
            ut prisca gens mortalium,
      paterna rura bobus exercet suis
            solutus omni fenore,
5 neque excitatur classico miles truci,
            neque horret iratum mare,
      forumque vitat et superba civium

10   Um zu enteilen, sobald

Reich an Früchten der Herbst sein Horn ausschüttet' und eh'
                                    du's

    Denkst, ist der Winter zurück.

Wohl am Himmel erneut sich der Mond stets, wann er dahin-
                                    schwand,

    Wir, zu den Vätern einmal,

15 Zum Äneas entrückt, zu dem prächtigen Tullus und Ancus,
    Sind nur Schatten und Staub.

Wer kann sagen, daß ihm zu dem heute Bescherten ein Morgen
    Gnädig der Gott noch verleiht?

Nichts ist sicher bewahrt vor lachenden Erben, als was du

20   Heiter der Stunde gewährst.

Bist du geschieden einmal und hat dir rühmlichen Spruch erst
    Minos, der Richter, gefällt:

Führt kein Adel dich mehr, kein Zauber der Rede, Torquatus,
    Kein Sühnopfer zurück.

25 Artemis selber entreißt den geliebten Hippolytus nimmer
    Drunten der stygischen Nacht,

Ach, und es sprengt selbst Theseus' Kraft die letheischen Fesseln
    Seines Pirithous nie.

                                    Emanuel Geibel

QUINTUS *HORATIUS* FLACCUS

O selig, wer der Stadt und ihren Händen fern,
    Dem Vorgeschlecht, dem ersten gleich,
Die Väterhufe pflügt mit Rindern eigner Zucht
    Und leiht nicht aus und nimmt nicht auf!
5 Nicht der Drommete Feldgeschrei scheucht ihn vom Bett,
    Ihn ängstet nicht das wilde Meer;
Fremd bleibt der Markt ihm, fremd die Tür, die prangende

     potentiorum limina.
  ergo aut adulta vitium propagine
10   altas maritat populos,
  aut in reducta valle mugientium
       prospectat errantis greges,
  inutilisve falce ramos amputans
       feliciores inserit,
15 aut pressa puris mella condit amphoris
       aut tondet infirmas ovis:
  vel cum decorum mitibus pomis caput
       Autumnus agris extulit,
  ut gaudet insitiva decerpens pira,
20   certantem et uvam purpurae,
  qua muneretur te Priape, et te pater
       Silvane, tutor finium.
  libet iacere modo sub antiqua ilice,
       modo in tenaci gramine:
25 labuntur altis interim ripis aquae,
       queruntur in silvis aves,
  frondesque lymphis obstrepunt manantibus,
       somnos quod invitet levis.
  at cum tonantis annus hibernus Iovis
30   imbris nivisque conparat,
  aut trudit acris hinc et hinc multa cane
       apros in obstantis plagas,
  aut amite levi rara tendit retia
       turdis edacibus dolos,
35 pavidumque leporem et advenam laqueo gruem
       iucunda captat praemia.
  quis non malarum quas amor curas habet
       haec inter obliviscitur?
  quodsi pudica mulier in partem iuvet
40   domum atque dulcis liberos,
  Sabina qualis aut perusta solibus

Zum Vorgemach der großen Herrn.

Er freilich führt der Rebe bräutliches Gerank

10   Dem Stamm der schlanken Pappel zu,

Blickt unter sich ins Talgeschlüft, das widerhallt

Von dem Gebrüll des Weidegangs,

Zückt wohl sein Messer, nimmt dem Baum das taube Holz

Und impft ein glücklicheres Reis,

15 Läßt Honig aus und hebt ihn auf im reinen Krug

Und schert geduldiger Schafe Vlies.

Und hat der Herbst, mit runden Äpfeln schön geschmückt,

Sein Haupt erhoben überm Land,

Wie pflückt er froh die Birne, die sein Fleiß gepfropft,

20   Die Traube, die wie Purpur prangt,

Dir, dir Priap zum Opfer und, o Vater, dir,

Silvanus, Schirmer des Gereuts!

Da darf er bald in alten Eichbaums Wipfelnacht

Und bald im dichten Grase ruhn.

25 Durch Uferbühle windet sich dieweil der Bach;

Aus Wäldern klagt der Vögel Ruf,

Der Quellen träufelnd Rinnsal plaudert im Geschlüft

Und lädt zu leichtem Schlummer ein.

Flößt dann des Donnerers winternd Jahr, des Juppiter,

30   Den Regen nieder und den Schnee,

Stellt er sein Garn und treibt die wütigen Keiler ein

Mit vielen Hunden, hin und her.

An glatten Gabeln spannt er Netze, fadendünn,

Gefräßiger Drosseln Hinterhalt.

35 Das Häslein scheu, den Kranich, der zu Gaste kam,

Willkommene Beute, greift sein Strick.

Wer würde nicht bei solchem Tun die Sorgenlast

Und Herzbeschwer der Liebe los!

Wie? Wenn dann noch ein züchtig Weib an ihrem Teil

40   Das Haus und liebe Kindlein hegt,

Wie die Sabinerinnen sind und, sonnverbrannt,

      pernicis uxor Appuli,
    sacrum vetustis exstruat lignis focum
      lassi sub adventum viri,
45 claudensque textis cratibus laetum pecus
      distenta siccet ubera,
    et horna dulci vina promens dolio
      dapes inemptas adparet:
    non me Lucrina iuverint conchylia
50   magisve rhombus aut scari,
    si quos Eois intonata fluctibus
      hiems ad hoc vertat mare,
    non Afra avis descendat in ventrem meum,
      non attagen Ionicus
55 iucundior, quam lecta de pinguissimis
      oliva ramis arborum,
    aut herba lapathi prata amantis et gravi
      malvae salubres corpori,
    vel agna festis caesa Terminalibus,
60   vel haedus ereptus lupó.
    has inter epulas ut iuvat pastas ovis
      videre properantis domum,
    videre fessos vomerem inversum boves
      collo trahentis languido,
65 positosque vernas, ditis examen domus,
      circum renidentis laris. —
    haec ubi locutus fenerator Alfius,
      iam iam futurus rusticus,
    omnem redegit idibus pecuniam,
70   quaerit calendis ponere.

Das Weib des flinken Appulers?
Die legt mit Scheitern, jährigen den frommen Herd,
Des müden Manns gewärtig, aus;
45 In weidne Pferche hürdet sie so Schaf als Geiß
Und melkt die prallen Euter leer,
Holt Heurigen vom süßen Faß und rüstet mir
Den ungekauften Abendschmaus.
Da munden mir Lucriner Austern minder wohl,
50 Der Steinbutt nicht, die Brasse nicht,
Wenn dann und wann der Winter sie mit schwerer See
Und Ostwind an die Küste treibt;
Da steigt kein Perlhuhn Afrikas, kein Haselhuhn,
Kein jonisches in meinen Bauch
55 Gelindern Schmacks als meines Ölbergs fetteste,
Vom reifsten Baum gelesene Tracht
Und als des Sauerampfers Blatt, des Wiesenfreunds,
Und Malven, heilsam trägem Leib,
Das Schaflamm, das dem Terminus zu Ehren fiel,
60 Das Böcklein, Wölfen abgejagt. —
Wie schön, bei solchem Festgelag die Herde schaun,
Die prall und satt zum Stalle drängt,
Die müden Rinder, die den umgewandten Pflug
Gebeugten Nackens heimwärts ziehn,
65 Und eingeborener Knechte Schar, des Hauses Stolz,
Rings um der Laren glänzend Bild! — —
— Nach diesen Worten zog der Wucherer Alfius,
Bereits, bereits ein Ackersmann,
Das ganze Barvermögen Mitte Monats ein:
70 Am Ersten legt er's wieder aus.

Rudolf Alexander Schröder

QUINTUS *HORATIUS* FLACCUS

Quo, quo scelesti ruitis aut cur dexteris
    aptantur enses conditi?
parumne campis atque Neptuno super
    fusum est Latini sanguinis,
5 non ut superbas invidae Carthaginis
    Romanus arcis ureret,
intactus aut Britannus ut descenderet
    Sacra catenatus via,
sed ut secundum vota Parthorum sua
10   urbs haec periret dextera?
neque hic lupis mos nec fuit leonibus,
    nunquam nisi in dispar feris.
furorne caecus an rapit vis acrior
    an culpa? responsum date.
15 tacent, et albus ora pallor inficit
    mentesque perculsae stupent.
sic est: acerba fata Romanos agunt
    scelusque fraternae necis,
ut inmerentis fluxit in terram Remi
20   sacer nepotibus cruor.

QUINTUS *HORATIUS* FLACCUS

Ibam forte via sacra, sicut meus est mos

nescio quid meditans nugarum, totus in illis:

accurrit quidam notus mihi nomine tantum,

arreptaque manu 'quid agis, dulcissime rerum?'

5 'suaviter, ut nunc est' inquam, 'et cupio omnia quae vis.'

QUINTUS *HORATIUS* FLACCUS

An die Römer

Wohin, wohin ihr Rasenden? Warum liegt die Faust
    Schon wieder euch am Heft des Schwerts?
Sind Land und Meer denn immer noch zur Genüge nicht
    Gesättigt mit Latinerblut?
5 Nicht zu verbrennen gilt es jetzt Karthagos Burg,
    Der stolzen Nebenbuhlerin,
Noch wilde Briten kettenschwer aufs Kapitol
    Dahinzuführen im Triumph.
Nein, fallen soll, zur Lust dem Parther, diese Stadt
10   Selbstmörderisch durch eigne Hand.
So würden Wölfe nimmer hausen oder Leu'n,
    Nur fremde Brut zerreißen sie.
Euch aber, reißt euch blinde Wut, reißt Götterzorn,
    Reißt Schuld euch hin? Gebt Rechenschaft!
15 Ihr schweigt und werdet totenbleich und starrt mich an,
    Entsetzen lähmt euch, weil ich's traf.
So ist's: ein furchtbar Schicksal treibt die Römer um,
    Der finstre Geist des Brudermords,
Seit Remus' Blut, schuldlos vergossen, diesen Grund
20   Zum Fluch den Enkeln rot gefärbt.

Emanuel Geibel

QUINTUS *HORATIUS* FLACCUS

Jüngst, da ich, wie mein Brauch ist, auf der heil'gen Straße
spatzieren gieng, und irgend eine Kleinigkeit
im Kopf herumtrieb, ganz darin vertieft,
begegnet mir ein *Quidam*, den ich bloß
von Nahmen kenne, nimmt mich bey der Hand
und spricht: *wie gehts, mein Bester?* — Leidlich gut,
5 so wie es geht; zu dienen. — Da ich ihn

cum adsectaretur, 'num quid vis?' occupo. at ille

'noris nos' inquit; 'docti sumus.' hic ego 'pluris

hoc' inquam 'mihi eris.' misere discedere quaerens,

ire modo ocius, interdum consistere, in aurem

10 dicere nescio quid puero, cum sudor ad imos

manaret talos. 'o te, Bolane, cerebri

felicem' aiebam tacitus, cum quidlibet ille

garriret, vicos, urbem laudaret. ut illi

nil respondebam, 'misere cupis' inquit 'abire:

15 iamdudum video: sed nil agis; usque tenebo:

persequar hinc quo nunc iter est tibi.' 'nil opus est te

circumagi: quendam volo visere non tibi notum:

trans Tiberim longe cubat is, prope Caesaris hortos.'

'nil habeo quod agam et non sum piger: usque sequar te.'

20 demitto auriculas ut iniquae mentis asellus

cum gravius dorso subiit onus. incipit ille

'si bene me novi, non Viscum pluris amicum,

non Varium facies: nam quis me scribere pluris

aut citius possit versus? quis membra movere

25 mollius? invideat quod et Hermogenes ego canto.'

interpellandi locus hic erat: 'est tibi mater,

zur Seite schlendern sehe, frag' ich: willst du
noch weiter was von mir? — *Du wirst* (erwiedert er)
mich kennen lernen, ich bin ein
Gelehrter. — Desto höher steigt dein Werth
bey mir, ist meine Antwort. — Unruhvoll
versuch' ich von ihm loß zu kommen; laufe
behender, bleibe wieder stehen, flüstre
10 dem Diener was ins Ohr, indeß der Angstschweis mir
bis auf die Fersen rinnt. O glücklicher *Bollan!*
Wer deine Tollheit hätte! murml' ich bey mir selbst,
da jener, was ihm vor den Mund kam, plapperte,
und endlich gar aus Noth die Straßen und
die Stadt zu loben anfieng. Wie nun keine Antwort
erfolgen wollte, fuhr er fort: *ich merke*
15 *schon lange, daß du für dein Leben gern*
entwischen möchtest: aber daraus wird nun nichts,
ich halte fest. Wohin gedenkst du dann vorerst?
Es ist nicht nöthig dich so umzutreiben;
ich gehe jemand zu besuchen, den
du schwerlich kennst, er wohnt jenseits der Tiber,
bey Cäsars Gärten. — *Schön! Ich habe nichts zu thun,*
und träge bin ich auch nicht; ich begleite dich.
20 Wer wie ein übellaunig Müllerthierchen,
dem ein zu schwerer Sack den Rücken drückt,
die Ohren sinken ließ, war ich. — *Ich müßte nur*
(fieng jener wieder an) *mich selbst nicht kennen, oder*
ich bin dein Mann so gut als Varius und Viscus.
Denn wer macht schneller Verse und in größrer Menge
als ich? Wer tanzt mit mehr Geschmeidigkeit?
25 *Und eine Lunge hab' ich dir zum singen,*
die ein Hermogenes beneiden möchte!
Hier fand ich endlich Raum, ihm beyzukommen.
Ist deine Mutter noch am Leben? Hast

cognati, quis te salvo est opus?' 'haud mihi quisquam.

omnis conposui.' 'felices! nunc ego resto:

confice, namque instat fatum mihi triste, Sabella

30 quod puero cecinit divina mota anus urna:

hunc neque dira venena, nec hosticus auferet ensis,

nec laterum dolor aut tussis, nec tarda podagra:

garrulus hunc quando consumet cumque: loquacis,

si sapiat, vitet simul atque adoleverit aetas.'

35 ventum erat ad Vestae, quarta iam parte diei

praeterita, et casu tum respondere vadato

debebat; quod ni fecisset, perdere litem.

'si me amas' inquit, 'paullum hic ades.' 'inteream si

aut valeo stare aut novi civilia iura:

40 et propero quo scis.' 'dubius sum quid faciam' inquit,

'tene relinquam an rem.' 'me, sodes.' 'non faciam' ille,

et praecedere coepit. ego, ut contendere durum

cum victore, sequor. 'Maecenas quomodo tecum?'

hinc repetit. 'paucorum hominum et mentis bene sanae.'

45 'nemo dexterius fortuna est usus. haberes

du Anverwandte, denen viel an dir
gelegen ist? — *Nicht eine Seele mehr!*
Hab' alle beygesetzt! — Die Glücklichen! nun ist
an mir die Reyhe! Nur geschwinde! Laß
mich nicht zu lange leiden! Denn das Loos
geht in Erfüllung, das die alte Marsische
30 Wahrsagerin für mich in meiner Kindheit
aus ihrem Topfe zog. Den Knaben, sprach sie, raft
nicht Feindes Schwerdt, nicht Gift noch Seitenstich,
nicht Schwindsucht weg, noch träges Zipperlein;
ein Schwätzer wird dereinst den Rest ihm geben;
vor Schwätzern, wenn er klug ist, hüt' er sich,
sobald er in die Jünglingsjahre tritt!

35 Wir hatten *Vesta* nun erreicht; ein Viertel
vom Tage war verflossen, und es fügte sich,
daß mein Gefährt' in Bürgschaftssachen gleich
vor Amt erscheinen sollte, oder den Proceß
verlohren hatte. *Willst du*, sprach er, *nicht*
zur Freundschaft mit mir gehn und Beystand seyn?
Es ist in einem Augenblick vorbey.
Ich bin des Todes wenn ich stehen kann,
noch mich aufs bürgerliche Recht verstehe!
40 Zudem so eil' ich über Hals und Kopf
wohin du weist. — *Was soll ich thun?* spricht jener,
dich fahren lassen, oder den Proceß?— O, mich,
ich bitte sehr! — *Nein*, spricht er, *in der That,*
ich thu' es nicht, — und geht voran. Ich armer
ergebe (weil mit einem Stärkern nicht
zu hadern ist) mich in Geduld, und folge.

Wie steht Mäcen mit dir? beginnt er wieder. —
Er ist nun just kein Mann für einen jeden,
ein sehr gesunder Kopf; noch niemand wußte
45 ein großes Glück so gut wie er zu tragen.

magnum adiutorem, posset qui ferre secundas,

hunc hominem velles si tradere. dispeream ni

summosses omnis.' 'non isto vivimus illic

quo tu rere modo: domus hac nec purior ullast

50 nec magis his aliena malis; nil mi officit, inquam,

ditior hic aut est quia doctior; est locus uni

cuique suus.' 'magnum narras, vix credibile.' 'atqui

sic habet.' 'accendis quare cupiam magis illi

proximus esse.' 'velis tantummodo: quae tua virtus,

55 expugnabis: et est qui vinci possit, eoque

difficilis aditus primos habet.' 'haud mihi dero:

muneribus servos corrumpam; non, hodie si

exclusus fuero, desistam; tempora quaeram,

occurram in triviis, deducam. nil sine magno

60 vita labore dedit mortalibus.' haec dum agit, ecce

Fuscus Aristius occurrit, mihi carus et illum

qui pulchre nosset. consistimus. 'unde venis et

quo tendis?' rogat et respondet. vellere coepi,

et pressare manu lentissima bracchia, nutans,

Du solltest einen tücht'gen Nebenmann
zur zweyten Rolle bey ihm haben, wenn
du meine Wenigkeit empfehlen wolltest.
Mich soll das Wetter! wenn du nicht in kurzem
die andern alle ausgestochen hättest!
Da irrst du dich; wir leben nicht auf solchem Fuß
in diesem Hause; keines in der Stadt
50 ist reiner von dergleichen Unrath. Nie gereicht
es mir zum Nachtheil, daß ein andrer reicher oder
gelehrter ist als ich; ein jeder steht
auf seinem eignen Platze. — *Was du sagst!*
Es ist kaum glaublich! — Und doch ist es so.
Du machst mich desto ungeduldiger
recht nah an ihn zu kommen. O! du darfst
nur wollen; ein Talent wie deines wird
55 unfehlbar ihn erobern, und er ist ein Mann
der sich erobern läßt, doch just deßwegen
hälts mit dem ersten Zutritt etwas schwer.
Was das betrift, da soll's an mir nicht fehlen;
ich weiß die Schliche; will den Pförtner und
die Kammerdiener schon auf meine Seite kriegen;
nicht, wenn ich abgewiesen werde, gleich
den Muth verlieren; die gelegnen Zeiten
belauren; will in allen Straßen ihm
entgegen kommen, ihn nach Haus begleiten! ·
Den Sterblichen wird ohne große Mühe
60 *nichts in der Welt zu Theil.* — Indem der Kerl
so schnattert, siehe, da begegnet uns
Fuscus Aristius, der liebsten einer
von meinen Freunden, und der jenen treflich kannte.
Wir bleiben stehn. Woher? wohin? ist beyderseits
die erste Frag' und Antwort. Ich beginne
den Mann zu zupfen, zieh' ihn was ich kann
beym boshaft zähen Arme, wink' und drehe mir

65 distorquens oculos, ut me eriperet. male salsus

  ridens dissimulare, meum iecur urere bilis.

  'certe nescio quid secreto velle loqui te

  aiebas mecum.' 'memini bene, sed meliore

  tempore dicam: hodie tricesima sabbata: vin tu

70 curtis Iudaeis oppedere?' 'nulla mihi' inquam

  'religio est.' 'at mi: sum paullo infirmior, unus

  multorum. ignosces: alias loquar.' huncine solem

  tam nigrum surrexe mihi! fugit inprobus ac me

  sub cultro linquit. casu venit obvius illi

75 adversarius et 'quo tu turpissime?' magna

  inclamat voce, et 'licet antestari?' ego vero

  oppono auriculam. rapit in ius: clamor utrimque,

  undique concursus. sic me servavit Apollo.

QUINTUS *HORATIUS* FLACCUS

Prima dicte mihi, summa dicende Camena,

spectatum satis et donatum iam rude quaeris,

Maecenas, iterum antiquo me includere ludo?

65 beynah die Augen aus dem Kopfe, daß er mich
erlösen soll. Umsonst, der lose Vogel lächelt
und thut als merk' er nichts. Mich fängt die Galle
zu brennen an — *Du hattest ja ich weiß nicht was*
Geheimes mir zu sagen? — Ich erinnre michs
ganz wohl, es soll ein andermal geschehn;
heut geht's nicht an; es ist — ein Neumonds-Sabbat;
du wirst doch, um das Bißchen Haut zu wenig,
70 die guten Juden nicht so schmählich halten
und ihren Sabbat schänden wollen? — *O darüber*
mach' ich mir keinen Scrupel — Aber ich!
In solchen Dingen bin ich etwas schwach,
vom großen Hauffen einer; um Verzeyhung!
ein andermal! — Damit entwischt der Schalk,
und läßt mich unterm Messer. — Daß die Sonne heute
so schwarz mir aufgegangen seyn soll! Doch, zum Glück,
begegnet meinem Mann sein Widerpart.
75 Wohin, du Schurke, schreyt er laut ihn an,
und gleich an mich sich wendend: *Darf ich dich*
zum Zeugen nehmen? — Denkt wie hurtig ich
das Ohr ihm hinbot! Kurz, er schleppt ihn vor Gericht;
auf beyden Theilen viel Geschrey, von allen Seiten
Zusammenlauf! — So rettete Apollo mich!

Christoph Martin Wieland

QUINTUS *HORATIUS* FLACCUS

An C. Cilnius Mäcenas

Du, dem mein erstes Lied gewidmet war,
und nun auch meiner Muse letzte Frucht
gebührt, warum, *Mäcen*, mich, den man schon
genug gesehn und fernern Diensts entlassen,
von neuem zu dem alten Spiel zurück

non eademst aetas, non mens. Veianius armis

5 Herculis ad postem fixis latet abditus agro,

ne populum extrema totiens exoret arena.

est mihi purgatam crebro qui personet aurem:

'solve senescentem mature sanus equum, ne

peccet ad extremum ridendus et ilia ducat.'

10 nunc itaque et versus et cetera ludicra pono

quid verum atque decens curo et rogo, et omnis in hoc sum.

condo et conpono quae mox depromere possim.

ac ne forte roges quo me duce, quo lare tuter:

nullius addictus iurare in verba magistri,

15 quo me cumque rapit tempestas deferor hospes.

nunc agilis fio et mersor civilibus undis,

virtutis verae custos rigidusque satelles;

nunc in Aristippi furtim praecepta relabor,

et mihi res, non me rebus, subiungere conor.

20 ut nox longa quibus mentitur amica, diesque

zu nöthigen? Ich bin an Jahren und
an Sinnesart nicht mehr der Vorige.
Vejan, um seine Freyheit länger nicht dem Volke
am Rand des Fechtplans abzubetteln, hieng sein Schwert
5 in Herkuls Tempel auf, und steckt verborgen
in seinem Meyerhof. Auch mir, *Mäcen*,
raunt oft ich weiß nicht welche Stimm' ins Ohr:
sey klug, und spann den alten Renner noch
in Zeiten aus, bevor er auf der Bahn,
wo einst der Sieg ihn krönte, lahm und keuchend
die Lenden schleppt und zum Gelächter wird.

10 Gehorsam dieser Warnung hab' ich nun
der Verse und des andern Spielwerks mich
entschlagen, und was Wahr und Recht ist, kümmert
mich ganz allein; ich leb' und webe d'rin,
bemüht, mir einen Vorrath einzusammeln,
wovon ich bald im Winter zehren könne.

Fragst du, in welche von den *Weisheitsschulen*
Athens ich eingeschrieben sey, so wisse,
in keine! Frey und ohne auf die Worte
von einem Meister, wer er sey, zu schwören,
bin ich, wie einer, der zu Wasser reiset,
15 bald hie bald da, wohin der Wind mich wirft.
Bald lauter Thatkraft, treib' ich in den Wogen
des thätigen weltbürgerlichen Lebens,
und strenge Tugend, die kein Haarbreit weicht
von Recht und Pflicht, ist meine große Göttin:
bald sink' ich unvermerkt in *Aristipps*
System zurück, und statt *mich selbst* den *Dingen*
zu unterwerfen, seh' ich, wie ichs mache
sie *unter mich* zu kriegen. Wie die Nacht
20 dem mächtig lang wird, dem ein schelmisch Mädchen

longa videtur opus debentibus, ut piger annus

pupillis, quos dura premit custodia matrum,

sic mihi tarda fluunt ingrataque tempora quae spem

consiliumque morantur agendi naviter id quod

25 aeque pauperibus prodest, locupletibus aeque,

aeque neglectum pueris senibusque nocebit.

restat ut his ego me ipse regam solerque elementis.

non possis oculo quantum contendere Lynceus:

non tamen idcirco contemnas lippus inungui;

30 nec, quia desperes invicti membra Glyconis,

nodosa corpus nolis prohibere cheragra.

est quadam prodire tenus, si non datur ultra.

fervet avaritia miseroque cupidine pectus:

sunt verba et voces, quibus hunc lenire dolorem

35 possis et magnam morbi deponere partem.

laudis amore tumes: sunt certa piacula, quae te

ter pure lecto poterunt recreare libello.

invidus, iracundus, iners, vinosus, amator,

nemo adeo ferus est ut non mitescere possit,

40 si modo culturae patientem commodet aurem.

virtus est vitium fugere et sapientia prima

gelogen hat, und lang der Tag dem Fröhner,
und träg das Jahr dem Minderjähr'gen, den
die Vormundschaft der strengen Mutter drückt:
so schleichen langsam und verhaßt die Zeiten mir
dahin, die meinen Plan und meine Hoffnung hemmen,
25 mit Ernst zu treiben, was dem Armen gleich
als wie dem Reichen nützt, und was, versäumt,
dem Jungen wie dem Alten Schaden bringt.

Indeß behelf ich bis auf beßre Zeiten
mich mit dem ABC der Weisheit, ungefähr
wie folgt, und spreche: Weil du freylich nie
ein *Lynceus* werden dürftest, wolltest du,
wenn du an deinen Augen leidest, dich darum
der Salbe weigern? Oder, weil die Muskeln
30 des nie besiegten Glykons dir versagt sind,
dich vor dem knotenreichen Chiragra
nicht wenigstens nach Möglichkeit verwahren?
Man geht, so weit man kann, wenn weiter
zu geh'n nicht möglich ist. Brennt dich die Habsucht,
macht dich Begierde schlaflos? Nur getrost!
Wir haben Zauberlieder, die, wofern sie auch
das Uebel nicht von Grund aus heilen, dir
35 zum wenigsten die Schmerzen lindern werden.
Schwillst du von Ruhmsucht? Gut, wir können dir
ein Büchlein reichen, das, mit reingewaschnen Augen
zum drittenmal gelesen, viel Erleichtrung dir
verschaffen wird. Ein Mann sey noch so neidisch,
zornmüthig, faul, verbuhlt, dem Trunk ergeben,
so wild ist niemand, daß er durch Cultur
nicht milder werden könnte, wenn er nur
40 die Hand nicht von sich stößt, die seiner pflegt.
Das Laster meiden ist schon Tugend, frey
von Thorheit seyn der Weisheit erste Stufe.

stultitia caruisse. vides, quae maxima credis

esse mala, exiguum censum turpemque repulsam,

quanto devites animi capitisque labore;

45 impiger extremos curris mercator ad Indos,

per mare pauperiem fugiens, per saxa, per ignis:

ne cures ea quae stulte miraris et optas,

discere et audire et meliori credere non vis?

quis circum pagos et circum compita pugnax

50 magna coronari contemnat Olympia, cui spes,

cui sit condicio dulcis sine pulvere palmae?

vilius argentumst auro, virtutibus aurum.

'o cives, cives, quaerenda pecunia primumst,

virtus post nummos': haec Ianus summus ab imo

55 prodocet, haec recinunt iuvenes dictata senesque

laevo suspensi loculos tabulamque lacerto;

est animus tibi, sunt mores, est lingua fidesque,

sed quadringentis sex septem milia desunt:

plebs eris. at pueri ludentes 'rex eris' aiunt

60 'si recte facies': hic murus aeneus esto,

nil conscire sibi, nulla pallescere culpa.

Roscia, dic sodes, melior lex an puerorumst

Wie strengst du alle deine Nerven bis
zum Kopfweh an, und sinnest, rechnest, wachest
die Nächte durch, den Uebeln zu entgeh'n,
die dir die größten scheinen, ohne Würde
und Rang zu seyn und wenig zu versteuern!
45 Wie unverdrossen rennst du dem Gewinn
bis an den Ganges nach, fliehst ärger vor der Armuth,
als vor dem Tod, durch Klippen, Fluth und Feuer!
Warum nicht lieber dem, der besser denkt,
Gehör gegeben, und entbehren alles das
gelernt, was du aus Thorheit anstaunst und begehrst?
Wer wollte lieber sich mit Gassenjungen
in Dörfern und auf offner Straße raufen,
50 als zu *Olympia* gekrönt sich seh'n?
Zumal wenn ihm die Palme ohne Staub
geboten würde. Muß an Werth das Silber
dem Golde weichen, wie viel mehr das Gold
der Tugend? — Freylich nicht zu Rom! Da gehts
aus einem andern Ton! — »Ihr Herrn und Bürger,
zuerst für Geld gesorgt, für baares Geld,
dann giebt sichs mit der Tugend wohl von selbst.«
So ruft vom untern bis zum obern Ende
55 uns *Janus* zu, so singt, den Beutel und
die Rechentafel um den linken Arm
gehangen, Alt und Jung ihm rastlos nach.
Denn fehlt an sechzehn Tausend Thalern dir
nur eins bis zwey vom Hundert, sey an Geist
und Sitten noch so edel, sey beredt
und treu und gut, so viel du willst, du bist
und bleibst doch Pöbel. Gleichwohl hören wir
60 die Kinder singen: *wers am besten macht,*
soll König seyn! Nun sprich, wer hat mehr Recht,
das *Roscische Gesetz*, das einen Mann
nach so und so viel tausend Thalern schätzt

nenia, quae regnum recte facientibus offert,

et maribus Curiis et decantata Camillis?

65 isne tibi melius suadet, qui rem facias, rem,

si possis, recte, si non, quocumque modo rem,

ut propius spectes lacrimosa poemata Pupi,

an qui Fortunae te responsare superbae

liberum et erectum praesens hortatur et aptat?

70 quodsi me populus Romanus forte roget, cur

non ut porticibus sic iudiciis fruar isdem,

nec sequar aut fugiam quae diligit ipse vel odit:

olim quod volpes aegroto cauta leoni

respondit, referam: quia me vestigia terrent,

75 omnia te adversum spectantia, nulla retrorsum.

belua multorum es capitum. nam quid sequar aut quem?

pars hominum gestit conducere publica; sunt qui

crustis et pomis viduas venentur avaras

excipiantque senes, quos in vivaria mittant;

80 multis occulto crescit res fenore. verum

und anschlägt, oder unser Kinderlied,
das dem Verdienst die Krone zuerkennt?
Das Lied, das unsre wackeren *Camiller*
und *Curier* als Männer täglich sangen!
65 Wer rathet dir am besten: der dich Geld
erwerben heißt — in Ehren freylich, wenn
sichs thun läßt — doch, wo nicht, auf welche Art! nur Geld!
um näher bey den thränenreichen Stücken
des *Pupius* zu sitzen, — oder, wer
durch Lehr' und Beyspiel dich dem Uebermuth
Fortunens einer freyen Seele festen Sinn
entgegenstellen lehrt? — Wenn übrigens
70 mich die *Quiriten* etwa fragen sollten:
warum ich der gemeinen Denkart mich nicht auch,
wie der bedeckten Gänge an den Häusern,
wie sie bediene, und nicht auch, was sie
begehren oder flieh'n, begehr' und fliehe?
so würd' ich ihnen, was der kluge Fuchs
dem kranken Löwen einst, zur Antwort geben:
die Spuren schrecken mich, die alle einwärts
75 in deine Höhle gehen, keine wieder
heraus. Du bist ein Thier mit vielen Köpfen;
wem soll ich folgen? Jeder winket mir
auf einen andern Weg. Die einen, lüstern
nach Pachtungen des Staates, werben um
Contracte, — (wo ein Tempel aufzuführen,
ein Sumpf zu trocknen, ein Canal zu graben,
ein Leichbegängniß anzuordnen ist.)
Noch andre suchen alte karge Wittwen
mit Kuchen oder Aepfeln, Kindern gleich,
ins Garn zu ködern, oder reiche Greise
einander wegzuangeln: wieder andre
80 macht unvermerkt geheimer Wucher fett.

esto aliis alios rebus studiisque teneri:

idem eadem possunt horam durare probantes?

'nullus in orbe sinus Bais praelucet amoenis'

si dixit dives, lacus et mare sentit amorem

85 festinantis eri; cui si vitiosa libido

fecerit auspicium, 'cras ferramenta Teanum

tolletis, fabri.' lectus genialis in aulast:

nil ait esse prius, melius nil caelibe vita;

si non est, iurat bene solis esse maritis.

90 quo teneam voltus mutantem Protea nodo?

quid pauper? ride: mutat cenacula, lectos,

balnea, tonsores, conducto navigio aeque

nauseat ac locuples, quem ducit priva triremis.

si curatus inaequali tonsore capillos

95 occurri, rides, si forte subucula pexae

trita subest tunicae, vel si toga dissidet inpar,

rides: quid? mea cum pugnat sententia secum,

quod petiit spernit, repetit quod nuper omisit,

Doch, daß Verschiedne auf verschiednen Wegen
ihr Glück verfolgen, und der eine dieß,
der andre jenes liebt, begreift sich: aber wenn
ein Mann nicht eine Stunde gleiches Sinnes bleibt,
wie dann? Ein Reicher spreche: »in der Welt
ist doch kein Winkel, der an Anmuth dem
·von *Bajä* gleicht!« straks wird das nahe Meer
und der Lucrinersee die feur'ge Liebe
85 des raschen Herrn empfinden! Ueber Nacht
kriecht durch die Leber ihm, ich weiß nicht was,
so spricht er morgen zu den Arbeitsleuten:
führt euern Werkzeug nach Theanum ab!
Ist er vermählt, so geht nach seiner Meinung
nichts über ledig seyn; und ledig schwört er hoch,
der Ehestand sey doch der einzige,
worin ein Mann sich seines Lebens freue.
90 Mit welchem Knoten soll ich fest ihn halten
den Proteus, der nicht einen Augenblick
derselbe bleibt? — Sogar der Arme (lache nur!)
verändert wenigstens, so oft er kann,
sein Stübchen unterm Dach, sein hartes Lager,
Barbier und Bad, und macht in einem Marktschiff,
worin er seinen Platz um wenig Dreyer
bezahlt, den Zärtlichen, trotz einem Reichen
in seiner eignen prächtigen Galeere.

Begegn' ich etwa dir einmal mit übel
verschnittnen Haaren auf dem Markt, so lachst du;
sitzt mir die Toga ungleich auf den Schultern,
95 guckt unter meinem wollenreichen Rock
ein abgeschabnes Wamms hervor, so lachst du;
hingegen mein Gemüth mag mit sich selbst
auch noch so uneins seyn, mag lieben, was es kaum
gehaßt, verschmähen, was es kaum noch liebte,

aestuat et vitae disconvenit ordine toto,

100 diruit, aedificat, mutat quadrata rotundis?

insanire putas sollemnia me neque rides

nec medici credis nec curatoris egere

a praetore dati, rerum tutela mearum

cum sis et prave sectum stomacheris ob unguem

105 de te pendentis, te respicientis amici.

ad summam: sapiens uno minor est Iove, dives,

liber, honoratus, pulcher, rex denique regum,

praecipue sanus, nisi cum pitvita molestast.

QUINTUS *HORATIUS* FLACCUS

Urbis amatorem Fuscum salvere iubemus

ruris amatores. hac in re scilicet una

multum dissimiles, at cetera paene gemelli,

fraternis animis, quidquid negat alter, et alter,

5 adnuimus pariter, vetuli notique columbi:

tu nidum servas, ego laudo ruris amoeni

rivos et musco circumlita saxa nemusque.

quid quaeris? vivo et regno, simul ista reliqui

quae vos ad caelum effertis rumore secundo,

nach keiner Regel, keinem Endzweck leben,
100 jetzt etwas bau'n, dann wieder niederreißen,
und plötzlich runden, was viereckigt war,
da lachst du nicht! Es ist nun seine Grille,
denkst du; nicht, daß ich eines Arztes
bedürfe, oder daß der Prätor mich
bevogten sollte. Gleichwohl nimmst du Antheil
105 an mir, als einem Freunde, der so ganz
an deinen Augen hängt, und warmen Antheil!
Denn, wenn ein Nagel nur am Finger mir
nicht recht geschnitten ist, so steigt dir schon die Galle.
Und also hat, mit Einem Worte, doch
zuletzt die *Stoa* Recht: *der Weise* ist
nach Jupitern der zweyte in der Welt;
ist reich und edel, frey und schön, ein König
der Könige, vornehmlich kerngesund,
versteht sich, wenn ihn nicht der Schnuppen plagt.

Christoph Martin Wieland

QUINTUS *HORATIUS* FLACCUS

An Fuscus Aristius

Dem Freund der Stadt *Aristius* entbieten
wir Landliebhaber unsern Gruß — hierin,
und nur hierin allein, verschieden, sonst
in allem andern wahre Zwillingsbrüder;
5 was Einer will, dem nickt der andre zu,
zwey trauten Taubern ähnlich, die in Einem Schlag
beysammen alt geworden. Du dort hütest
das Nest: ich lobe mir das Feld, den Bach,
den moosumwebten Felsen und den Wald.
Mir ists nun so! Ich leb' und bin ein König,
sobald ich alle jene Herrlichkeiten
verlassen habe, die ihr andern bis zum Himmel
mit Einem tausendstimmigen Schall erhebt.

10 utque sacerdotis fugitivus liba recuso,

  pane egeo iam mellitis potiore placentis.

  vivere naturae si convenienter oportet

  ponendaeque domo quaerenda est area primum,

  novistine locum potiorem rure beato?

15 est ubi plus tepeant hiemes, ubi gratior aura

  leniat et rabiem Canis et momenta Leonis,

  cum semel accepit Solem furibundus acutum?

  est ubi divellat somnos minus invida cura?

  deterius Libycis olet aut nitet herba lapillis?

20 purior in vicis aqua tendit rumpere plumbum,

  quam quae per pronum trepidat cum murmure rivum?

  nempe inter varias nutritur silva columnas,

  laudaturque domus longos quae prospicit agros.

  naturam expelles furca, tamen usque recurret

25 et mala perrumpet furtim fastidia victrix.

  non qui Sidonio contendere callidus ostro

  nescit Aquinatem potantia vellera fucum

  certius accipiet damnum propiusve medullis

  quam qui non poterit vero distinguere falsum.

30 quem res plus nimio delectavere secundae,

10 Wie jener Sclave, der des Priesters Dienst entlief,
   verbitt' ich mir die ewigen Honigfladen;
   ich brauche gutes hausgebacknes Brod,
   das baß mir schmeckt, als eure feinsten Kuchen.

   Wenn *nach Natur zu leben* Weisheit ist,
   und, wer ein Haus sich bauen will, zuvörderst
   auf einen guten Grund bedacht seyn muß:
   so sprich, wo ist ein Ort zum glücklich leben
   bequemer eingerichtet, als das Land?
15 Wo sind die Wintertage lauer? Wo
   die Lüfte milder, um des Hundsterns Wuth
   zu sänft'gen, und den Grimm des Löwen, den
   der Sonne schärfster Pfeil getroffen hat?
   Wo unterbricht den Schlaf die Sorge minder?
   Riecht oder glänzt das Wiesengras vielleicht
   so gut nicht, als das schönste Mosaik?
20 Und ist das Wasser, das auf euern Plätzen
   das enge Bley zu sprengen andringt, etwa reiner,
   als jenes, das mit murmelndem Geriesel
   den Bach hinab in klaren Wellchen eilt?
   Ihr selber pflanzt ja zwischen Marmorsäulen
   Gebüsche, lobt ein Haus, je freyer es
   ins Feld hinaussieht! Wie verächtlich ihr
   sie von euch stoßt, die stärkere Natur
   kommt immer unversehns zurück und dringt
25 durch euern falschen Ekel siegend durch.
   Kein Käufer, der den Purpur von *Aquinum*
   nicht vom *Sidonischen* zu unterscheiden
   gelernt, wird sich gewisser Schaden thun
   und bittrer seinen Unverstand bereuen,
   als wer im Leben nicht den Schein vom Wahren
   zu unterscheiden weiß. Je reitzender
30 die Gunst des Glücks in deinen Augen ist,

mutatae quatient. siquid mirabere, pones

invitus. fuge magna: licet sub paupere tecto

reges et regum vita praecurrere amicos.

cervus equum pugna melior communibus herbis

35 pellebat, donec minor in certamine longo

inploravit opes hominis frenumque recepit;

sed postquam victor violens discessit ab hoste,

non equitem dorso, non frenum depulit ore.

sic qui pauperiem veritus potiore metallis

40 libertate caret, dominum vehet improbus atque

serviet aeternum, quia parvo nesciet uti.

cui non conveniet sua res, ut calceus olim,

si pede maior erit, subvertet, si minor, uret.

laetus sorte tua vives sapienter, Aristi,

45 nec me dimittes incastigatum, ubi plura

cogere quam satis est ac non cessare videbor.

imperat aut servit collecta pecunia cuique,

tortum digna sequi potius quam ducere funem.

je stärker wird sein Wechsel dich erschüttern.
Was man bewundert, läßt man ungern fahren.
Flieh alles Große! Unter armem Dache
kannst du an wahrem Leben Könige
und ihre Freunde weit zurücke lassen.

Der überlegne Hirsch vertrieb das Roß,
das ihm an Streitbarkeit nicht gleich war, vom
35 gemeinen Weideplatz, bis dieses endlich
beym Menschen Hülfe sucht' und sich den Zaum
gefallen ließ. Nun kam es zwar als Sieger
voll Uebermuth zurück von seinem Feinde;
allein ihm blieb dafür, trotz allem Schütteln,
der Zaum im Maul, der Reiter auf dem Rücken.
So, wer aus Furcht vor Armuth seiner Freyheit,
die kein Metall vergüten kann, entsagt,
40 so muß auch er nur einen Herren tragen!
Vergebens beißt er mit geheimem Ingrimm
in sein Gebiß; er muß nun ewig dienen,
zur Strafe, daß er sich an wenig nicht
genügen ließ. Wem, was er hat, nicht zureicht,
dem geht's wie jenem einst mit seinem Schuh:
der Schuh war eng und brennt'; er ließ ihn ändern;
nun war er gar zu weit, er schwamm darin,
und lag beym ersten Anstoß auf der Nase.

Du, mein Aristius, bist weise gnug,
mit deinem Loos vergnügt zu seyn, und wirst
45 nicht unbestraft mich lassen, wenn dir däucht,
ich sammle mehr, als nöthig ist, und wisse
nicht aufzuhören. Unser Geld, wenn Wir
nicht seiner Meister sind, ist's über Uns,
und zieht den Strick, woran's gezogen *werden* sollte.

haec tibi dictabam post fanum putre Vacunae,

50 excepto quod non simul esses cetera laetus.

DOMITIUS MARSUS

Te quoque Vergilio comitem non aequa, Tibulle,
   Mors iuvenem campos misit ad Elysios,
ne foret aut elegis molles qui fleret amores
   aut caneret forti regia bella pede.

ALBIUS *TIBULLUS*

Divitias alius fulvo sibi congerat auro
   et teneat culti iugera multa soli,
quem labor adsiduus vicino terreat hoste,
   Martia cui somnos classica pulsa fugent:
5 me mea paupertas vita traducat inerti,
   dum meus adsiduo luceat igne focus.
ipse seram teneras maturo tempore vites
   rusticus et facili grandia poma manu,
nec spes destituat, sed frugum semper acervos
10   praebeat et pleno pinguia musta lacu:
nam veneror, seu stipes habet desertus in agris
   seu vetus in trivio florida serta lapis:
et quodcumque mihi pomum novus educat annus,
   libatum agricolae ponitur ante deo.
15 flava Ceres, tibi sit nostro de rure corona
   spicea, quae templi pendeat ante fores,

Dieß, Freund, dictirt' ich, an der guten Göttin
Vacuna halbzerfallenen Capelle
50 ins Gras gestreckt, und, außer daß ich Dich
nicht bey mir hatte, übrigens vergnügt.

Christoph Martin Wieland

DOMITIUS MARSUS ÜBER TIBULLUS

Du dem Virgilius auch ein Gefährt, dich Jüngling, Tibullus,
    Sandt' unfreundlich der Tod zu der elysischen Flur:
Daß nicht mehr in Elegen geweint sein Klagen der Liebe,
    Noch im heroischen Maß Königeskriege getönt.

Johann Heinrich Voß

ALBIUS *TIBULLUS*

Genügsamkeit

Mög' ein Anderer reich an funkelndem Golde sich sammeln,
    Mögen mit Saaten ihm weit prangen die Felder umher:
Während im Dienste des Lagers er, nah dem Feinde, sich ängstet,
    Schmetternde Hörner ihm scheuchen vom Auge den Schlaf.
5 Mich soll arme Genüge durch's ruhige Leben geleiten,
    Nur daß ein Feuerchen mir helle den eigenen Herd!
Zeitig will ich mir selbst dann kindliche Reben, ein Landmann,
    Pflanzen, und edleres Obst pfropfen mit glücklicher Hand,
Nie von der Hoffnung getäuscht; sie schenke mir Haufen der
                                                            Feldfrucht,
10   Und mit köstlichem Most fülle die Kufen sie mir.
Ehr' ich doch fromm auch das ärmlichste Bild auf der Flur, und
                                                            den alten
    Stein, der am Scheideweg pranget mit Blumen umkränzt.
Was wir immer das reifende Jahr an Früchten erzogen,
    Gerne dem ländlichen Gott bring' ich die Erstlinge dar.
15 Blonde Ceres, dir spende mein Feld ein Kränzchen von Aehren,
    Das, an die Pforte gehängt, deine Kapelle dir schmückt.

pomosisque ruber custos ponatur in hortis,
    terreat ut saeva falce Priapus aves.
vos quoque, felicis quondam, nunc pauperis agri
20   custodes, fertis munera vestra, Lares.
tunc vitula innumeros lustrabat caesa iuvencos,
    nunc agna exigui est hostia parva soli.
agna cadet vobis, quam circum rustica pubes
    clamet 'io messes et bona vina date.'
25 iam modo iam possim contentus vivere parvo
    nec semper longae deditus esse viae,
sed Canis aestivos ortus vitare sub umbra
    arboris ad rivos praetereuntis aquae.
nec tamen interdum pudeat tenuisse bidentem
30   aut stimulo tardos increpuisse boves,
non agnamve sinu pigeat fetumve capellae
    desertum oblita matre referre domum.
at vos exiguo pecori, furesque lupique,
    parcite: de magno est praeda petenda grege.
35 hic ego pastoremque meum lustrare quotannis
    et placidam soleo spargere lacte Palem.
adsitis, divi, nec vos e paupere mensa
    dona nec e puris spernite fictilibus.
fictilia antiquus primum sibi fecit agrestis
40   pocula, de facili conposuitque luto.
non ego divitias patrum fructusque requiro,
    quos tulit antiquo condita messis avo:
parva seges satis est, satis est requiescere lecto
    si licet et solito membra levare toro.
45 quam iuvat inmites ventos audire cubantem
    et dominam tenero continuisse sinu
aut, gelidas hibernus aquas cum fuderit Auster,

Auch im Garten das Obst mit drohender Hippe bewachend,
  Stehe der rothe Priap, der mir die Vögel verscheucht.
Euch, des gesegneten einst, nun dürftigen Feldes Berathern,
20 Soll das gebührende Theil nimmer, o Laren, entgehn.
Damals blutet' ein Kalb, unzählbare Rinder zu sühnen,
  Nun ist der winzigen Flur feierlich Opfer ein Lamm.
Wohl, euch falle das Lamm! und rings soll ländliche Jugend
  Rufen: »Io! gebt Korn! gebet uns lieblichen Wein!«
25 — Endlich vermag ich es, froh bei weniger Habe zu leben,
  Und nicht ruhelos nur immer die Welt zu durchziehn,
Sondern zu meiden des Sirius Gluth im dunkelen Schatten
  Eines Baumes, am Bord rieselnder Quellen gestreckt.
Doch verdrieß' es mich nicht, auch den Karst einmal zu versu-
                                    chen,
30 Oder mit spitzigem Stab säumenden Stieren zu drohn,
Gern auch trag' ich ein Lamm und gern ein verlassenes Zicklein,
  Wenn es die Mutter vergaß, sorglich im Busen nach Haus;
Aber, ihr Diebe, verschonet, und Wölfe, des wenigen Viehes;
  Gilt es Beute, so sucht größere Heerden euch aus!
35 Hier gewähr' ich dem Hirten der Reinigung jährliche Feier,
  Hier bespreng' ich dein Bild, friedliche Pales, mit Milch!
Kommt, o ihr Götter! verschmäht vom dürftigen Tisch aus dem
                                    reinen
  Irdenen Opfergeschirr nicht das geringe Geschenk!
Hirten der Vorzeit machten zuerst sich irdne Geschirre,
40 Aus geschmeidigem Thon höhlten sie selber den Kelch.
Nein, ich wünsche mir nimmer der Väter Besitz und die Nutzung,
  Welche dem Ahnherrn einst lastende Speicher gezollt;
Wenige Saat ist genug, und genug, wenn im Hüttchen ein Lager
  Mich zu erquicklicher Ruh' morgen wie heute empfängt.
45 O wie wonnig, der Stürme Gebraus im Bette zu hören,
  Während ein Liebchen sich vest an den Umarmenden drückt;
Oder wenn kalte Gewässer der Süd im Winter herabgießt,

    securum somnos igne iuvante sequi!

  hoc mihi contingat: sit dives iure, furorem

50   qui maris et tristes ferre potest pluvias.

  o quantum est auri pereat potiusque smaragdi,

    quam fleat ob nostras ulla puella vias! . . .

ALBIUS *TIBULLUS*

Quis fuit, horrendos primus qui protulit enses?
    quam ferus et vere ferreus ille fuit!
tum caedes hominum generi, tum proelia nata,
    tum brevior dirae mortis aperta via est.
5 an nihil ille miser meruit, nos ad mala nostra
    vertimus, in saevas quod dedit ille feras?
divitis hoc vitium est auri, nec bella fuerunt,
    faginus adstabat cum scyphus ante dapes.
non arces, non vallus erat, somnumque petebat
10   securus varias dux gregis inter oves.
tunc mihi vita foret, vulgi nec tristia nossem
    arma nec audissem corde micante tubam:
nunc ad bella trahor, et iam quis forsitan hostis
    haesura in nostro tela gerit latere.
15 sed patrii servate Lares: aluistis et idem,
    cursarem vestros cum tener ante pedes.
neu pudeat prisco vos esse e stipite factos:

Sicher zu ruhn, in den Schlaf sanfter durch's Plätschern ge-
wiegt!
Dieß sey alle mein Glück! Reich werde mit Recht, wer des
Meeres
50   Wuth und Regen und Sturm kühn zu erdulden vermag:
Mich laßt hier! In den Pfuhl, was an Gold und Smaragden die
Welt hegt,
Eh Ein Mädchen auch nur um den Entfernten sich härmt!...

Eduard Mörike nach älteren Übersetzern

ALBIUS *TIBULLUS*

Preis des Friedens

Welcher der Sterblichen war des grausamen Schwertes Erfinder?
Wahrlich ein eisernes Herz trug der Barbar in der Brust!
Mord begann nun im Menschengeschlecht, es begannen die
Schlachten,
Und du, gräßlicher Tod, hattest nun kürzeren Weg.
5 Doch was fluch' ich dem Armen? Wir kehrten zum eignen Ver-
derben,
Was er gegen die Wuth reissender Thiere nur bot.
Gold, dir danken wir dieß! denn damals gab es nicht Kriege,
Als noch ein buchener Kelch stand vor dem heiligen Mahl.
Keine Veste noch war, kein Wall! Es pflegte des Schlummers
10   Sorglos unter den buntwolligen Schafen der Hirt.
Hätt' ich damals gelebt! dann kennt' ich nicht Waffen des Vol-
kes,
Nicht der Trompete Getön hört' ich mit klopfender Brust,
Aber nun reißt man mich fort in den Krieg, und einer der Feinde
Trägt wohl schon das Geschoß, das mir die Seite durchbohrt.
15 Häusliche Laren, beschüzt mich, ihr habt mich gepflegt und er-
halten,
Als ich, ein munteres Kind, euch vor den Füßen noch sprang.
Kränk' es euch nicht, daß ihr aus alterndem Holze geformt seyd;

sic veteris sedes incoluistis avi.
tunc melius tenuere fidem, cum paupere cultu
20   stabat in exigua ligneus aede deus.
hic placatus erat, seu quis libaverat uvam,
        seu dederat sanctae spicea serta comae,
atque aliquis voti compos liba ipse ferebat
        postque comes purum filia parva favum.
25 at nobis aerata, Lares, depellite tela,

                        *

hostiaque e plena rustica porcus hara.
hanc pura cum veste sequar myrtoque canistra
        vincta geram, myrto vinctus et ipse caput.
sic placeam vobis: alius sit fortis in armis,
30   sternat et adversos Marte favente duces,
ut mihi potanti possit sua dicere facta
        miles et in mensa pingere castra mero.
quis furor est atram bellis accersere mortem?
        inminet et tacito clam venit illa pede.
35 non seges est infra, non vinea culta, sed audax
        Cerberus et Stygiae navita turpis aquae:
illic percussisque genis ustoque capillo
        errat ad obscuros pallida turba lacus.
quam potius laudandus hic est, quem prole parata
40   occupat in parva pigra senecta casa!
ipse suas sectatur oves, at filius agnos,
        et calidam fesso conparat uxor aquam.
sic ego sim, liceatque caput candescere canis,
        temporis et prisci facta referre senem.
45 interea pax arva colat. pax candida primum
        duxit araturos sub iuga curva boves,
pax aluit vites et sucos condidit uvae,

So herbergte vorlängst hier euch im Hause der Ahn.

Damals gab es noch Treu und Glauben, als, ärmlichen Schmuk-
kes,

20   Unter dem niedrigen Dach wohnte der hölzerne Gott.

Ihn versöhnte man leicht, man durft' ihm die Traube nur weihen,

Oder den Aehrenkranz winden in's heilige Haar.

Und wer Erhörung fand, der brachte selber den Kuchen,

Reinlichen Honigseim trug ihm das Töchterchen nach.

25 — Götter, verschont mich mit ehr'nem Geschoß! und zum länd-
lichen Opfer

Fall' euch ein Schweinchen aus vollwimmelndem Stalle dafür.

Ihm dann folg' ich im weißen Gewand, und myrten-umflocht'ne

Körbe dann trag' ich, das Haar selber mit Myrte bekränzt.

So gefiel' ich euch gern! Ein Andrer sey tapfer in Waffen,

30   Strecke, mit günstigem Mars, feindliche Führer in Staub,

Daß er bei'm Trunke nachher mir seine Thaten erzähle,

Und das Lager dabei zeichne mit Wein auf den Tisch.

Welche Wuth, durch Kriege den dunkelen Tod zu berufen!

Droht er doch immer und hebt leise den nahenden Fuß.

35 Drunten ist keine grünende Saat, kein Hügel mit Reben,

Cerberus nur und des Styx scheußlicher Schiffer sind dort,

Und es irret, verzehrt die Wange, versenget die Locken,

Traurig die bleiche Schaar hier zu dem düsteren Pfuhl.

O glückselig zu preisen ist der, den unter den Kindern,

40   Sanft, im Hüttchen von Stroh, müssiges Alter beschleicht!

Selber treibt er die Schafe hinaus, und das Söhnchen die Läm-
mer;

Und dem Ermüdeten wärmt Wasser zum Bade die Frau.

Wäre doch dieß mein Loos! und dürft' einst grauen mein Haupt-
haar

Und erzählt' ich als Greis Thaten vergangener Zeit!

45 Friede bestell' indessen die Flur. Du, Göttin des Friedens,

Führtest, o heitre, zuerst pflügende Farren im Joch.

Reben erzog der Friede, den Nektar der Traube verwahrt' er,

funderet ut nato testa paterna merum,
   pace bidens vomerque vigent, at tristia duri
50   militis in tenebris occupat arma situs.

✻

rusticus e lucoque vehit, male sobrius ipse,
    uxorem plaustro progeniemque domum.
sed Veneris tunc bella calent, scissosque capillos
    femina perfractas conqueriturque fores.
55 flet teneras subtusa genas, sed victor et ipse
    flet sibi dementes tam valuisse manus.
at lascivus Amor rixae mala verba ministrat
    inter et iratum lentus utrumque sedet.
a, lapis est ferrumque, suam quicumque puellam
60   verberat: e caelo deripit ille deos.
sit satis e membris tenuem rescindere vestem,
    sit satis ornatus dissoluisse comae,
sit lacrimas movisse satis: quater ille beatus,
    quo tenera irato flere puella potest.
65 sed manibus qui saevus erit, scutumque sudemque
    is gerat et miti sit procul a Venere.
at nobis, Pax alma, veni spicamque teneto,
    perfluat et pomis candidus ante sinus.

ALBIUS TIBULLUS (?)

Natalis Iuno, sanctos cape turis acervos,
   quos tibi dat tenera docta puella manu.
tota tibi est hodie, tibi se laetissima compsit,
   staret ut ante tuos conspicienda focos.

Daß noch der Sohn sich am Wein freuet' aus Vaters Geschirr.
Pflugschaar glänzet im Frieden und Karst, wenn des grausamen
Kriegers
50 Jammergeräthe der Rost hinten im Winkel verzehrt.
Weib und Kinderchen führet der Landmann, selig vom Weine,
Auf dem·Wagen zurück von dem geheiligten Hain.
Nun entbrennen die Kriege Verliebter; das Mädchen bejammert
Sein zerrissenes Haar, seine zerbrochene Thür,
55 Weint, daß die liebliche Wang' ihm der Jüngling schlug, und der
Sieger
Weint, daß die Faust sinnlos solch' ein Verbrechen vermocht!
Aber Cupido, der Schalk, leiht bittere Worte dem Zanke,
Während gelassen er sizt zwischen dem zürnenden Paar.
Wahrlich, von Eisen und Stein ist der Unmensch, welcher sein
Mädchen
60 Schlägt in der Wuth! der reißt Götter vom Himmel herab!
Ist's nicht genug, ihr am Leibe das zarte Gewand zu zerreissen?
Nicht, daß du tölpisch des Haars schönes Geflechte zerstörst?
Siehe, sie weint! — was wolltest du mehr? o glücklich, für wel-
chen,
65 Wenn er zürnet und tobt, Thränen das Mädchen noch hat!
Aber weß' Hand sich grausam vergreift, mag Schild nur und
Stange
Tragen und ewig fern Venus, der gütigen, seyn!
Komm, o heiliger Friede, die Aehre haltend in Händen,
Und dir regne das Obst reich aus dem glänzenden Schoos!
Eduard Mörike nach älteren Übersetzern

ALBIUS *TIBULLUS* ZUGESCHRIEBEN

Juno, Geburtsgöttin! empfange des heiligen Weihrauchs
Opfer; mit holder Hand streut ihn das sinnige Kind.
Ganz ist heute sie dein. Sie lockte so zierlich die Haare,
Um vor deinem Altar schöner zu treten als je.

5 illa quidem ornandi causas tibi, diva, relegat,
    est tamen, occulte cui placuisse velit.
at tu, sancta, fave, neu quis divellat amantes,
    sed iuveni quaeso mutua vincla para.
sic bene conpones: ullae non ille puellae
10   servire aut cuiquam dignior illa viro.
nec possit cupidos vigilans deprendere custos,
    fallendique vias mille ministret Amor.
adnue purpureaque veni perlucida palla:
    ter tibi fit libo, ter, dea casta, mero.
15 praecipit et natae mater studiosa, quod optet:
    illa aliud tacita iam sua mente rogat.
uritur, ut celeres urunt altaria flammae,
    nec, liceat quamvis, sana fuisse velit.
sis iuveni † grata, veniet cum proximus annus,
20   hic idem votis iam vetus adsit amor.

SULPICIA

Tandem venit amor, qualem texisse pudori
    quam nudasse alicui sit mihi fama magis.
exorata meis illum Cytherea Camenis
    attulit in nostrum deposuitque sinum.
5 exsoluit promissa Venus: mea gaudia narret,
    dicetur si quis non habuisse sua.
non ego signatis quicquam mandare tabellis,
    ne legat id nemo quam meus ante, velim,
sed peccasse iuvat, voltus conponere famae
10   taedet: cum digno digna fuisse ferar.

5 Heilige! dieser Schmuck, dir scheinet er einzig zu gelten,
    Aber noch ist Jemand, dem zu gefallen sie wünscht,
Göttin, o du sey hold, daß nichts die Liebenden trenne,
    Daß Ein feuriges Band feßle den Jüngling und sie.
Nimmer gelingt dir ein schöneres Werk; wo wäre doch seiner
10   Sonst ein Mädchen, wo ist ihrer ein Jüngling so werth?
Auch kein Hüter entdecke die sehnlich Verlangenden: gerne
    Lehre Cupido sie tausendfach wechselnde List.
Wink' Erfüllung! und komm' im Gewand durchsichtigen Pur-
                          purs,
    Keusche! wir opfern des Mehls dreimal, und dreimal des
                          Weins.
15 Eiferig lehrt die Mutter das Töchterchen, was sie erflehn soll;
    Aber ein Anderes ist, was sie im Stillen sich wünscht.
Ach, sie brennt, wie die rasch auflodernde Flamme des Altars;
    Nimmer vermöchte sie's auch, will sie genesen der Gluth.
Und heut über ein Jahr noch liebe Cerinth sie wie heute,
20   Doch schon als traulicher Freund grüße dann Amor das Fest.
        Eduard Mörike nach älteren Übersetzern

SULPICIA

Endlich erschien Gott Amor bei mir! Ich sollte wohl schamhaft
    Ihn verläugnen: o laßt stolz mich bekennen mein Glück!
Ja Cytherea brachte mir ihn, erbeten von meinen
    Musen, und legte mir ihn selbst an die hüpfende Brust.
5 Venus hat die Verheißung erfüllt; und tadle nun bitter
    Meine Seligkeit, wer nimmer ein Liebchen gehabt.
Nicht versiegelter Schrift will ich es vertrauen: sie sollen's
    Alle lesen, und selbst früher es lesen als Er.
Ist's ein Vergehn, so ist es ein himmlisches! Weg mit Verstel-
                    lung!
10   Sage man, daß ich bei ihm, würdig des würdigen, war.
        Eduard Mörike nach älteren Übersetzern

SULPICIA

Estne tibi, Cerinthe, tuae pia cura puellae,
    quod mea nunc vexat corpora fessa calor?
a ego non aliter tristes evincere morbos
    optarim, quam te si quoque velle putem.
5 at mihi quid prosit morbos evincere, si tu
    nostra potes lento pectore ferre mala?

SULPICIA

Ne tibi sim, mea lux, aeque iam fervida cura,
    ac videor paucos ante fuisse dies,
si quicquam tota conmisi stulta iuventa,
    cuius me fatear paenituisse magis,
5 hesterna quam te solum quod nocte reliqui,
    ardorem cupiens dissimulare meum.

MARCUS VALERIUS MARTIALIS

Monobyblos Properti

Cynthia — facundi carmen iuvenale Properti —
    accepit famam, non minus ipsa dedit.

SEXTUS PROPERTIUS

Quid iuvat ornato procedere, vita, capillo,
    et tenues Coa veste movere sinus,
aut quid Orontea crines perfundere murra,

SULPICIA

Fühlst du denn um dein Mädchen, Cerinth, auch herzliche Sorge,
  Während ihr Fiebergluth wüthet im matten Gebein ?
Ach fürwahr, zu genesen verlangt sie nur dann, wenn sie denken
  Darf: denselbigen Wunsch trägt in der Seele mein Freund.
5 Denn was wäre Genesung für mich, was Leben, wofern dir
  Alle mein Leiden nicht auch einigen Kummer gebracht ?
Eduard Mörike nach älteren Übersetzern

SULPICIA

An Cerinthus, sich zu entschuldigen

Sei ich dir nie, mein Trauter, hinfort ein so heißes Verlangen,
  Als ich, deucht mir, noch war wenige Tage zuvor:
Wenn ich etwas verübt in der ganzen Jugend, ich Thörin !
  Welches ich eingesteh' inniger nun zu bereun,
5 Als daß ich einsam dich am gestrigen Abend zurückließ,
  Weil ich zu hehlen die Glut trachtete, die mich verzehrt.
Johann Heinrich Voß

MARCUS VALERIUS *MARTIALIS*
ÜBER PROPERTIUS

Propertius

Cynthien brachten die jugendlichen Gedichte Properzens
  Großen Ruhm; doch sie gab ihm nicht minderen Ruhm.
Karl Wilhelm Ramler

SEXTUS *PROPERTIUS*

Theure, wie magst du so gern dich zeigen in köstlichem Haarputz,
  Wenden der Falten Spiel unter dem koïschen Flor ? ·
Nur vom Orontes die Narde dir lassen die Locke durchdüften,

     teque peregrinis vendere muneribus,
5 naturaeque decus mercato perdere cultu,
     nec sinere in propriis membra nitere bonis?
  crede mihi, non ulla tuae est medicina figurae:
     nudus Amor formae non amat artificem.
  aspice, quos summittat humus formosa colores,
10   ut veniant hederae sponte sua melius,
  surgat et in solis formosius arbutus antris,
     et sciat indociles currere lympha vias.
  litora nativis persuadent picta lapillis,
     et volucres nulla dulcius arte canunt.
15 non sic Leucippis succendit Castora Phoebe,
     Pollucem cultu non Hilaira soror,
  non, Idae et cupido quondam discordia Phoebo,
     Eueni patriis filia litoribus,
  nec Phrygium falso traxit candore maritum
20   avecta externis Hippodamia rotis,
  sed facies aderat nullis obnoxia gemmis,
     qualis Apelleis est color in tabulis.
  non illis studium vulgo conquirere amantes:
     illis ampla satis forma pudicitia.
25 non ego nunc vereor, ne sim tibi vilior istis:
     uni si qua placet, culta puella sat est;
  cum tibi praesertim Phoebus sua carmina donet
     Aoniamque libens Calliopea lyram,
  unica nec desit iocundis gratia verbis,
30   omnia quaeque Venus quaeque Minerva probat.
  his tu semper eris nostrae gratissima vitae,
     taedia dum miserae sint tibi luxuriae.

Und dich gleichsam zum Kauf bieten durch fremdes Ge-
schenk?

5 Durch erhandelte Zierde natürliche Reitze vernichten,
Und den Gliedern sogar rauben das eigene Glück?
Glaube mir, deine Gestalt braucht keine helfenden Mittel;
Nackt ist Amor, er liebt nicht die erkünstelnde Hand.
Schau, wie der Blumen Reitz dem holden Boden entsprießet;
10 Froher und üppiger rankt Epheu, den keiner gepflegt!
Schau, wie der Hagedorn um Höhlen schöner hervorragt;
Ununterrichtet der Bach schlängelnde Pfade sich sucht!
Wie sich die Ufer von selbst mit bunten Kieselchen mahlen:
Ohne die Kunst wie süß schallet der Vögel Gesang!
15 Nicht so setzten, durch eitelen Putz, Hilaïra und Phöbe,
Jene den Pollux, und die Kastorn in zärtlichen Brand.
Zwischen Apoll und Idas erregete so nicht Marpessa
Jenen brünstigen Streit an den Gestaden Evens.
Nicht mit geschminktem Reitz bezauberte Hippodamia
20 Ihren Phryger, und flog mit ihm auf Rädern davon.
Ihres Gesichtes Farbe, vom falschen Glanz der Geschmeide
Unverdorben, war gleich Bildern apellischer Kunst.
Nicht auf gemeine Art erregten sie Glut in den Herzen;
Ihnen war holde Scham Schönheit und Zierde genug.
25 Warlich, ich fürchte nicht, du seyst mir geringer als jene!
Schön ist ein Mädchen genug, wann sie nur Einem gefällt.
Du, der vor allen Apoll den Geist der Lieder geschenkt hat,
Und Kalliope selbst willig die Leyer gereicht;
Die du einzigen Reitz anmuthiger Worte besitzest,
30 Alles was Venus gefällt, was nur Minerven gefällt:
Immer wirst du damit mein ganzes Leben beglücken,
Wirf ihn nur weit von dir jenen verächtlichen Prunk!

Karl Ludwig v. Knebel

SEXTUS *PROPERTIUS*

Tu licet abiectus Tiberina molliter unda
    Lesbia Mentoreo vina bibas opere,
et modo tam celeres mireris currere lintres
    et modo tam tardas funibus ire rates,
5 et nemus unde satas intendat vertice silvas,
    urgetur quantis Caucasus arboribus,
non tamen ista meo valeant contendere amori:
    nescit Amor magnis cedere divitiis.
nam sive optatam mecum trahit illa quietem,
10   seu facili totum ducit amore diem,
tum mihi Pactoli veniunt sub tecta liquores,
    et legitur rubris gemma sub aequoribus;
tum mihi cessuros spondent mea gaudia reges;
    quae maneant, dum me fata perire volent.
15 nam quis divitiis adverso gaudet Amore?
    nulla mihi tristi praemia sint Venere!
illa potest magnas heroum infringere vires,
    illa etiam duris mentibus esse dolor;
illa neque Arabium metuit transcendere limen,
20   nec timet ostrino, Tulle, subire toro,
et miserum toto iuvenem versare cubili:
    quid relevant variis serica textilibus?
quae mihi dum placata aderit, non ulla verebor
    regna vel Alcinoi munera despicere.

SEXTUS *PROPERTIUS*

Et merito, quoniam potui fugisse puellam,

SEXTUS *PROPERTIUS*

An Tullus

Ob du, in üppiger Ruh am Tibergestade gelagert,
　　Aus bildreichem Pokal duftigen Lesbier schlürfst
Und mit Behagen dem Flug zuschaust der besegelten Kähne
　　Oder der Schleppschiffahrt träge verzögertem Gang,
5 Ob dich im Park ein Gewölb majestätischer Wipfel umschattet,
　　Stämme von riesigem Wuchs, wie sie der Kaukasus trägt:
Nimmer vermag sich doch d a s mit unserer Liebe zu messen:
　　Amor erscheint und im Preis sinken die Güter der Welt.
Weiß die Geliebte des nächtlichen Glücks kein Ende zu finden
0　　Oder vertändelt sie mir heiter gewährend den Tag,
Ja, dann schwillt mir das Haus vom goldenen Strom des Pak-
　　　　　　　　　　　　　　　　　　　　　　　tolus,
　　Dann im arabischen Meer les' ich der Perlen genug.
Stolz vom Gipfel der Lust auf Könige blick' ich hernieder,
　　Also bleib' es, so lang Odem ein Gott mir beschert.
5 Denn wer würde des Reichtums froh, wenn Amor ihm feind ist?
　　Nichtig ist jeder Ersatz, wendet Cythere sich ab.
Weiß sie den Nacken doch selbst siegreicher Heroen zu beugen,
　　Selbst in Gemüter von Erz flößt sie verzehrendes Weh;
Furchtlos setzt sie den Fuß auf die Zedernschwelle des Krösus
0　　Und kein Purpur am Bett schreckt die Verwegne zurück,
Voll unruhiger Pein auf dem Lager zu wälzen den Jüngling,
　　Der sich umsonst in des Pfühls schillernde Seide vergräbt.
Aber ist s i e mir hold, so bedünken die Reiche der Welt mir
　　Kleiner Gewinn und gering acht' ich Alcinous' Schatz.

Emanuel Geibel

SEXTUS *PROPERTIUS*

Und auch mit Recht — wie konnt' ich das theure Mädchen ver-
　　　　　　　　　　　　　　　　　　　　　　　lassen ? —

nunc ego desertas alloquor alcyonas.
nec mihi Cassiope solito visura carinam,
    omniaque ingrato litore vota cadunt.
5 quin etiam absenti prosunt tibi, Cynthia, venti:
    aspice, quam saevas increpat aura minas.
nullane placatae veniet fortuna procellae?
    haeccine parva meum funus harena teget?
tu tamen in melius saevas converte querelas:
10   sat tibi sit poenae nox et iniqua vada.
an poteris siccis mea fata reponere ocellis,
    ossaque nulla tuo nostra tenere sinu?
ah pereat, quicumque rates et vela paravit
    primus et invito gurgite fecit iter.
15 nonne fuit levius dominae pervincere mores
    (quamvis dura, tamen rara puella fuit),
quam sic ignotis circumdata litora silvis
    cernere et optatos quaerere Tyndaridas?
illic si qua meum sepelissent fata dolorem,
20   ultimus et posito staret amore lapis,
illa meo caros donasset funere crines,
    molliter et tenera poneret ossa rosa;
illa meum extremo clamasset pulvere nomen,
    ut mihi non ullo pondere terra foret.
25 at vos, aequoreae formosa Doride natae,
    candida felici solvite vela choro:
si quando vestras labens Amor attigit undas,
    mansuetis socio parcite litoribus.

SEXTUS *PROPERTIUS*

Haec certe deserta loca et taciturna querenti,
    et vacuum zephyri possidet aura nemus.
hic licet occultos proferre inpune dolores,

Sprech' ich allein mit des Meers traurigen Vögeln anjetzt.
  Meinem Schiffe versagt den Blick Kassiope selber;
  Taub fällt hin an den Strand jedes Gelübde von mir.
5 Cynthia, auch abwesend sind dir die Winde gehorsam;
  Sieh', wie gewaltig droht fernher der wilde Orkan!
Wird kein günstig Geschick die rasenden Stürme versühnen?
  Soll ich finden mein Grab hier in dem niederen Sand?
Ändre doch den Sinn! Besänft'ge den zürnenden Unmuth!
10 Diese Gefahren, die Nacht, seyen zur Strafe genug!
Könntest du meine Leiche mit trocknem Auge bestatten?
  Nicht die Gebeine von mir sammeln im Schooße dir auf?
Weh' ihm, welcher zuerst ein Schiff und Segel bereitet,
  Durch den widrigen Schlund dreist sich die Wege gebahnt!
15 War's nicht besser, zu tragen der strengen Gebieterin Launen?
  War sie grausam, so war doch nur die Einzige sie:
Als die Ufer zu schau'n, mit wilden Wäldern umwachsen,
  Suchen das Zwillingspaar, ach, nur am Himmel umsonst!
Hätte das Schicksal bey ihr mein langes Leiden begraben,
20 Meine Liebe verscharrt, und mir den Grabstein gesetzt;
Hätte dem Grabe vielleicht sie die theuren Locken geschenket,
  Unter Rosen vielleicht meine Gebeine gelegt,
Über dem letzten Staube noch meinen Nahmen gerufen:
  O so deckete dann leichter die Erde den Staub!
25 Aber ihr Meerestöchter, der schönen Doris Erzeugte,
  Euer glücklicher Chor löse die Segel mir auf!
Schont an euren Gestaden des Mitgesellen der Liebe,
  Wenn sich Amor zu euch je in die Fluthen getaucht!

Karl Ludwig v. Knebel

SEXTUS *PROPERTIUS*

AVff dieser Wüsten Stett' / in dieser stillen Heyde /
  Da niemand innen wohnt / als nur der Westenwind /
Da kan ich vngeschewt genung thun meinem Leide /

> si modo sola queant saxa tenere fidem.
5 unde tuos primum repetam, mea Cynthia, fastus?
>   quod mihi das flendi, Cynthia, principium?
> qui modo felices inter numerabar amantes,
>   nunc in amore tuo cogor habere notam.
> quid tantum merui? quae te mihi carmina mutant?
10   an nova tristitiae causa puella tuae?
> sic mihi te referas levis, ut non altera nostro
>   limine formosos intulit ulla pedes.
> quamvis multa tibi dolor hic meus aspera debet,
>   non ita saeva tamen venerit ira mea,
15 ut tibi sim merito semper furor et tua flendo
>   lumina deiectis turpia sint lacrimis.
> an quia parva damus mutato signa colore,
>   et non ulla meo clamat in ore fides?
> vos eritis testes, si quos habet arbor amores,
20   fagus et Arcadio pinus amica deo:
> ah quotiens teneras resonant mea verba sub umbras,
>   scribitur et vestris Cynthia corticibus!
> an tua quod peperit nobis iniuria curas,
>   quae solum tacitis cognita sunt foribus?
25 omnia consuevi timidus perferre superbae
>   iussa neque arguto facta dolore queri.
> pro quo divini fontes et frigida rupes
>   et datur inculto tramite dura quies;
> et quodcumque meae possunt narrare querelae,
30   cogor ad argutas dicere solus aves.
> sed qualiscumque es, resonent mihi 'Cynthia' silvae,
>   nec deserta tuo nomine saxa vacent.

Wo auch die Bäume nur still' vnd verschwiegen sind.
5 Wo heb ich aber an / O Cynthia / zu sagen
   Von deinem stoltzen Sinn, vnd harter Grawsamkeit?
Jetzt muß ich vber dich / ich muß gar sehnlich klagen /
   Der ich sonst glückhafft war in buhlen vor der Zeit.
Wie hab' ichs dann verdient? was hat dich so verkehret?
10   Was ists womit ich dich so hoch vnd sehr verletzt?
So wahr mein stetes Hertz' jhm deine Gunst begehret /
   Hat keinen Fuß zu mir ein' andere gesetzt.
Ob ich gleich vber dich mich wol entrüsten solte /
   Weil du mir ohne Schuld verursachst diese Pein /
15 Zürn' ich doch nicht so sehr / daß ich dir gönnen wolte /
   Du möchtest jmmerzu in solchem Trawren seyn.
Ists daher / weil ich nicht ohn vnterlaß geschrieben
   Von meiner Liebesbrunst / vnd dir hab' hoch geschworn?
Ihr sollt die Zeugen seyn / wo auch ein Baum kan lieben /
20   Du Buch- vnnd Fichtenbaum / den Pan jhm auserkohrn.
Wie offte höret man hier meine Stimm' erschallen?
   Wie steht nicht Cynthia geschnitzt durch meine Handt?
Ists daher / weil du mir in sachen mißgefallen
   Die keinem nicht als mir vnd dir nur sind bekandt?
25 Heiß mich was dir geliebt / ich bins zu thun gesonnen /
   Du kanst auch nichts nicht thun das mir zu wieder sey.
Drumb wohn' ich nun allhier bey diesem schönen Brunnen /
   In diesem kühlen Ort vnd stillen Wüsteney /
Vnd alles was ich kan vor Klag' vnd Leid erzwingen /
30   Das muß ich nur erzehln den Vögeln die hier seyn.
Doch sey auch wie du wilt / doch soll mir stets erklingen
   Von deines Namens Schall' Holtz / Wiesen / Thal vnd stein.

Martin Opitz

SEXTUS *PROPERTIUS*

Scribant de te alii vel sis ignota licebit;
 laudet, qui sterili semina ponit humo:
omnia, crede mihi, tecum uno munera lecto
 auferet extremi funeris atra dies;
5 et tua transibit contemnens ossa viator,
 nec dicet: 'cinis hic docta puella fuit.'

SEXTUS *PROPERTIUS*

Mirabar, quidnam misissent mane Camenae
 ante meum stantes sole rubente torum.
natalis nostrae signum misere puellae,
 et manibus faustos ter crepuere sonos.
5 transeat hic sine nube dies, stent aëre venti,
 ponat et in sicco molliter unda minax.
aspiciam nullos hodierna luce dolentes,
 et Niobae lacrimas supprimat ipse lapis,
alcyonum positis requiescant ora querelis,
10 increpet absumptum nec sua mater Itym.
tuque, o cara mihi, felicibus edita pennis,
 surge et poscentes iusta precare deos.
ac primum pura somnum tibi discute lympha,
 et nitidas presso pollice finge comas;
15 dein, qua primum oculos cepisti veste Properti,
 indue nec vacuum flore relinque caput;
et pete, qua polles, ut sit tibi forma perennis,
 inque meum semper stent tua regna caput.
inde coronatas ubi ture piaveris aras,
20 luxerit et tota flamma secunda domo,
sit mensae ratio, noxque inter pocula currat,

SEXTUS *PROPERTIUS*

Mögen andere schreiben von dir, mag keiner dich nennen,
  Mag dich loben, wer gern sä't auf unfruchtbaren Sand.
Glaube mir, alle die Gaben, sie träget alle der letzte
  Schwarze Trauertag fort auf der Bahre mit sich;
5 Und der Wanderer geht an deinem Grabe vorüber,
  Sagt nicht: ein hoher Geist hat einst die Asche belebt!

Karl Ludwig v. Knebel

SEXTUS *PROPERTIUS*

Heute an meinem Bette, beym ersten Schimmer Aurorens,
  Standen die Musen. Ich staunt', horchend auf ihren Befehl.
Und sie gaben das Zeichen von meines Mädchens Geburtstag:
  Dreymal klatschten sie laut glücklichen Beyfall mir zu.
5 Ohne Wolke vergehe der Tag; es schweigen die Winde!
  Sanfter küsse des Meers zürnende Woge den Strand!
Jedes traurige Bild soll vor mir heute verschwinden;
  Niobes Marmor selbst hemme den thränenden Schmerz!
Es verstumme das Klaglied der traurenden Alcyonen;
10 Itys schmerzlichen Fall weine die Mutter nicht mehr!
Aber, o Theure! du mir zum besten Glücke geborne!
  Wache nun auf! den Dank bringe den Göttern zuerst!
Wasche dir dann mit reinlichem Quell den Schlummer vom
                                                      Auge;
  Lege das glänzende Haar dir mit dem Finger zurecht!
15 Alsdann nimm dir das Kleid, worin du zuerst mich entzücket;
  Lasse die Blume nicht fehlen dem lockigen Haar!
Flehe die Götter an, dir ewigen Reitz zu gewähren;
  Ewig stehe mein Haupt unter der Herrschaft von dir!
Hast du den Weihrauch nun auf bekränzten Altären geopfert,
20 Leuchten durchs ganze Haus glückliche Flammen empor;
So bereite das Mahl! die Nacht vergehe beym Becher!

et crocino naris murreus ungat onyx.
　　tibia nocturnis succumbat rauca choreis,
　　　　et sint nequitiae libera verba tuae,
25 dulciaque ingratos adimant convivia somnos,
　　　　publica vicinae perstrepat aura viae.
　　sit sors et nobis talorum interprete iactu,
　　　　quem gravibus pennis verberet ille puer.
　　cum fuerit multis exacta trientibus hora
30　　　noctis et instituet sacra ministra Venus,
　　annua solvamus thalamo sollemnia nostro,
　　　　natalisque tui sic peragamus iter.

SEXTUS *PROPERTIUS*

Obicitur totiens a te mihi nostra libido:
　　　　crede mihi, vobis imperat ista magis.
　　vos, ubi contempti rupistis frena pudoris,
　　　　nescitis captae mentis habere modum.
5 flamma per incensas citius sedetur aristas,
　　　　fluminaque ad fontis sint reditura caput,
　　et placidum Syrtes portum et bona litora nautis
　　　　praebeat hospitio saeva Malea suo,
　　quam possit vestros quisquam reprehendere cursùs,
10　　　et rapidae stimulos frangere nequitiae.
　　testis, Cretaei fastus quae passa iuvenci
　　　　induit abiegnae cornua falsa bovis;
　　testis Thessalico flagrans Salmonis Enipeo,
　　　　quae voluit liquido tota subire deo.
15 crimen et illa fuit patria succensa senecta
　　　　arboris in frondes condita Myrrha novae.
　　nam quid Medeae referam quo tempore matris

Und das Myrrhengefäß hauche mit Safran uns an!
Möge die Flöt ermüden bey unsern nächtlichen Tänzen!
Freyer hüpfe der Scherz dir von der Lippe hinweg!
25 Niemand denke des Schlafs beym freudetrunkenen Schmause;
Und der fröhliche Lerm schalle die Straßen hindurch!
Uns bezeichne der Würfel das eigne Schicksal von jedem,
Wen der Flügel des Kinds peitschet mit strengerem Schlag.
Sind beym trunknen Pokal uns nun die Stunden entflohen,
30 Ordnet die Weihe der Nacht Venus, als Dienerin, selbst.
Dann entrichten auf weicherem Lager wir jährliche Feyer;
Und so vollenden des Fests zirkelnde Freuden sich uns.

Karl Ludwig v. Knebel

SEXTUS *PROPERTIUS*

Oft ja hör' ich von dir den Vorwurf unsrer Begierde;
Glaube mir, heftiger noch übt sie auf euch die Gewalt.
Habt ihr nur erst achtlos einhaltender Zucht euch entschlagen,
Dann nicht weiter ein Maß kennt der befangene Sinn.
5 Leichter stillte man wohl den Brand im entzündeten Kornfeld,
Und zu des Quells Anfang kehrten die Ströme zurück;
Ruhigen Port auch böten die Syrtes, und gastlichen Ufers
Schutz Seefahrern der stets wilden Malen Gestad;
Als daß einer vermöcht euch aufzuhalten im Laufe,
10 Und der entzündeten Lust heftigen Trieb zu bestehn.
Zeug' ist, welche, verschmäht von dem Kretischen Stier, sich in
künstlich
Täuschende Hörnergestalt barg der gezimmerten Kuh.
Zeug' ist Salmonis, entbrannt dem Thessalischen Jüngling Eni-
peus,
Die mit dem feuchten Gott ganz zu verschwimmen gestrebt.
15 Jen' auch frevelte schwer, die dem alten Vater erglüht war,
Myrrha, verwandelt in Laub jetzt des entstandenen Baums.
Was nur gedenk' ich noch Medea's, als in der Kinder

iram natorum caede piavit amor?
quidve Clytaemestrae, propter quam tota Mycenis
20   infamis stupro stat Pelopea domus?
tuque o Minoa venundata, Scylla, figura,
    tondes purpurea regna paterna coma.
hanc igitur dotem virgo desponderat hosti!
    Nise, tuas portas fraude reclusit amor.
25 at vos, innuptae, felicius urite taedas:
    pendet Cretaea tracta puella rate.
non tamen inmerito! Minos sedet arbiter Orci:
    victor erat quamvis, aequus in hoste fuit.

SEXTUS *PROPERTIUS*

Desine, Paule, meum lacrimis urgere sepulcrum:
    panditur ad nullas ianua nigra preces;
cum semel infernas intrarunt funera leges,
    non exorato stant adamante viae.
5 te licet orantem fuscae deus audiat aulae:
    nempe tuas lacrimas litora surda bibent.
vota movent superos: ubi portitor aera recepit,
    obserat herbosos lurida porta rogos.
sic maestae cecinere tubae, cum subdita nostrum
10   detraheret lecto fax inimica caput.
quid mihi coniugium Pauli, quid currus avorum
    profuit aut famae pignora tanta meae?
non minus inmites habuit Cornelia Parcas,
    et sum, quod digitis quinque legatur, onus.
15 damnatae noctes et vos, vada lenta, paludes,
    et quaecumque meos inplicat unda pedes,
immatura licet, tamen huc non noxia veni:
    det pater hic umbrae mollia iura meae.

Morde der Mutter Zorn ward von der Liebe gesühnt?
Was Klytemnestra's auch, um die zu Mykene das ganze
20   Pelopeische Haus steht in entehrender Schmach?
Dich auch, Scylla, bezwang die Gestalt des erhabenen Minos,
    Als du dem Vater das Reich nahmst mit dem purpurnen Haar.
Den Brautschatz nun brachte dem Feind die liebende Jungfrau!
    Nisus, die Thore der Stadt öffnete Liebe mit Trug.
25 Aber euch Mädchen gesamt, euch werd' ein besser Verlöbniß;
    An dem Kretischen Schiff hängend wird Scylla geschleift.
Doch nicht unverdient ist Minos Richter des Orkus;
    Sieger obgleich, doch war gegen den Feind er gerecht.

Karl August Varnhagen v. Ense

SEXTUS *PROPERTIUS*

Cornelia an Paulus

Paulus, hemme den Schmerz! laß endlich die Thränen versiegen!
    Plutos finsteres Thor öffnet der Klage sich nicht.
Haben sich einmal des Orkus Gesetze der Leiche bemächtigt,
    Kehrt auf der Straße von Stahl keiner von dannen zurück.
5 Und erreichte dein Flehn das Ohr des schwarzen Gebieters,
    Fühllos schluckte der Sand dennoch die Thränen nur auf.
Nur die obern Götter erweicht man. Hat Charon das Fahrgeld,
    Schließt dich ein falbes Thor ewig ins schattige Reich.
Traurig ertönte die Tuba mir das, da, bey untergeschürter
10   Flamme, vom Leichengerüst nieder sich senkte mein Haupt.
Paulus, was half dein Bündniß mir jetzt? die Siege der Ahnen?
    Was mir so manches Pfand eines bestätigten Ruhms?
Hab' ich die Parzen gelinder befunden? Hier, siehe, du trägest
    Mit fünf Fingern davon, was erst Kornelia war!
15 Nächte des Fluchs, und du, o träger Pfuhl des Kocytus!
    Fluthen, widriges Band meinem unwilligen Fuß!
Komm' ich frühe zu euch, so komm' ich dennoch nicht schuldig;
    Sanfte Gesetze leg' euer Gebieter mir auf!

aut si quis posita iudex sedet Aeacus urna,

20   in mea sortita vindicet ossa pila;

assideant fratres iuxta, Minoia sella,

    Eumenidum intento turba severa foro.

Sisyphe, mole vaces, taceant Ixionis orbes,

    fallax Tantaleus corripiare liquor,

25 Cerberus et nullas hodie petat improbus umbras,

    et iaceat tacita laxa catena sera.

ipsa loquor pro me. si fallo, poena sororum

    infelix umeros urgeat urna meos.

si cui fama fuit per avita tropaea decori,

30   Afra Numantinos regna locuntur avos;

altera maternos exaequat turba Libones,

    et domus est titulis utraque fulta suis.

mox, ubi iam facibus cessit praetexta maritis,

    vinxit et acceptas altera vitta comas,

35 iungor, Paule, tuo sic discessura cubili:

    in lapide hoc uni nupta fuisse legar.

testor maiorum cineres tibi, Roma, colendos,

    sub quorum titulis, Africa, tunsa iaces,

qui Persem proavi simulantem pectus Achilli

40   et tumidas proavo fregit Achille domos,

me neque censurae legem mollisse, nec ulla

    labe mea vestros erubuisse focos.

non fuit exuviis tantis Cornelia damnum,

    quin et erat magnae pars imitanda domus.

45 nec mea mutata est aetas, sine crimine tota est:

    viximus insignes inter utramque facem.

mi natura dedit leges a sanguine ductas,

Oder soll an der richtenden Urne ein Äakus sitzen,

10   Lasse man ziehen das Loos, spreche mein Urtheil er ab!

Minos sollen zur Seite die beyden Brüder sich setzen,

    Und der Erynnien Chor horche dem hohen Gericht!

Sisyphus Fels lieg' stille! Es schweige das Rad des Ixions!

    Seine Lippen ergreif' Tantals verschwindendes Naß!

25 Cerberus lasse friedlich an sich die Schatten vorbeyziehn,

    Und am schweigenden Schloß lieg' er, die Kette gelöst!

Ich selbst spreche für mich, und täusch' ich, drücke der Schwe-

                        stern

    Unglückselige Last schwer auf die Schulter auch mir!

War ein Geschlecht noch berühmt durch stolze Trophäen der

                        Ahnherrn,

30   Zählet Afrika mir Sieger Numantiens her.

Meine Mutter nennet den Stamm gleich edler Libonen;

    Und so, hier und dort, stützet mein Haus sich auf Glanz.

Als ich nun gegen die Fackel der Braut den Purpur der Jungfrau

    Tauschte, die Flechten des Haars Binde der Frau mir um-

                        schloß,

35 Hab' ich dein Brautbett, Paulus! bestiegen; von dem mich der

                        Tod nur

    Trennte. Noch sag' es der Stein, daß ich des Einen nur war!

Bey der Asche der Väter, dem Stolze Roms, unter deren

    Bildnissen, Afrika, du! liegst mit geschorenem Haupt;

Bey dem Ahnherrn, der, auf ererbten Muth vom Achill, dich,

40   Stolzen Perses! mit dir tilgte dein väterlich Haus;

Diesem bezeug' ichs: daß nie des Censors Gesetz ich erweichet,

    Nie erröthen um mich habe die Meinen gemacht!

Nein, Kornelia war nicht ihrem Stamme zum Nachtheil;

    Ja sie selber noch war Beyspiel dem glänzenden Haus.

45 Auch erhielt mein Betragen sich gleich; von der Fackel des

                        Hymens

    Führt ein glänzender Weg mich zu der Fackel des Tods.

Diese Gesetze gab mir Natur aus eigenem Blute,

nec possis melior iudicis esse metu.
quaelibet austeras de me ferat urna tabellas:
50   turpior assessu non erit ulla meo,
vel tu, quae tardam movisti fune Cybellem,
        Claudia, turritae rara ministra deae,
vel cuius, sacros cum Vesta reposceret ignes,
        exhibuit vivos carbasus alba focos.
55 nec te, dulce caput, mater Scribonia, laesi:
        in me mutatum quid nisi fata velis?
maternis laudor lacrimis urbisque querelis,
        defensa et gemitu Caesaris ossa mea.
ille sua nata dignam vixisse sororem
60   increpat, et lacrimas vidimus ire deo.
et tamen emerui generosos vestis honores,
        nec mea de sterili facta rapina domo.
tu Lepide, et tu, Paule, meum post fata levamen,
        condita sunt vestro lumina nostra sinu.
65 vidimus et fratrem sellam geminasse curulem,
        consule quo facto tempore rapta soror.
filia, tu specimen censurae nata paternae,
        fac teneas unum nos imitata virum,
et serie fulcite genus: mihi cymba volenti
70   solvitur aucturis tot mea fata meis.
haec est feminei merces extrema triumphi,
        laudat ubi emeritum libera fama rogum.
nunc tibi commendo communia pignora natos:
        haec cura et cineri spirat inusta meo.
75 fungere maternis vicibus, pater: illa meorum
        omnis erit collo turba ferenda tuo.
oscula cum dederis tua flentibus, adice matris:
        tota domus coepit nunc onus esse tuum.
et si quid doliturus eris, sine testibus illis:
80   cum venient, siccis oscula falle genis.
sat tibi sint noctes, quas de me, Paule, fatiges,

Und des Richters Gesetz hätte nicht strenger gewirkt.
Lasset die Urne von mir das strengste Urtheil enthalten;
50   Jeder zur Seite gesetzt, werd' ich mit Ehre bestehn.
Sey es, Klaudia, dir! Cybebens würdige Priest'rin!
Deinem leitenden Seil folgte der göttlichen Bild.
Oder Emilia, dir! der Vesta verloschenem Heerde
Gab dein lichtes Gewand wieder die Flamme zurück.
55 Theure Scribonia, nie hat dich die Tochter beleidigt;
Nur mein Tod, sonst nichts, foderte Klagen dir ab.
Thränen der Mutter sind mir geflossen, die Thränen der Bürger,
Meine Asche hat selbst Cäsar mit Thränen geehrt.
Würdige Schwester nennet er mich von seiner Erzeugten,
60   Scheltend das Schicksal: man sah Thränen im Auge dem Gott.
Und doch hab' ich das Ehrengewand als Mutter verdienet,
Und mich entriß der Tod keinem unfruchtbaren Haus.
Lepidus, du! du, Paulus! auch nach dem Tode mein Trost noch!
Euch an den Busen gedrängt schlossen die Augen sich mir.
65 Zweymal sah ich den Bruder auf elfenbeinernem Stuhle;
Als er nun Konsul ward, riß mich das Schicksal hinweg.
Tochter, du trägest den Glanz der Censorwürde des Vaters,
Ahme der Mutter nach, Einem gelobe dich nur!
Und vermehret euer Geschlecht! Ich löse den Nachen
70   Freudig, denn mein Verlust wird durch die Meinen ersetzt.
Dieß ist der höchste Lohn des weiblichen Leichentriumphes:
Freyes Lob, das uns folgt, ist schon die Asche verglimmt.
Dir, mein Gemahl, empfehl' ich die Pfänder unserer Liebe;
Meine Sorge für sie glüht aus der Asche noch auf.
75 Sey du zugleich auch Mutter für sie! Von meinen Geliebten
Hänget die ganze Schaar künftig sich dir um den Hals.
Drück auf ihre Wangen mit deinen Küssen die meinen!
Ach, vom ganzen Haus trägst du allein nun die Last!
Weinest du einsam für dich, und siehst du sie kommen, o täusche
80   Mit getrockneter Wang' ihren verlangenden Kuß!
Laß dir die Nächte genügen zu deinen Klagen, mein Paulus!

somniaque in faciem credita saepe meam:
  atque ubi secreto nostra ad simulacra loqueris,
    ut responsurae singula verba iace.
85 seu tamen adversum mutarit ianua lectum,
    sederit et nostro cauta noverca toro,
  coniugium, pueri, laudate et ferte paternum:
    capta dabit vestris moribus illa manus.
  nec matrem laudate nimis: conlata priori
90   vertet in offensas libera verba suas.
  seu memor ille mea contentus manserit umbra
    et tanti cineres duxerit esse meos,
  discite venturam iam nunc sentire senectam,
    caelibis ad curas nec vacet ulla via.
95 quod mihi detractum est, vestros accedat ad annos:
    prole mea Paulum sic iuvet esse senem.
  et bene habet; numquam mater lugubria sumpsi:
    venit in exequias tota caterva meas.
  causa perorata est; flentes me surgite, testes,
100   dum pretium vitae grata rependit humus.
  moribus et caelum patuit: sim digna merendo,
    cuius honoratis ossa vehantur avis.

PUBLIUS *OVIDIUS* NASO

At mihi iam puero caelestia sacra placebant,
  (20)   inque suum furtim Musa trahebat opus.
      saepe pater dixit 'studium quid inutile temptas?
        Maeonides nullas ipse reliquit opes.'
    5 motus eram dictis totoque Helicone relicto
        scribere temptabam verba soluta modis.
  (25) sponte sua carmen numeros veniebat ad aptos,
        et, quod temptabam scribere, versus erat.

Und daß meine Gestalt oft dir im Traume sich zeigt.
Und wann du in geheim mein Bild anredest, so lege
    Hin ihm die Worte, als gäb' jedes ich wieder zurück.
85 Stellt sich jedoch ein anderes Bett der Thüre genüber,
    Ein Stiefmütterchen sitzt schlau an der Stelle von mir;
Segnet, ihr Kinder, und tragt des Vaters neue Verbindung!
    Von dem Betragen gerührt reicht sie euch willig die Hand.
Seyd vorsichtig im Lobe der Mutter! Bey freyer Vergleichung
90   Könnte die Worte sie leicht sich zur Beleidigung ziehn.
Sollte doch euer Vater an meines Schattens Gedächtniß
    Sich begnügen, ihm so theuer die Asche noch seyn;
Lernet gefällig schon jetzt das kommende Alter empfinden,
    Seinem einsamen Stand lasset die Sorge nicht nahn!
95 Leg' euch das Schicksal zu, was es mir an Jahren entzogen;
    Gern, um der Kinder von mir, werde mein Paulus nun alt.
Heil mir! das Trauergewand hab' ich um keines getragen,
    Und mein ganzer Trupp folget zur Leiche mir nach.
Meine Sach' ist gesprochen! Ihr thränenden Zeugen erhebt euch!
100   Während des Lebens Preis dankbar die Erde belohnt.
Sitten erheben zum Himmel! Es führen bekränzete Rosse,
    Hab' ich solches verdient, meine Gebeine zum Grab!

Karl Ludwig v. Knebel

PUBLIUS *OVIDIUS* NASO ÜBER SICH SELBST

. . . . . .
Die Dichtkunst machte stets die Freude meines Lebens,
    Und der Camöne Gunst des Knabens größtes Glück.
Oft rief der Vater aus: »Was mühst du dich vergebens?
    Der göttliche Homer ließ keinen Schatz zurück.«
5 Gewarnt floh ich den Pind, vergaß der süßen Lieder,
    Und zähmte der Natur geheimnißvollen Trieb.
Umsonst! Es ordneten von selbst in Reih und Glieder
    Die Worte sich; zum Vers ward, was der Griffel schrieb. . . .

Johann Caspar Friedrich Manso

PUBLIUS *OVIDIUS* NASO

Si, nisi quae forma poterit te digna videri,

(40)   nulla futura tua est, nulla futura tua est.

———————————

Si, nisi quae forma poterit te digna videri,

(40)   nulla futura tua est, nulla futura tua est.

———————————

Si, nisi quae forma poterit te digna videri,

(40)   nulla futura tua est, nulla futura tua est.

———————————

Si, nisi quae forma poterit te digna videri,

(40)   nulla futura tua est, nulla futura tua est.

———————————

Si, nisi quae forma poterit te digna videri,

(40)   nulla futura tua est, nulla futura tua est.

———————————

Si, nisi quae forma poterit te digna videri,

(40)   nulla futura tua est, nulla futura tua est.

PUBLIUS *OVIDIUS* NASO

. . . . . .

Wenn außer Wohlgestalt, vollkommen wie die deine,
Dein Herz nicht Eine rührt: so rührt dein Herz nicht Eine . . . .

. . . . . .

Wenn außer einer Braut, der deine Reitze fehlen,
Du keine wählen darfst: so darfst du keine wählen . . . .

. . . . . .

Wenn außer der, die dir an Schönheit gleicht auf Erden,
Dein keine werden kann: so kann dein keine werden . . . .

Gottfried August Bürger

. . . . . .

Wird nur eine, die dir an Schönheit gleichet, die deine,
  Keine sonst; o so wird keine die deine, mein Freund . . . .

Johann Gottfried Herder

. . . . . .

Wenn, wo nicht dein würdig an holder Gestalt sie erscheinet,
  Keine gewinnet dein Herz; keine gewinnet dein Herz . . . .

Johann Heinrich Voß

. . . . . .

Wenn nur ein Mädchen, an Werthe dir gleich, die Deinige seyn
kann;
  Kann kein Mädchen, o Freund, jemals die Deinige seyn . . . .

Ungenannter Übersetzer

PUBLIUS *OVIDIUS* NASO

Si, nisi quae forma poterit te digna videri,

(40)   nulla futura tua est, nulla futura tua est.

———————————

Si, nisi quae forma poterit te digna videri,

(40)   nulla futura tua est, nulla futura tua est.

PUBLIUS *OVIDIUS* NASO

Aestus erat, mediamque dies exegerat horam.
    adposui medio membra levanda toro.
pars adaperta fuit, pars altera clausa fenestrae,
    quale fere silvae lumen habere solent:
5 qualia sublucent fugiente crepuscula Phoebo,
    aut ubi nox abiit, nec tamen orta dies.
illa verecundis lux est praebenda puellis,
    qua timidus latebras speret habere pudor.
ecce Corinna venit, tunica velata recincta,
10   candida dividua colla tegente coma:
qualiter in thalamos famosa Semiramis isse
    dicitur et multis Lais amata viris.
deripui tunicam. nec multum rara nocebat:
    pugnabat tunica sed tamen illa tegi.
15 quae cum ita pugnaret, tamquam quae vincere nollet,
    victa est non aegre proditione sua.
ut stetit ante oculos posito velamine nostros,

PUBLIUS *OVIDIUS* NASO

. . . . . .

Sicherlich wird, soll, außer wofern sie dir gleichet an Schönheit,
  Keine die Deinige sein, keine die Deinige sein . . . .

Christian Gottfried Schütz

Eine Vers-Tändelei

. . . . . .

Wisse nur, daß, wenn, ohne durch Schönheit dich zu verdienen,
  Keine die deinige wird, — keine die deinige wird . . . .

Eduard Mörike

PUBLIUS *OVIDIUS* NASO

Schwül war's; eben des Tags mittägliche Stunde verfloßen:
  Ueber das Ruhbett hin hatt' ich die Glieder gestreckt.
Halb stand offen das Fenster, und halb von dem Laden beschat-
                                                          tet,
  So wie das Licht hinspielt unter die Wipfel im Wald;
5 Oder wie dämmernder Schein nachschwebt der entfliehenden
                                                        Sonne,
  Oder der sinkenden Nacht, ehe der Tag sich erhebt.
Solch ein gedämpfteres Licht sei schüchternen Mädchen bewil-
                                                          ligt,
  Wo sich die Scham Zuflucht heimlicher Schatten verheißt.
10 Siehe! Corinna, sie kam in entgürtetem Untergewande,
  Frei das gescheitelte Haar wallend am Nacken hinab.
Schön, wie Semiramis wohl hintrat zu dem purpurnen Brautbett,
  Oder wie Laïs, dem Wunsch wechselnder Buhlen gesellt.
Zwar nicht viel mißgönnte das dünne Gewand der Begierde:
  Sittsam wehrte sie doch, als ich es heftig entriß.
15 Nun so kämpfend, wie eine, die selbst nicht wünschte zu siegen,
  Ward durch eignen Verrath leicht sie, die Schlaue, besiegt.
Als sie dem lüsternen Blick nun frei von Umhüllungen dastand,

in toto nusquam corpore menda fuit.
quos umeros, quales vidi tetigique lacertos!
20   forma papillarum quam fuit apta premi!
quam castigato planus sub pectore venter!
        quantum et quale latus! quam iuvenale femur!
singula quid referam? nil non laudabile vidi,
        et nudam pressi corpus ad usque meum.
25 caetera quis nescit? lassi requievimus ambo.
        proveniant medii sic mihi saepe dies.

PUBLIUS *OVIDIUS* NASO

Memnona si mater, mater ploravit Achillem,
        et tangunt magnas tristia fata deas,
flebilis indignos, Elegeia, solve capillos.
        a, nimis ex vero nunc tibi nomen erit!
5 ille tui vates operis, tua fama, Tibullus
        ardet in extructo, corpus inane, rogo.
ecce, puer Veneris fert eversamque pharetram
        et fractos arcus et sine luce facem.
aspice, demissis ut eat miserabilis alis,
10   pectoraque infesta tundat aperta manu.
excipiunt lacrimas sparsi per colla capilli,
        oraque singultu concutiente sonant.
fratris in Aeneae sic illum funere dicunt
        egressum tectis, pulcher Iule, tuis.
15 nec minus est confusa Venus moriente Tibullo,
        quam iuveni rupit cum ferus inguen aper.
at sacri vates et divum cura vocamur!
        sunt etiam, qui nos numen habere putent!

Nirgend ein Fehl zu erspäh'n war an der ganzen Gestalt:
Was für Schultern und Arme zu sehn, zu befühlen gelang mir!
20   Für die umspannende Hand schienen die Brüste gewölbt.
Glatt der geebnete Bauch, abwärts von dem strebenden Busen;
Schlank und erhaben der Wuchs; Hüften wie jugendlich voll!
Doch, was zähl' ich es auf? Untadelig Alles erblickt' ich,
Drückte die Nackte mir fest gegen den brünstigen Leib.
25 Wißt ihr das Uebrige nicht? Wir ruhten ermattet vom Spiel aus.
Mittagsstunden, wie die, würden sie oft mir gewährt!

August Wilhelm v. Schlegel

PUBLIUS *OVIDIUS* NASO

Auf den Tod des Tibullus

Wenn um Memnon die Mutter, die Mutter geweint um Achilles,
Und solch herbes Geschick selbst die Unsterblichen beugt,
Löse denn schmucklos heut, Elegie, zur Klage die Locken,
Ach, und in schmerzlicher Pflicht zeige des Namens dich wert.
5 Denn er, den du geliebt, dein Ruhm, dein Priester, Tibullus,
Hier, ein entseeltes Gebild, liegt er den Flammen ein Raub.
Siehe, den Köcher zur Erde gekehrt, naht Cyprias Knabe,
Kläglich die Fackel verlöscht, Bogen und Pfeile zerknickt.
Schau, wie bekümmert er schleicht, langsam, mit hängenden
                                              Flügeln,
10   Wie mit verzweifelnder Hand wild er die Brust sich zerschlägt.
Feucht von Tränen umfliegt die verworrene Locke den Nacken,
Und ein gebrochener Laut ringt sich vom bebenden Mund.
So einst, meldet das Lied, bei des Bruders Aeneas Bestattung,
Schritt er aus deinem Gemach, schöner Julus, hervor.
15 Auch Cythera verging um Tibull vor Schrecken, wie damals,
Als den Adonis ihr gräßlich der Eber zerfleischt.
Und doch nennt man uns Sänger geweiht und geliebt von den
                                              Göttern,
Ja ein olympischer Hauch, sagen sie, sei uns beschert.

scilicet omne sacrum mors inportuna profanat.

20   omnibus obscuras inicit illa manus.

quid pater Ismario, quid mater profuit Orpheo?

carmine quid victas obstipuisse feras?

aelinon in silvis idem pater, aelinon, altis

dicitur invita concinuisse lyra.

25 adice Maeoniden, a quo, ceu fonte perenni,

vatum Pieriis ora rigantur aquis.

hunc quoque summa dies nigro submersit Averno:

diffugiunt avidos carmina sola rogos.

durat opus vatum: Troiani fama laboris,

30   tardaque nocturno tela retexta dolo:

sic Nemesis longum, sic Delia nomen habebunt,

altera cura recens, altera primus amor.

quid vos sacra iuvant? quid nunc Aegyptia prosunt

sistra? quid in vacuo secubuisse toro?

35 cum rapiant mala fata bonos, − ignoscite fasso −

sollicitor nullos esse putare deos.

vive pius, moriere. pius cole sacra, colentem

mors gravis a templis in cava busta trahet.

carminibus confide bonis. iacet, ecce, Tibullus:

40   vix manet e toto parva quod urna capit.

tene, sacer vates, flammae rapuere rogales,

pectoribus pasci nec timuere tuis?

aurea sanctorum potuissent templa deorum

urere, quae tantum sustinuere nefas . . . .

45 (47) sed tamen hoc melius, quam si Phaeacia tellus

ignotum vili supposuisset humo.

hinc certe madidos fugientis pressit ocellos

(50)   mater, et in cineres ultima dona tulit:

Aber umsonst! So heilig ist nichts, daß der Tod es verschonte,
20   Gierig mit finsterer Hand rafft er uns alle hinweg.
Orpheus' herbes Geschick, nicht wandten es Vater und Mutter,
    Noch der Gesang, dem zahm fleckige Panther gelauscht,
Ach, und um Linus, den Sohn, um Linus durch die Gebirgshöhn,
    Durch die Wälder umsonst klagte die Leier Apolls.
25 Nenn' ich Homer? Wohl strömte von ihm auf die Lippen der
                                                    Dichter
    Nimmer versiegend ein Quell hehrer Begeisterung aus,
Doch es verschlang auch ihn unerbittlich die Nacht des Avernus;
    Aus den Flammen der Gruft schwang sich allein der Gesang,
Nun lebt ewig im Liede der Ruhm der eroberten Troja,
30   Ewig Penelopes nie fertiges Schleiergeweb.
So wird Nemesis auch, so Delia künftig genannt sein,
    Die er zuerst sich erwählt, die er im Tod noch geliebt.
Weh, was frommen die Weihen euch nun, und die Zimbeln der
                                                    Isis?
    Oder, daß ihr am Fest züchtig das Lager bewahrt?
35 Raubt uns die Edelsten stets das Geschick, so werd' ich im
                                                    Glauben,
    Laßt es mich immer gestehn, an die Olympier irr.
Lebe gerecht und du stirbst, wie gerecht auch; opfre den Göttern,
    Und vom Opferaltar reißt in die Gruft dich der Tod;
Such im Gesang dein Heil; hier liegt — o schau es — Tibullus,
40   Nur was die Urne beschließt, blieb von dem Hohen uns nach.
Hat es die Flamme gewagt, dein ruhendes Haupt zu versehren,
    Wich sie nicht scheu vor dir, heiliger Sänger, zurück:
Wahrlich was hindert sie dann, die vermessene, daß sie der Götter
    Goldene Tempel nicht auch frevelnd in Asche begräbt?
45 Und doch tröstlicher war's, als hätte Phäaciens Eiland
    Mit unwürdigem Staub fern dich, den Fremdling, bedeckt;
Schloß doch dem Sterbenden hier im Verlöschen das Auge die
                                                    Mutter,
    Und ihr letztes Geschenk brachte der Asche sie dar,

hinc soror in partem misera cum matre doloris
50   venit, inornatas dilaniata comas:
cumque tuis sua iunxerunt Nemesisque priorque
    oscula, nec solos destituere rogos.
(55) Delia descendens 'felicius' inquit 'amata
    sum tibi. vixisti, dum tuus ignis eram.'
55 cui Nemesis 'quid' ait 'tibi sunt mea damna dolori?
    me tenuit moriens deficiente manu.'
si tamen e nobis aliquid nisi nomen et umbra
(60)   restat, in Elysia valle Tibullus erit.
obvius huic venias, hedera iuvenalia cinctus
60   tempora, cum Calvo, docte Catulle, tuo.
tu quoque, si falsum est temerati crimen amici,
    sanguinis atque animae prodige Galle tuae.
(65) his comes umbra tua est. siqua est modo corporis umbra,
    auxisti numeros, culte Tibulle, pios.
65 ossa quieta, precor, tuta requiescite in urna,
    et sit humus cineri non onerosa tuo!

PUBLIUS *OVIDIUS* NASO

Aurea prima sata est aetas, quae vindice nullo

(90) sponte sua, sine lege fidem rectumque colebat.

poena metusque aberant nec verba minantia fixo

aere ligabantur nec supplex turba timebat

5 iudicis ora sui, sed erant sine vindice tuti.

Eilte die Schwester doch her, in die Klage der jammernden Greisin
50   Einzustimmen; verstört kam sie, mit fliegendem Haar.
Nemesis auch, mit den Deinen vereint, und die Jugendgeliebte
      Küßten dich weinend, und treu sind sie der Leiche gefolgt.
Reineres Glück hab' ich dir gebracht, rief Delia scheidend,
      Ach, du lebtest, so lang zärtlich für mich du geglüht!
55 Nemesis schluchzte darauf: Was rühmst du dich meines Ver-
                                                                lustes?
      Mir im Tode zuletzt hat er die Hand noch gedrückt.
Aber besteht von den Toten noch mehr als Schatten und Name,
      O dann wandelt Tibull jetzt in Elysiums Hain.
Komm ihm entgegen, die blühende Stirn umwunden mit Efeu,
60   Traulich an Calvus gelehnt grüß ihn, beredter Catull!
Du auch Gallus, dafern sie dich falsch des Verrates bezichtigt,
      Der du Leben und Blut allzu entschlossen verströmt!
Ihrer Erscheinung gesellt, — wenn ein Bild noch haftet am
                                                                Schatten —
      Wallst du nun, sanfter Tibull, unter den Seligen hin.
65 Möge denn süß dein Staub ausruhen in sicherer Urne,
      Also fleh' ich, und leicht decke die Erde dich zu!

Emanuel Geibel

PUBLIUS *OVIDIUS* NASO
— — — — — —

Die êrste zît ist sus erkant
unde guldîn genant,
wan menschlîchem geslechte
liebte dô daz rechte.
dô hielt man trûwe und wârheit
âne gelubede und âne eit.
done was dehein twanc:
done was zu kurt noch zu lanc.
5 vaste stunt dô daz recht:
gelich was herre unde knecht.

nondum caesa suis, peregrinum ut viseret orbem,

(95) montibus in liquidas pinus descenderat undas,

nullaque mortales praeter sua litora norant.

nondum praecipites cingebant oppida fossae,

10 non tuba directi, non aeris cornua flexi,

non galeae, non ensis erant: sine militis usu

(100) mollia securae peragebant otia gentes.

ipsa quoque inmunis rastroque intacta nec ullis

saucia vomeribus per se dabat omnia tellus,

15 contentique cibis nullo cogente creatis

arbuteos fetus montanaque fraga legebant

(105) cornaque et in duris haerentia mora rubetis

et, quae deciderant patula Iovis arbore, glandes.

ver erat aeternum, placidique tepentibus auris

20 mulcebant Zephyri natos sine semine flores;

mox etiam fruges tellus inarata ferebat,

(110) nec renovatus ager gravidis canebat aristis:

flumina iam lactis, iam flumina nectaris ibant,

9 dô was kein beslozzen stat,

dô was nicht burge gesat

noch hôhe turne ûf erhaben.

done sach man niender burcgraben

10 noch krieges geschreige,

11 noch wâfen manger leige,

helm unde harnas.

kein ors dô gesatelet was.

12 dô wart arbeit nicht gepflegen,

der hâten sie sich gar bewegen.

6 der walt stunt unverhouwen.

7 done mochte nieman schouwen

galîen holchen nachen,

durch keiner hande sachen,

gelt gût oder habe,

sigelen ûz des meres habe.

8 nicht schifferte dô geschach.

nieman niwan ein lant sach.

15 in was der spîse genûc,

21 die die erde selbe trûc,

done wart anders nicht gesên

16 wan hagebutten unde slên

18 unde swaz die eich bar,

17 und ertber was ir lîpnar.

wurze manger wîse

daz was ir beste spîse.

13 done sach man egeden noch den pflûc:

14 doch wûchs in vruchte genûc.

22 ir arbeit die was lutzel grôz,

23—24 wande in milch wîn honec vlôz.

19 der sumer werte iemer,

dô sach man winder niemer.

20 der minneclîche Zephirus

wâte ûf erden alsus

flavaque de viridi stillabant ilice mella.

PUBLIUS *OVIDIUS* NASO

Ipse loco medius rerum novitate paventem

sol oculis iuvenem, quibus adspicit omnia, vidit

'quae' que 'viae tibi causa? quid hac' ait 'arce petisti,

progenies, Phaëthon, haud infitianda parenti?'

5 (35) ille refert 'o lux inmensi publica mundi,

Phoebe pater, si das usum mihi nominis huius,

nec falsa Clymene culpam sub imagine celat,

pignora da, genitor, per quae tua vera propago

credar, et hunc animis errorem detrahe nostris!'

10 (40) dixerat, at genitor circum caput omne micantes

deposuit radios propiusque accedere iussit

amplexuque dato 'nec tu meus esse negari

dignus es, et Clymene veros' ait 'edidit ortus,

quoque minus dubites, quodvis pete munus, ut illud

15 (45) me tribuente feras! promissis testis adesto

dis iuranda palus oculis incognita nostris!'

vix bene desierat, currus rogat ille paternos

inque diem alipedum ius et moderamen equorum.

uber boume und uber gras,
daz selden blûmen âne was. — — —

Albrecht v. Halberstadt

PUBLIUS *OVIDIUS* NASO

. . . . . .

Des Vaters Blik, der ihm begegnet, fühlt
Das junge Herz mit freudigem Erbeben,
Des Vaters Blik, der jede Fern' erzielt.
»Mein Sohn! — diss bist du ja, ich kann es nicht verschweigen!«
Spricht Phoebos, »was bewog dich hier herauf zu steigen?«

5 »Der du die Welt,« erwiederte der Sohn,
»So weit sie reicht, erfreust mit deiner Flamme,
O Phoebus! gilt er mir, der Vaterton,
Und birgt sich nicht in fabelhaftem Stamme
Die mütterliche Schuld vor Menschenhohn;
So gieb, dass ich mein zweifelnd Herz verdamme
Und vor der Welt bewähre mein Geschlecht,
Gieb, o mein Vater! mir ein Kindesrecht.«

0 Da lies der Gott die Stralenkrone schwinden,
Und rief ihn her und bot die Arme dar —
»Wer sollte nicht in dir den Vater finden?
Nein! du bist mein! Clymenens Sag' ist wahr.
Und sieh! dir soll ein freundlich Wort verkünden,
Ungläubiger! dass nie sie dich gebahr;
5 Was wünscht dein Herz? ich will es dir gewähren!
Beim dunkeln Styx, wobei die Götter schwören!«

Er sprach's. Doch wie das flüchtige Gespann
Auf einen Tag, und seines Vaters Wagen
Zu lenken, Phaëton begehrte; da begann,

paenituit iurasse patrem, qui terque quaterque

20 (50) concutiens illustre caput 'temeraria' dixit

'vox mea facta tua est. utinam promissa liceret

non dare! confiteor, solum hoc tibi, nate, negarem;

dissuadere licet: non est tua tuta voluntas!

magna petis, Phaëthon, et quae nec viribus istis

25 (55) munera conveniant nec tam puerilibus annis.

sors tua mortalis: non est mortale quod optas!

plus etiam, quam quod superis contingere possit,

nescius adfectas; placeat sibi quisque licebit,

non tamen ignifero quisquam consistere in axe

30 (co) me valet excepto! vasti quoque rector Olympi,

qui fera terribili iaculatur fulmina dextra,

non aget hos currus: et quid Iove maius habemus?

ardua prima via est et qua vix mane recentes

enituntur equi; media est altissima caelo,

35 (65) unde mare et terras ipsi mihi saepe videre

sit timor et pavida trepidet formidine pectus;

ultima prona via est et eget moderamine certo:

tunc etiam, quae me subiectis excipit undis,

ne ferar in praeceps, Tethys solet ipsa vereri.

Was er gelobt, der Vater zu beklagen.
20 »Verwegen wird der Schwur, den ich gethan,
Durch diese Bitt'; o könnt' ich diese nur versagen —«
So spricht und schüttelt sein erlauchtes Haupt
Dreimal der Gott, »o wär' ein Meineid mir erlaubt!

Doch gilt ein Rath. Zu gross ist sie, die Gaabe,
Die du begehrst, und was dein Herz gebeut,
Mein Phaëton! es führt vieleicht zum Grabe;
Nicht jeder ist für solch' ein Loos geweiht;
25 Befrage deine Kraft! du bist ein Knabe,
Ein Sterblicher, und forderst Göttlichkeit.
O wüsstest du! was deine Wünsche wagen,
Das müssen auch sich Sterbliche versagen.

Wenn jeder Gott, was er sich auserseh'n,
Sonst überall nach Herzenswunsch vollendet,
So ist doch mir allein gegeben, da zu stehn,
Wo flammend sich des Wagens Axe wendet;
30 Er selbst, der Furchtbare, der aus den Höhn
Die tobende Gewitterflamme sendet,
Des unermesslichen Olympus Herr,
Diss kann er nicht, der grosse Jupiter.

Steil ist, wenn ich beginne, meine Bahn,
Mir streben kaum, wenn sie der Ruh gepflogen,
Mit frischer Kraft die Rosse da hinan;
Dann schau ich oben auf des Himmels Bogen
35 Von seinem Gipfel oft mit Angst den Ocean
In fürchterlicher Fern ums Rund der Erde woogen;
Und wenn sich jählings drauf die Strasse senkt,
Da weh' dem Arme, der nicht sicher lenkt!

Mit Angst erwartet Thethis oft den Gast,
Für seinen Sturz besorgt, in ihren Hallen,

40 (70) adde, quod adsidua rapitur vertigine caelum

sideraque alta trahit celerique volumine torquet.

nitor in adversum, nec me, qui cetera, vincit

impetus, et rapido contrarius evehor orbi.

finge datos currus: quid ages? poterisne rotatis

45 (75) obvius ire polis, ne te citus auferat axis?

forsitan et lucos illic urbesque deorum

concipias animo delubraque ditia donis

essè? per insidias iter est formasque ferarum;

utque viam teneas nulloque errore traharis,

50 (80) per tamen adversi gradieris cornua Tauri

Haemoniosque arcus violentique ora Leonis

saevaque circuitu curvantem bracchia longo

Scorpion atque aliter curvantem bracchia Cancrum.

nec tibi quadripedes animosos ignibus illis,

55 (85) quos in pectore habent, quos ore et naribus efflant,

in promptu regere est: vix me patiuntur, ubi acres

incaluere animi, cervixque repugnat habenis.

at tu, funesti ne sim tibi muneris auctor,

nate, cave, dum resque sinit, tua corrige vota!

40 Und wenn mich reissend stets des Himmels Wirbel fasst,
Wo ruhelos gewälzt die hohen Sterne;
Da kämpf' ich. Wenn in ew'ger Gluth und Hast
Sich alles treibt, so lass' ich nie den Zügel fallen,
Und lenke, troz dem Strome, mein Gespann
Mit Unversöhnlichkeit zum Ziel hinan.

Wie wolltest du, wenn ich die Fahrt vergönnte,
45 Dem Räderschwung der Pole widerstehn,
Dass nicht hinweg mit dir die Axe rennte?
Auch denkst du wohl, dass Haine dich umwehn,
Dass Städte blühn in meinem Elemente,
Dass dir entgegen reiche Tempel gehn!
Da geht die Bahn, wo Feindestüke lauern
Und ungestalte Thiere dich umschauern.

50 Da droht der Stier, indess heran auf dich
Von Hämons Bogen sich die Pfeile schwingen,
Da öffnen weit vor dir und fürchterlich
Des Löwen Zähne, dich hinabzuschlingen,
Des Scorpions, des Krebses Arme sich,
Und da, mein Sohn! da sollt' es dir gelingen,
Mit unverwirrtem Sinne zu bestehn,
Unwandelbar des Vaters Bahn zu gehn?

Und mein Gespann, das heisse wilde Leben,
55 Dem seines Lebens Gluth im Flammenhauch' entströmt,
Das wäre dir zu bändigen gegeben?
Kaum wird von mir das Ungestümm bezähmt,
Und glühend mir die Rosse widerstreben,
Wenn meines Zügels sich der stolze Naken schämt —
O lass mich nicht den Todeswunsch erfüllen,
Noch ist es Zeit, dein thöricht Herz zu stillen!

60 (90) scilicet, ut nostro genitum te sanguine credas,

pignora certa petis? do pignora certa timendo

et patrio pater esse metu probor. adspice vultus

ecce meos utinamque oculos in pectore posses

inserere et patrias intus deprendere curas!

65 (95) denique quidquid habet dives circumspice mundus

eque tot ac tantis caeli terraeque marisque

posce bonis aliquid: nullam patiere repulsam!

deprecor hoc unum, quod vero nomine poena,

non honor est: poenam, Phaëthon, pro munere poscis.

PUBLIUS *OVIDIUS* NASO

Quas quia Pygmalion aevum per crimen agentis
viderat, offensus vitiis, quae plurima menti
(245) femineae natura dedit, sine coniuge caelebs
vivebat thalamique diu consorte carebat.
5 interea niveum mira feliciter arte
sculpsit ebur formamque dedit, qua femina nasci
nulla potest, operisque sui concepit amorem.
(250) virginis est verae facies, quam vivere credas
et, si non obstet reverentia, velle moveri:
10 ars adeo latet arte sua. miratur et haurit
pectore Pygmalion simulati corporis ignes.

30 Ein Zeichen willst du ja, woran ich mich
   Unzweifelhaft als Vater dir verkünde!
   So komm' und sieh mich an und frage dich,
   Ob hier sich nicht ein sicher Zeichen finde!
   Ist meine Sorge denn nicht väterlich?
   Nimm meine Sorge für ein Angebinde!
   O sieh, mein Sohn, in deines Vaters Herz!
   Genügt dir nicht der bangen Liebe Schmerz?

45 Und sieh', wie viel die reiche Welt dir beut,
   Sieh' rings in ihr dich um, und dann begehre
   Von aller Füll' und aller Herrlichkeit
   Des Erdenrunds, des Himmels und der Meere,
   Mein Phaëton! was nur dein Herz erfreut,
   Erfahre dann, wie gern ich es gewähre!
   Dies Eine nur — es dünkt so rühmlich dir
   Und ist doch Straffe nur — erlass es mir! —« . . .

Friedrich Hölderlin

PUBLIUS *OVIDIUS* NASO

Pygmalion

. . . . . .

Pygmalion durch all die Laster scheu gemacht,
So die Natur nicht karg dem Weibe zugemessen,
Lebt einsam und vertraurt so manche lange Nacht
Im ehelosen Bett; doch formet er indessen
5 Mit meisterlicher Hand aus weißem Elfenbein
Das schönste Mädchenbild: kein Weib kann schöner seyn;
Erblicktet ihrs, ihr wähntet, daß es lebe
Und bloß aus Zucht sich nicht von seinem Platz erhebe.

10 Kein Wunder: er verbarg mit so viel Kunst die Kunst,
   Daß er sich selbst getäuscht; er brennt, o seltne Brunst!
   Für seiner Hände Werk, kann nie genug es sehen,

saepe manus operi temptantes admovet, an sit

(255) corpus, an illud ebur, nec adhuc ebur esse fatetur.

oscula dat reddique putat loquiturque tenetque

15 et credit tactis digitos insidere membris

et metuit, pressos veniat ne livor in artus,

et modo blanditias adhibet, modo grata puellis

(260) munera fert illi conchas teretesque lapillos

et parvas volucres et flores mille colorum

20 liliaque pictasque pilas et ab arbore lapsas

Heliadum lacrimas; ornat quoque vestibus artus:

dat digitis gemmas, dat longa monilia collo;

(265) aure leves bacae, redimicula pectore pendent:

cuncta decent; nec nuda minus formosa videtur.

25 conlocat hanc stratis concha Sidonide tinctis

appellatque tori sociam adclinataque colla

mollibus in plumis tamquam sensura reponit.

(270) festa dies Veneris tota celeberrima Cypro

venerat, et pandis inductae cornibus aurum

30 conciderant ictae nivea cervice iuvencae,

turaque fumabant, cum munere functus ad aras

constitit et timide 'si, di, dare cuncta potestis,

(275) sit coniunx, opto', non ausus 'eburnea virgo'

dicere Pygmalion 'similis mea' dixit 'eburnae.'

Befühlts oft, was es sey, ob Fleisch, ob Elfenbein,
Und will auch dann die Wahrheit nicht gestehen,
15 Ja überredet sich, die Finger dringen ein,
Besorgt, es drück' ein Mahl sich in die schönen Glieder,
Spricht mit dem Bilde, küßts und wähnt, es küss' ihn wieder.

Bald bringt er Schmeicheleyn, und bald Geschenk' ihm dar,
Nach welchen sich die Mädchen sehnen:
20 Juwelen, Muscheln und dem Baum entfallne Thränen
Der Heliaden, Blumen in das Haar
Und Lilien und Vögelchen: er drehet
Ihm an die Finger Ring', ein goldnes Stirnband wehet
Zur Brust des Bilds herab, den Hals ziert ein Geschmeid',
Ein Perlenschmuck das Ohr, den Leib ein köstlich Kleid.

Das Bild ist immer schön, schön, wenn es Kleider decken,
Und nackt nicht minder schön, der Künstler läßt es ruhn
25 Auf Teppichen, gefärbt mit Sidons Purpurschnecken,
Nennts Bettgenossin, stützt, um ihm nicht weh zu thun,
Den schön gedrehten Hals nur mit dem weichsten Flaume
Und weidet sich am wonnevollen Traume,
Bis der berühmte Tag erschien,
Der Venus heilig war; ganz Cypern feyert' ihn.

30 Schon sanken weiße Küh', umgoldt die krummen Hörner,
Schon stieg der Duft unzählger Weihrauchkörner:
Pygmalion steht opfernd am Altar
Und bethet furchtsam: Götter, ist es wahr,
Daß ihr allmächtig seyd, o so erweiche
Mein Flehen euer Ohr, so gebet, gebet mir
Zur Gattinn (ach der Arme hätte schier
Mein Bild gesagt,) ein Weib, das meinem Bilde gleiche!

35 sensit, ut ipsa suis aderat Venus aurea festis,

   vota quid illa velint, et, amici numinis omen,

   flamma ter accensa est apicemque per aëra duxit.

(280) ut rediit, simulacra suae petit ille puellae

   incumbensque toro dedit oscula: visa tepere est;

40 admovet os iterum, manibus quoque pectora temptat:

   temptatum mollescit ebur positoque rigore

   subsidit digitis ceditque, ut Hymettia sole

(285) cera remollescit tractataque pollice multas

   flectitur in facies ipsoque fit utilis usu.

45 dum stupet et dubie gaudet fallique veretur,

   rursus amans rursusque manu sua vota retractat;

   corpus erat: saliunt temptatae pollice venae.

(290) tum vero Paphius plenissima concipit heros

   verba, quibus Veneri grates agit, oraque tandem

50 ore suo non falsa premit dataque oscula virgo

   sensit et erubuit timidumque ad lumina lumen

   attollens pariter cum caelo vidit amantem.

(295) coniugio, quod fecit, adest dea, iamque coactis

   cornibus in plenum noviens lunaribus orbem

55 illa Paphon genuit, de qua tenet insula nomen.

35 Die goldne Venus war von ihrem Göttersitze
   Zum Fest geeilt, sie liest in einer Seel', es fährt
   Ein Zeichen, das der Göttinn Huld bewährt,
   Die Flamme drey Mahl auf und schlägt mit goldner Spitze
   Des Tempels Wölbungen; der Künstler fleugt zurück
   Zu seinem Bilde, streckt sich ihm zur Seite nieder
   Und küßt es: sieh! das Bild, o nie gehofftes Glück!
40 Das Bild scheint zu erlaun: begierig küßt ers wieder.

   Befühlt die Brust, da gibt das Elfenbein
   Erweicht dem Drucke nach; so schmilzt am Sonnenschein
   Hymettisch Wachs, das klug behandelt,
   Durch Künstlerfinger sich in manche Form verwandelt;
   Denn nur durch den Gebrauch erlangt es Brauchbarkeit;
45 Der Jüngling staunt und macht, nicht ohne Furcht erfreut,
   Gleich wieder den Versuch, sieht wieder ihn gelingen
   Und fühlt des Mädchens Puls an seinen Daumen springen.

   Doch jetzt, jetzt thut er laut den Dank der Göttinn kund,
   Den diese Wohlthat heischt, dann drückt er seinen Mund
50 Auf den nun wahren Mund der Jungfrau, und o süße
   Verwirrung! sie auch fühlt, fühlt die gegebnen Küsse:
   Das hohe Roth bezeugts, das ihre Wang' umzieht;
   Ihr Auge hebet sich (Scham und Verwirrung hatten
   Es erst hinab gesenkt) zu seinem Aug' und sieht
   Zugleich den Himmel und den Gatten.

   Jetzt aber eilete die Allbeglückerinn,
   Cythere, zu dem Haus des neu Beschenkten hin,
   Der Liebenden Entzücken selbst zu sehen,
   Und, als des Bundes Stifterinn,
   Das Hochzeitfest mit ihnen zu begehen:
   Sie segnete die Braut, aus deren Schooß nach zehen
55 Durchküßten Monden sich das Söhnchen Paphus wand,
   Nach dessen Nahmen man die Insel umgenannt . . . .

                              Johann von Alxinger

LUCIUS ANNAEUS *SENECA*

Verum est an timidos fabula decipit
umbras corporibus vivere conditis,
cum coniunx oculis imposuit manum
supremusque dies solibus obstitit
5 (375) et tristis cineres urna cohercuit?
non prodest animam tradere funeri,
sed restat miseris vivere longius?
an toti morimur nullaque pars manet
nostri, cum profugo spiritus halitu
10 (380) immixtus nebulis cessit in aëra
et nudum tetigit subdita fax latus?

quidquid sol oriens, quidquid et occidens
novit, caeruleis Oceanus fretis
quidquid bis veniens et fugiens lavat,
15 (385) aetas Pegaseo corripiet gradu.
quo bis sena volant sidera turbine,
quo cursu properat volvere saecula
astrorum dominus, quo properat modo
obliquis Hecate currere flexibus:
20 (390) hoc omnes petimus fata nec amplius,
iuratos superis qui tetigit lacus,
usquam est; ut calidis fumus ab ignibus
vanescit, spatium per breve sordidus,
ut nubes, gravidas quas modo vidimus,
25 (395) arctoi Boreae dissicit impetus:

LUCIUS ANNAEUS *SENECA*

— — — — —

OB es dann war ist / oder nicht /
Vnd lassen wir vns nur betriegen /
Daß vnser Geist lebt wie man spricht /
Wann gleich die Cörper todt da liegen?
Wann vns das Weib die Augen schon
Betrübet zugedrückt wird haben /
5 Vnd vnser' Asch' auch ist darvon /
Steht in dem Kruge tieff begraben /
Lebt dann der Geist doch gleichwol hier /
Vnd darff man jhm kein Grab nicht machen?
Ist's also? oder sterben wir
Mit Leib' vnd Seel' vnd allen Sachen /
Vnd bleiben nachmals gantz mit rhue /
Wann Geist vnd Athem aus vns fehret /
10 Im Nebel auff die Lüfften zu /
Vnd vns der Holtzstoß schon verzehret?
Daß wo die Sonn' vnd Nacht entsteht /
Das was die See pflegt zu begiessen
Die für sich oder rückwerts geht /
15 Wird als ein Wasserstrom verfliessen.
Gleich wie die zwölff Gestirne nicht
Sich säumen schnelle sich zu wenden;
Der Sternen Herr / des Titans liecht /
Auch eilt die zeiten zu vollenden;
Gleich wie die bleiche Hecate
Den krummen Weg leufft auff vnd nieder /
20 So sind auch wir: des Charons See
Schickt nachmals nichts mehr von vns wieder.
Wie Rauch der auffgeht aus der Glut
Von leichten Dünsten wird zertrieben;
25 Wie Boreas den Wolcken thut /

sic hic, quo regimur, spiritus effluet.

post mortem nihil est ipsaque mors nihil,

velocis spatii meta novissima;

spem ponant avidi, solliciti metum:

30 (400) tempus nos avidum devorat et chaos.

mors individua est, noxia corpori

nec parcens animae: Taenara et aspero

regnum sub domino limen et obsidens

custos non facili Cerberus ostio

35 (405) rumores vacui verbaque inania

et par sollicito fabula somnio.

quaeris quo iaceas post obitum loco?

quo non nata iacent.

LUCIUS ANNAEUS *SENECA*

Heu quam dulce malum mortalibus additum

(590) vitae dirus amor, cum pateat malis

effugium et miseros libera mors vocet

portus aeterna placidus quiete.

So wird auch vnser Geist verstieben.
Nach diesem Tod ist nichts mehr nicht /
Der Tod ist selber nichts zu nennen;
Ein Ziel das vns die Jahr' abbricht /
Die mit vns flüchtig von vns rennen.
Ihr Geitzigen stellt Hoffnung ein /
29 Ihr Furchtsamen laßt ewer Flehen.
37 Fragst du mich / wo du todt wirst seyn?
38 Wo die so nie die Welt gesehen.
30 Die Zeit frißt vns mit sampt der Welt /
Wir sehn den Todt stets in vns wohnen /
Der würgt den Leib wann's jhm gefelt /
Vnd kan der Seelen selbst nicht schonen.
Der Tenarus / der Hellenhundt /
Vnd Pluto in dem strengen Reiche /
85 Sind ein Geschwätz' / ein falscher Fundt
Vnd Fabel einem Trawme gleiche. — — —

Martin Opitz

LUCIUS ANNAEUS *SENECA*

— — — — — —

Arge Lebenslust, du süßes
Uebel, du der Menschheit Feindinn!
Ohne dich blieb' ihr ein Ausweg
In dem Elend, Unglückselge
Riefe Tod, der Allbefreyer
4 In den Hafen ewger Ruhe.
19 Wer das fürchterliche Dunkel
20 Acherons, des Styx betrübte
Wogen, nicht betrübt erblicket,
21 Wer dem allzu langen Leben
Sich erkühnt, ein Ziel zu setzen,
8 Diesen lohnet tiefe Ruhe.

  5 nullus hunc terror nec impotentis
   procella Fortunae movet aut iniqui
(595) flamma Tonantis
   pax alta * nullos
   civium coetus timet aut minaces
  10 victoris iras, non maria asperis
   insana coris, non acies feras
(600) pulvereamve nubem
   motam barbaricis equitum catervis;
   non urbe cum tota populos cadentes,
  15 hostica muros populante flamma,
   indomitumve bellum.
(605) perrumpet omne servitium
   contemptor levium deorum,
   qui vultus Acherontis atri,
  20 qui Styga tristem non tristis videt
   audetque vitae ponere finem.
(610) par ille regi, par superis erit.
   o quam miserum est nescire mori!

PUBLIUS PAPINIUS *STATIUS*

S o m n u s

Crimine quo merui, iuvenis placidissime divum,

quove errore miser, donis ut solus egerem,

Somne tuis? tacet omne pecus volucresque feraeque

et simulant fessos curvata cacumina somnos,

5 nec trucibus fluviis idem sonus; occidit horror

aequoris, et terris maria adclinata quiescunt.

septima iam rediens Phoebe mihi respicit aegras

5 Den erschüttern keine Schrecken,

7 Keine Flammen des erzürnten

6 Donnerers, kein Sturm des Glückes.

9 Der scheut nicht der Bürger Rotten,

10 Nicht des Siegers Grimm und Drohen,

Nicht die Raserey der Fluthen,

Die der Nordwest aufpeitscht, nicht die

Wilden Schlachten, nicht des Staubes

Wolk', aufsteigend vor der Barbarn

Reiterschwarm, er bebet nicht beym

Untergang der Nationen,

15 Wenn an ihren hohen Wällen

Feindlich Feuer nagt; er zittert

Vor dem ungezähmten Krieg nicht,

Jeder Knechtschaft Bande bricht er

18 Und verschmäht die wandelbare

Gunst der Götter, einem König,

22 Einem Gott gleich; welch ein Unglück

Ist es nicht zu sterben wissen! — — —

Johann v. Alxinger

PUBLIUS PAPINIUS *STATIUS*

An den Schlaf

Welches Verschulden, du Sanftester unter den Himmlischen,
büß ich,

Welches Fehl, daß allein ich Armer nach deinen Geschenken

Darbe, o Schlaf? Es verstummt das Getier und das Wild und
die Vögel,

Und die geneigten Kronen der Bäume ruhn wie im Traume.

5 Leiser rauschen die Flüsse dahin, die Schrecken der Fluten

Sterben, und sanft an die Küsten geschmiegt entschlummern die
Meere.

Schon in der siebenten Nacht sieht Phöbe beim kreisenden Laufe

stare genas; totidem Oetaeae Paphiaeque renident

lampades et totiens nostros Tithonia questus

10 praeterit et gelido spargit miserata flagello.

unde ego sufficiam? non si mihi lumina mille,

quae sacer alterna tantum statione tenebat

Argus et haud umquam vigilabat corpore toto.

at nunc heu! si aliquis longa sub nocte puellae

15 brachia nexa tenens ultro te, Somne, repellit,

inde veni nec te totas infundere pennas

luminibus compello meis — hoc turba precetur

laetior —: extremo me tange cacumine virgae,

sufficit, aut leviter suspenso poplite transi.

CAIUS *PETRONIUS* ARBITER

Qualis nox fuit illa, di deaeque,

quam mollis torus. haesimus calentes

et transfudimus hinc et hinc labellis

errantes animas. valete, curae

5 mortales. ego sic perire coepi.

Meine geröteten Lider, es strahlen die Fackeln der Sterne
Siebenmal über Gebirge und Inseln, mit kühlendem Taue
0 Netzt mich die Röte des siebenten Morgens voll Mitleid mit
                                                meinem
Kummer. Wie soll ich es tragen? Nimmer vermöcht ichs, und
                                                hätt ich
Tausend Augen zum Schauen in wechselnder Wache wie Argus,
Der doch niemals sein heiliges Amt alläugig verrichtet.
Ach, wenn ein Liebender nun in zögernder Nacht der Geliebten
5 Schultern umarmt und verschmähet es gern, dein Glück zu ge-
                                                nießen,
Siehe, so komme zu mir! Und ich will dich nicht flehn, mit den
                                                Schwingen
Ganz meine Augen zu decken — das mögen Beglücktere wün-
                                                schen!
Streiche mich nur mit des Zauberstabes äußerster Spitze,
Dann ist es gut, oder schwebe du leisen Schrittes vorüber.

Horst Rüdiger

CAIUS *PETRONIUS* ARBITER

Welch eine Nacht! ihr Götter und Göttinnen!
Wie Rosen war das Bett! da hiengen wir
Zusammen im Feuer und wollten in Wonne zerrinnen!
Und aus den Lippen flossen dort und hier,
Verirrend sich, unsre Seelen in unsre Seelen! —
Lebt wohl ihr Sorgen! wollt ihr mich noch quälen?
5 Ich hab' in diesen entzückenden Secunden,
Wie man mit Wonne sterben kann, empfunden!

Wilhelm Heinse

CAIUS *PETRONIUS* ARBITER

Nomen amicitiae sic, quatenus expedit, haeret;
  calculus in tabula mobile ducit opus.
cum fortuna manet, vultum servatis, amici;
  cum cecidit, turpi vertitis ora fuga.

                            *

5 grex agit in scaena mimum: pater ille vocatur,
  filius hic, nomen divitis ille tenet.
 mox ubi ridendas inclusit pagina partes,
  vera redit facies, dum simulata perit.

CAIUS *PETRONIUS* ARBITER

Nocte soporifera veluti cum somnia ludunt

errantes oculos effossaque protulit aurum

in lucem tellus: versat manus improba furtum

thesaurosque rapit, sudor quoque perluit ora

5 et mentem timor altus habet, ne forte gravatum

excutiat gremium secreti conscius auri:

mox ubi fugerunt elusam gaudia mentem

veraque forma redit, animus, quod perdidit, optat

atque in praeterita se totus imagine versat.

CAIUS *PETRONIUS* ARBITER

Quisquis habet nummos, secura navigat aura

  fortunamque suo temperat arbitrio.

uxorem ducat Danaen ipsumque licebit

CAIUS *PETRONIUS* ARBITER

Es bleibt der Name Freund, so lang' er nützlich ist.
So lange du was hast, so lange wird gespielet;
Man flieht, so bald du nur vom Glück verlassen bist;
Nach deinen Schätzen wird, und nicht nach dir, gezielet.
5 Die Freundschafft ist nichts mehr, als eine Komödie!
Sohn ist der, Vater der, und jener macht den Reichen;
Und ist die Hauptperson zum Spott — so gehen sie
Von ihrem Narren fort, wie Freunde von dir weichen.

Wilhelm Heinse

CAIUS *PETRONIUS* ARBITER

Wie, wenn die schlummerreichste Nacht
Vom Himmel sinkt und Träume mit uns spielen,
Herausgegrabnes Gold vor unsern Augen lacht,
Und wir die Schätze schon in unsern Händen fühlen,
5 Der Schweiß von Wangen rinnt und Sorge quält den Geist,
Daß der Besitzer uns nicht seinen Schatz entreist;
Und nun der Morgensonne Strahlen
Die leere Wahrheit deutlich mahlen —
Dann wünscht die Seele noch, was sie erwacht verlohr,
Und mahlt die Träume sich mit allen Bildern vor.

Wilhelm Heinse

CAIUS *PETRONIUS* ARBITER

Wer einen Kasten hat voll Silber und voll Gold,
Dem ist Fortuna selbst die flatterhaffte hold.
Rechts fliegen schaarenweis' ihm alle guten Vögel!
Und immer schiffet er mit aufgeschwollnem Seegel.
Er gießet Danaen ein Klümpchen in den Schoos,
Und wie entzaubert springt der Liebe Gürtel los.

Acrisium iubeat credere quod Danaen.

5 carmina componat, declamet, concrepet omnes

et peragat causas sitque Catone prior.

iurisconsultus 'parret, non parret' habeto

atque esto quicquid Servius et Labeo.

multa loquor: quod vis, nummis praesentibus opta,

10   et veniet. clausum possidet arca Iovem.

CAIUS *PETRONIUS* ARBITER

Lecto compositus vix prima silentia noctis
        carpebam et somno lumina victa dabam,
cum me saevus Amor prensum vulsumque capillis
        excitat et lacerum pervigilare iubet.
5 'tu famulus meus' inquit 'ames cum mille puellas,
        solus, io, solus, dure, iacere potes?'
exsilio et pedibus nudis tunicaque soluta
        omne iter impedio, nullum iter expedio.
nunc propero, nunc ire piget, rursumque redire
10   paenitet, et pudor est stare via media.
ecce tacent voces hominum strepitusque viarum
        et volucrum cantus turbaque fida canum:

Er machet dem Akris des Mädchens altem Drachen

Mit seinem Golde weiß, er woll' es selbst bewachen.

5 Ein Dichter ist er, ist ein Redner, Advocat,

Und wenn er spricht, so hat Gerechtigkeit gesprochen,

Beklagter habe was und habe nichts verbrochen!

Du wirst an's Kreuz gehängt, weil er's gesprochen hat.

Er übertrifft so gar an Ansehn die Catonen,

Ist mehr als Servius und alle Labeonen.

Kurz! wünsche, was du willst! dein Wunsch wird dir erfüllt. —

Hast du mit Golde nur den Kasten angefüllt,

So kannst du alles auf der weiten Welt erlangen!

10 Du hast in ihm den grossen Jupiter gefangen.

Wilhelm Heinse.

CAIUS *PETRONIUS* ARBITER

Im Bette lag ich grade und genoß die stille Nacht

hindämmernd müde schon im Schlaf. — —

Da packt mich Amor wütend an, reißt mich am Haar

und jagt mich auf. Wach soll ich sein und leiden.

5 »Du bist mein Knecht,« so spricht er, »liebst doch tausend Mäd-

chen

und wagst es, Harter, einsam hier zu ruhn!?«

Ich spring empor mit nackten Füßen, schnell um den Mantel

und eile fort. Fort geht's durch viele Straßen,

doch keine Straße hat ein Ziel.

Ich haste weiter, doch mich reut der Gang, ich kehre um

10 und ärgere mich; da steh ich mitten in der Stadt, schamüber-

wältigt.

Still ist es, keines Menschen Stimme, kein Lärm der Gassen,

kein Vogel singt, kein Hund schlägt an:

solus ego ex cunctis paveo somnumque torumque

et sequor imperium, magne Cupido, tuum.

MARCUS VALERIUS *MARTIALIS*

Hic est quem legis ille, quem requiris,
toto notus in orbe Martialis
argutis epigrammaton libellis:
cui, lector studiose, quod dedisti
5 viventi decus atque sentienti,
rari post cineres habent poetae.

MARCUS VALERIUS *MARTIALIS*

Quod magni Thraseae consummatique Catonis

dogmata sic sequeris, salvos ut esse velis,

pectore nec nudo strictos incurris in ensis,

quod fecisse velim te, Deciane, facis.

5 nolo virum facili redimit qui sanguine famam,

hunc volo, laudari qui sine morte potest.

MARCUS VALERIUS *MARTIALIS*

Sunt bona, sunt quaedam mediocria, sunt mala plura

quae legis hic: aliter non fit, Avite, liber.

Ich nur allein von allen wache und habe Angst vor Bett und
                                                        Schlaf
und folge deiner Herrschaft, großer Liebesgott.

Rudolf v. Delius

MARCUS VALERIUS *MARTIALIS*
ÜBER SICH SELBST

An den Leser

Dieser, den du liesest, theurer Leser,
Ist der weltbekannte Martialis,
Der Verfasser kleiner Sinngedichte.
Was du gütig ihm an Ehr' erzeigtest,
5 Als er lebte, das genießen selten
Andre Dichter eher, als im Tode.

Karl Wilhelm Ramler

MARCUS VALERIUS *MARTIALIS*

An den Decianus

Daß du des großen Thrasea Lehr' und des grösseren Cato
    Folgest, und so, wie sie selbst lebten, zu leben begehrst,
Aber nicht mit entblößter Brust in den blinkenden Stahl rennst,
    So, mein Decian, thust du, was ziemet zu thun.
5 Weg mit dem Mann, der sich Ruhm mit leicht verströmetem
                                                        Blut kauft!
    Wohl dem Mann, der sich Ruhm ohne den Mordstahl erwirbt!

Karl Wilhelm Ramler

MARCUS VALERIUS *MARTIALIS*

An den Avitus

Gut ist etwas, mittelmäßig mehr, das meiste schlecht gemacht.
Anders, glaube mir, Avitus, wird kein Werk hervorgebracht.

Karl Wilhelm Ramler nach Martin Opitz

MARCUS VALERIUS *MARTIALIS*

Si memini, fuerant tibi quattuor, Aelia, dentes:
    expulit una duos tussis et una duos.
iam secura potes totis tussire diebus:
    nil istic quod agat tertia tussis habet.

MARCUS VALERIUS *MARTIALIS*

Hesterno fetere mero qui credit Acerram,

    fallitur: in lucem semper Acerra bibit.

MARCUS VALERIUS *MARTIALIS*

Non amo te, Sabidi, nec possum dicere quare:
    hoc tantum possum dicere, non amo te.

MARCUS VALERIUS *MARTIALIS*

Coniugis audisset fatum cum Porcia Bruti
    et subtracta sibi quaereret arma dolor,
'nondum scitis' ait 'mortem non posse negari?
    credideram, fatis hoc docuisse patrem.'
5 dixit et ardentis avido bibit ore favillas.
    i nunc et ferrum, turba molesta, nega.

MARCUS VALERIUS *MARTIALIS*

An die Elia

Vier Zähne hattest du, wo ich nicht unrecht bin;
Ein Husten nahm dir zwey, und zwey der ander hin:
Nun huste Tag für Tag, du darfst dich drum nicht grämen,
Der dritte Husten kan dir, Elia, nichts nehmen.

Martin Opitz

MARCUS VALERIUS *MARTIALIS*

An den Brüschlern

Es ist falsch, Brüschler, daß dein mund
Von gestrigem Rausch noch solt stincken:
Du pflegest ja die nacht gantz rund
Biß an den morgen durch zu drincken.

Georg Rudolf Weckherlin

MARCUS VALERIUS *MARTIALIS*

Trux an den Sabin

Ich hasse dich, Sabin; doch weiß ich nicht weswegen:
Genug, ich hasse dich. Am Grund' ist nichts gelegen.

Gotthold Ephraim Lessing

MARCUS VALERIUS *MARTIALIS*

Porcia

Als Porcien Bericht vom Tod des Gatten kam,
Und man, Trotz allem Flehn, ihr jede Waffe nahm;
Da rief sie: keine Macht kann uns den Tod verwehren;
Dieß, dächt' ich, konnt' euch wohl mein edler Vater lehren.
5 Sie riefs und trank in Hast von dem beraubten Herd
Geglühte Kohlen: geht! versagt ihr nun das Schwert!

Johann v. Alxinger

MARCUS VALERIUS *MARTIALIS*

Quidquid agit Rufus, nihil est nisi Naevia Rufo.

si gaudet, si flet, si tacet, hanc loquitur . . . .

(5) scriberet hesterna patri cum luce salutem,

'Naevia lux' inquit 'Naevia lumen, have' . . . .

MARCUS VALERIUS *MARTIALIS*

Nullus in urbe fuit tota qui tangere vellet
    uxorem gratis, Caeciliane, tuam,
dum licuit: sed nunc positis custodibus ingens
    turba fututorum est: ingeniosus homo es.

MARCUS VALERIUS *MARTIALIS*

Basia das aliis, aliis das, Postume, dextram.
    dicis 'utrum mavis? elige.' malo manum.

MARCUS VALERIUS *MARTIALIS*

Hostem cum fugeret, se Fannius ipse peremit.
    hic, rogo, non furor est, ne moriare, mori?

MARCUS VALERIUS *MARTIALIS*

Stax

Corinnen denkt Herr Stax, Corinnen,
   Denn weiter denkt er nichts,
Vom Morgen an, bis zum Beginnen
   Des Mondenlichts.
Als er einmahl vor einer Weile
   An seinen Vater schrieb,
Schloß er den Brief mit dieser Zeile,
   Behalte mich, Corinna, lieb.

Ludwig Christoph Heinrich Hölty

MARCUS VALERIUS *MARTIALIS*

An den Cecilian

Kein Mensch, so leicht es war, berührte deine Frau;
Doch seit, Gott weiß warum, seit du mit Sultansstrenge
Sie eingekerkert hältst, gibts süßer Herrn die Menge
Um sie, auf, neben ihr; in Wahrheit, du bist schlau.

Johann v. Alxinger

MARCUS VALERIUS *MARTIALIS*

An den Herrn von Dampf

Dem hast du nur die Hand, und dem den Kuß beschieden.
Ich, gnädger Herr von Dampf! bin mit der Hand zufrieden.

Gotthold Ephraim Lessing

MARCUS VALERIUS *MARTIALIS*

Auf den Selbstmord Marcians

Im Fliehen vor dem Feind' entleibt sich Marcian.
Wie rasend toll! um nicht zu sterben, stirbt der Mann.

Ungenannter Übersetzer

MARCUS VALERIUS *MARTIALIS*

'Thaïda Quintus amat.' quam Thaïda ? 'Thaïda luscam.'
  unum oculum Thaïs non habet, ille duos.

MARCUS VALERIUS *MARTIALIS*

Versiculos in me narratur scribere Cinna.
  non scribit, cuius carmina nemo legit.

MARCUS VALERIUS *MARTIALIS*

Praedia solus habes et solus, Candide, nummos,
  aurea solus habes, murrina solus habes,
Massica solus habes et Opimi Caecuba solus,
  et cor solus habes, solus et ingenium.
5 omnia solus habes — hoc me puta velle negare! —
  uxorem sed habes, Candide, cum populo.

MARCUS VALERIUS *MARTIALIS*

Quod quacumque venis, Cosmum migrare putamus
  et fluere excusso cinnama fusa vitro,
nolo peregrinis placeas tibi, Gellia, nugis.
  scis, puto, posse meum sic bene olere canem.

MARCUS VALERIUS *MARTIALIS*

Auf den Sextus

Die, der Ein Auge fehlt, die will sich Sextus wählen?
Ein Auge fehlet ihr, ihm müssen beide fehlen.

Gotthold Ephraim Lessing

MARCUS VALERIUS *MARTIALIS*

Auf den Kauz

Wer sagt, daß Meister Kauz Satiren auf mich schreibt?
Wer nennt geschrieben das, was ungelesen bleibt?

Gotthold Ephraim Lessing

MARCUS VALERIUS *MARTIALIS*

An den Candidus

Du, Candide, hast Land allein, allein auch Geld,
Allein Gold, und allein Geschirr, das man hoch hält,
Allein Wein von Falern, allein Wein von Fundan;
Allein ein kluges Hertz, allein nur Witz und Wahn.
5 Du (ich vernein es nicht) hast alles gantz allein:
Nur daß du deine Frau mit andern hast gemein.

Martin Opitz

MARCUS VALERIUS *MARTIALIS*

Auf die wohl riechende Gellia

Kömmst du, so scheint der Salbenkrämer Cosmus zu kommen,
   Und ein zerbrechliches Glas Zimmtöhl verschüttet zu seyn.
Fremder köstlicher Tand, o Gellia, macht dich nicht reizend.
   Will ich es haben, so riecht eben so köstlich mein Hund.

Karl Wilhelm Ramler

MARCUS VALERIUS *MARTIALIS*

Esse nihil dicis quidquid petis, inprobe Cinna:
  si nil, Cinna, petis, nil tibi, Cinna, nego.

MARCUS VALERIUS *MARTIALIS*

Quid recitaturus circumdas vellera collo?
  conveniunt nostris auribus ista magis.

MARCUS VALERIUS *MARTIALIS*

Semper pauper eris, si pauper es, Aemiliane.
  dantur opes nullis nunc nisi divitibus.

MARCUS VALERIUS *MARTIALIS*

Cinnam, Cinname, te iubes vocari.
non est hic, rogo, Cinna, barbarismus?
tu si Furius ante dictus esses,
fur ista ratione dicereris.

MARCUS VALERIUS *MARTIALIS*

Lotus nobiscum est, hilaris cenavit, et idem

MARCUS VALERIUS *MARTIALIS*

An Cinna

Nichts sei, was du auch bittest, betheurest du, schalkhafter Cinna.
Bittest du, Cinna, denn nichts; Cinna, so weigr' ich dir nichts.

Johann Heinrich Voß

MARCUS VALERIUS *MARTIALIS*

An einen schlechten Vorleser

Was umgiebst du beym Declamiren den Hals dir mit Fellen?
Unsern Ohren, Adrast, ziemte weit eher ein Fell.

Karl Wilhelm Ramler

MARCUS VALERIUS *MARTIALIS*

Trost

Bist du arm, mein Lieber, so schicke dich immer in Armut;
Reichthum haben bei uns, leider! die Reichen allein.

Johann Heinrich Voß

MARCUS VALERIUS *MARTIALIS*

An den Cinnamus,
der gern Cinna genannt seyn wollte

Dich, Cinnamus, soll man nur Cinna nennen;
Sprich, sollte dieses nicht ein Barbarismus seyn?
Gesetzt, du hättest sonst geheißen Ochsenstein,
Soll man deswegen Ochs dich nennen?

Ungenannter Übersetzer

MARCUS VALERIUS *MARTIALIS*

Andragoras

Fröhlich schmauste mit uns Andragoras, fröhlich auch wünscht' er

inventus mane est mortuus Andragoras.

tam subitae mortis causam, Faustine, requiris?

in somnis medicum viderat Hermocraten.

MARCUS VALERIUS *MARTIALIS*

Tristis es et felix. sciat hoc Fortuna caveto:

ingratum dicet te, Lupe, si scierit.

MARCUS VALERIUS *MARTIALIS*

Cum sitis similes paresque vita,

uxor pessima, pessimus maritus,

miror, non bene convenire vobis.

MARCUS VALERIUS *MARTIALIS*

Miraris veteres, Vacerra, solos,
nec laudas nisi mortuos poetas.

Gute Nacht; und früh fand man im Lager ihn todt.
Was so schnell ihn getödtet, den blühenden Jüngling, das fragst
du?
Freund, er hatte den Arzt Bullus im Traume gesehn!

Johann Heinrich Voß

MARCUS VALERIUS *MARTIALIS*

An Opim

Opim, wie viel ist dir beschehrt!
Du bist gesund und reich; und dennoch voller Klagen.
Was wird das Glück von deinem Undank sagen,
So bald es ihn erfährt?

Friedrich v. Hagedorn

MARCUS VALERIUS *MARTIALIS*

Von Hauptman Wüsten und seinem Weib

Wan dir und deiner hipschen Frawen
An unzucht, schelmerey und schand
Kein Bub und Hur gleich in dem land,
Ja in der weitten welt zu schawen:

Ist es nicht seltzam, daß ihr euch
(Ab denen alle welt zu klagen)
Einander so gantz ungleich-gleich,
Könt mit einander nicht vertragen?

Georg Rudolf Weckherlin

MARCUS VALERIUS *MARTIALIS*

An Marüll

Alte Dichter allein und todte lobst du.

ignoscas petimus, Vacerra: tanti
non est, ut placeam tibi, perire.

MARCUS VALERIUS *MARTIALIS*

Hunc, quem mensa tibi, quem cena paravit amicum,
    esse putas fidae pectus amicitiae?
aprum amat et mullos et sumen et ostrea, non te.
    tam bene si cenem, noster amicus erit.

MARCUS VALERIUS *MARTIALIS*

Nubere Paula cupit nobis, ego ducere Paulam

nolo: anus est. vellem, si magis esset anus.

MARCUS VALERIUS *MARTIALIS*

Hunc servare modum nostri novere libelli,

(10)   parcere personis, dicere de vitiis.

Um Vergebung, Marüll: ich müßte toll sein,
Wenn ich, Dir zu gefallen, sterben wollte.

Johann Heinrich Voß

MARCUS VALERIUS *MARTIALIS*

Tisch-Freundschafft

Vermeinstu wol, daß der ein treues Hertze sey,
Den dir zum Freunde macht dein offte Gasterey?
Dein Austern liebt er nur, dein Wilprät, gar nicht dich;
Auch mein Freund würd er bald, wann so wie du lebt ich.

Friedrich v. Logau

MARCUS VALERIUS *MARTIALIS*

Auf die Magdalis

Die alte reiche Magdalis
Wünscht mich zum Manne, wie ich höre.
Reich wäre sie genug, das ist gewiß;
Allein so alt! — Ja, wenn sie älter wäre!

Gotthold Ephraim Lessing

MARCUS VALERIUS *MARTIALIS*

Laster sind zu straffen,
Personen sind zu schonen

. . . . . .

Personen gar nicht auß zu rüchten,
Die Laster aber zu vernichten,
Hat ieder mügen Reime tichten.

Friedrich v. Logau

MARCUS VALERIUS *MARTIALIS*

Septima iam, Phileros, tibi conditur uxor in agro.
plus nulli, Phileros, quam tibi, reddit ager.

MARCUS VALERIUS *MARTIALIS*

Vitam quae faciant beatiorem,
iucundissime Martialis, haec sunt:
res non parta labore, sed relicta;
non ingratus ager, focus perennis;
5 lis numquam, toga rara, mens quieta;
vires ingenuae, salubre corpus;
prudens simplicitas, pares amici;
convictus facilis, sine arte mensa;
nox non ebria, sed soluta curis;
10 non tristis torus, et tamen pudicus;
somnus, qui faciat breves tenebras:
quod sis, esse velis nihilque malis;
summum nec metuas diem nec optes.

MARCUS VALERIUS *MARTIALIS*

Ignotos mihi cum voces trecentos,
quare non veniam vocatus ad te,
miraris quererisque litigasque.
solus ceno, Fabulle, non libenter.

MARCUS VALERIUS *MARTIALIS*

Kein Acker / Phileros / trägt mehr als deiner ein /
Du scharrest schon jetzund daß sechste Weib hinein.

Andreas Tscherning

MARCUS VALERIUS *MARTIALIS*

Geliebter Martial, wünschst Du ein glücklich Leben,
So laß von Göttern Dir nur diese Dinge geben:
Ein angeerbtes Gut, nicht, das durch Müh erst nährt,
Ein nicht undankbar Feld, und immer eigner Heerd,
5 Nicht Streit und wenig Ruhm, ein ruhiges Gemüthe;
Ein immer heitrer Geist, und ein gesund Geblüte:
Der weisen Einfalt Glück, und gleicher Freunde Gunst,
Ein lieber heitrer Gast, ein Tisch ohn' alle Kunst,
Die Nacht von Sorgen frey, und keinem Wein beschweret;
10 Ein Weib, das Freude liebt, doch nicht Dein Bett entehret;
Ein Schlaf, bey welchem leicht die Nacht vorüber flieht,
Ein Herz, das nie von Wahn und eitler Hoffnung glüht:
Seyn, was man wünscht zu seyn, nie höhre Wünsche nähren,
Und seinen letzten Tag nicht scheun, und nicht begehren.

Christian Felix Weiße

MARCUS VALERIUS *MARTIALIS*

An den Herrn V.

Du ladest zwanzig Schmauser ein,
Wovon ich keinen kenn'; und dann mich oben drein.
Doch zürnst du, und erstaunst, warum ich nicht erscheine?
Ich schmause, Freund, nicht gern alleine.

Gotthold Ephraim Lessing

MARCUS VALERIUS *MARTIALIS*

A Sinuessanis conviva Philostratus undis
    conductum repetens nocte iubente larem
paene imitatus obit saevis Elpenora fatis,
    praeceps per longos dum ruit usque gradus.
5 non esset, Nymphae, tam magna pericula passus,
    si potius vestras ille bibisset aquas.

MARCUS VALERIUS *MARTIALIS*

Omnia promittis, cum tota nocte bibisti;
    mane nihil praestas. Pollio, mane bibe.

MARCUS VALERIUS *MARTIALIS*

Crine ruber, niger ore, brevis pede, lumine laesus,
    rem magnam praestas, Zoile, si bonus es.

AULUS *PERSIUS* FLACCUS

Nec fonte labra prolui caballino
nec in bicipiti somniasse Parnaso
memini, ut repente sic poeta prodirem;
Heliconidasque pallidamque Pirenen
5 illis remitto, quorum imagines lambunt
hederae sequaces: ipse semipaganus
ad sacra vatum carmen adfero nostrum.

quis expedivit psittaco suum chaere

MARCUS VALERIUS *MARTIALIS*

Auff einen Trunckenen / der im
Wasser ersoffen

WIe Aulus wol bezecht und von dem Wein bezwungen /

Durchs Wasser setzen wil / so hat es jhn verschlungen /

Die Cur kam allzu spät. Sein Tod war jhm verhenget /

5 Ach hätt er eh den Wein mit Wasser angemenget.

Daniel Georg Morhof

MARCUS VALERIUS *MARTIALIS*

Wann du bey Nachte sauffst / sagst du mir alles zu /
Zu Morgen giebst du nichts / deß Morgens sauffe du.

Andreas Tscherning

MARCUS VALERIUS *MARTIALIS*

MOps hat ein rothes Haar / ein Aug und kurtzes Bein:
Wär er ein ehrlich Mann / so must es wunder sein.

Daniel Georg Morhof

AULUS *PERSIUS* FLACCUS ÜBER SICH SELBST

Auf die Poeten

Des Phöbus Brunnen hat den Mund mir nie berührt,
Ich habe keinen Traum auf dem Parnaß gespührt,
So daß ich ein Poet sey worden auf der Stelle.
Die Schaar vom Helicon und die Pirenen Quelle
5   Gehören denen zu, die mit der Kräntze Zier
Schön abgebildet stehn. Halb bäurisch hab ich hier
Bey Tichtern einen Platz für meine Schrift genommen.
Wer lehrt den Papagey doch sagen: Seyd willkommen?

      picamque docuit verba nostra conari?
10 magister artis ingenique largitor
      venter, negatas artifex sequi voces.
      quod si dolosi spes refulserit nummi,
      corvos poetas et poetridas picas
      cantare credas Pegaseium nectar.

AULUS *PERSIUS* FLACCUS

'Nempe haec adsidue. iam clarum mane fenestras
intrat et angustas extendit lumine rimas:
stertimus, indomitum quod despumare Falernum
sufficiat, quinta dum linea tangitur umbra.
5 en quid agis? siccas insana canicula messes
iam dudum coquit et patula pecus omne sub ulmo est'
unus ait comitum. 'verumne? itan? ocius adsit
huc aliquis. nemon?' turgescit vitrea bilis:
'findor' — ut Arcadiae pecuaria rudere credas.
10 iam liber et positis bicolor membrana capillis
inque manus chartae nodosaque venit harundo;
tunc querimur, crassus calamo quod pendeat umor.
nigra set infusa vanescit sepia lympha:
dilutas querimur geminet quod fistula guttas.
15 'o miser inque dies ultra miser, hucine rerum
venimus? aut cur non potius teneroque columbo
et similis regum pueris pappare minutum
poscis et iratus mammae lallare recusas?'
'an tali studeam calamo?' 'cui verba? quid istas

Wer hat dem Spechte wohl die Rede beygebracht?
10   Der Meister aller Kunst, der Bauch, der sinnreich macht,
Und Worte, die man sonst nicht kan, weiß einzugeben.
Wann Hofnung ist, durch List ein wenig Geld zu heben,
So wird ein Rab und Specht Poet seyn alsobald:
Und singen, als wann selbst der Musen Stimm erschallt.
Martin Opitz

AULUS *PERSIUS* FLACCUS

Aufruf eines Stoikers an den verdorbenen jungen Römischen Adel zu nützlichen Studien des Lebens

Das heißt fleißig! Es scheint der helle Morgen ins Fenster,
Alle Ritzen und Spalten sind seines weiternden Lichts voll;
Und wir schnarchen! Als ob wir den unzähmbarsten Falerner
Schwer ausdampfen müßten, indeß der Mittag hinannaht.
5 Freund, wie stehets? es brennt die heiße Sonne die Felder
Längst; und alles Vieh liegt matt schon unter dem Ulmbaum —
»Ist es möglich? ruft der Gesellen Einer, so spät schon?
»Und ist keiner zu sehn von meinen Leuten? nicht Einer?
»Heida! man möchte rasen — man möchte bersten im Zorne!«
Darum schreist du auch so, wie ein Arkadischer Esel.

10 Nun gehts endlich ans Buch: die feingeglättete Tafel,
Weiß und gelbe; Papier und Feder muß in die Hand nun;
Aber o weh! die Feder, sie will nicht schreiben. Es ist die
Tinte zu dick, jetzt wieder zu dünn; es ist zu viel Wasser
Zugegossen und jetzt schreibt gar die Feder gedoppelt.

15 Armer Tropf! und ärmer von Tag' zu Tage! So weit ists
Mit dir! und willt nicht essen, dich lieber nicht wie ein Täubchen,
Wie ein Königssöhnchen mit niedlichen Bißchen füttern
Lassen und schreist im Zorn, wenn die Amme dich in den Schlaf
lullt. —
»Wer kann schreiben mit solcher Feder?« Nun, immer und wem
denn

20 succinis ambages? tibi luditur. effluis amens,
   contemnere: sonat vitium, percussa maligne
   respondet viridi non cocta fidelia limo.
   udum et molle lutum es, nunc nunc properandus et acri
   fingendus sine fine rota. sed rure paterno
25 est tibi far modicum, purum et sine labe salinum
   (quid metuas?) cultrixque foci secura patella.
   hoc satis? an deceat pulmonem rumpere ventis,
   stemmate quod Tusco ramum millesime ducis
   censoremve tuum vel quod trabeate salutas?
30 ad populum phaleras, ego te intus et in cute novi.
   non pudet ad morem discincti vivere Nattae;
   sed stupet hic vitio et fibris increvit opimum
   pingue, caret culpa, nescit quid perdat, et alto
   demersus summa rursus non bullit in unda.'

35 magne pater divum, saevos punire tyrannos
   haut alia ratione velis, cum dira libido
   moverit ingenium ferventi tincta veneno:
   virtutem videant intabescantque relicta.
   anne magis Siculi gemuerunt aera iuvenci
40 et magis auratis pendens laquearibus ensis
   purpureas subter cervices terruit, 'imus
   imus praecipites' quam si sibi dicat et intus
   palleat infelix quod proxima nesciat uxor?

   saepe oculos, memini, tangebam parvus olivo,
45 grandia si nollem morituri verba Catonis

Zürnst du? wen betrügest du mit den Winkelzügen?
20 Dich allein; Dir gilts! Dich selbst verschwendest du Thor! Die
Andre lassen es gehn! Der übelgeformete Topf tönt
Eigene Schande: man hörts ihm an, daß im Ofen er nicht ganz
Ausgebrannt ist: siehe, du bist ein flüssiger Thon noch;
Jetzt ist Zeit noch zu eilen! Das Rad muß tapfer umher gehn,
Daß du Gestalt kriegst. —

»Aber du hast ein väterlich Landgut,
25 Und Auskommen auf ihm, ein reines, ehrliches Salzfaß,
Hast den Göttern das Ihre gegeben, sie werden auch dir das
Deine lassen; was solltest du fürchten?« —

Ist dir genug das?
Ists anständig, die Lunge mit leerem Winde zu füllen,
Daß von Tuscischem Stamm du jetzt der tausendste Zweig seyst,
Oder im Purpurkleide den Censor Vetterchen grüßest?
30 Für den Pöbel die Pferdeschabracken! Ich kenn' in der Haut dich!
Schämest du dich nicht selbst, wie ein müssiger Natta zu leben?
Dieser ist dumm vor Laster; es hat das weichliche Fett sich
Ihm um die Seele gesetzt: er weiß nicht, was er entbehret,
Tief ertrunken, daß oben auch nicht ein Bläschen mehr aufquillt.

35 Großer Vater der Götter, o strafe wilde Tyrannen
Anders nicht, als daß, wenn lang die freche Begierde
Wild sie umhergetrieben, und Giftaufgährend gebraust hat,
Daß sie die Tugend sehn und blassen, weil sie nicht ihr ist.
Haben im glühenden Stier einst Menschen elender geächzet,
40 Hat das hangende Schwert den Purpurbekleideten Schmeichler,
Den Damokles, ärger geschreckt: »ich fall'! ich falle!«
Als wenn ein Unglückseliger sich im Inneren Dinge
Bleich muß sagen, die er auch seinem Weibe verheelet.

Als ich ein Knabe noch war, da weiß ich, wie ich mich krank oft
45 Machte, wenn ich die hohen Reden des sterbenden Cato

discere non sano multum laudanda magistro,
quae pater adductis sudans audiret amicis.
iure etenim id summum, quid dexter senio ferret,
scire erat in voto, damnosa canicula quantum
50 raderet, angustae collo non fallier orcae,
neu quis callidior buxum torquere flagello.
haut tibi inexpertum curvos deprendere mores
quaeque docet sapiens bracatis inlita Medis
porticus, insomnis quibus et detonsa iuventus
55 invigilat siliquis et grandi pasta polenta;
et tibi, quae Samios diduxit littera ramos,
surgentem dextro monstravit limite callem:
stertis adhuc laxumque caput conpage soluta
oscitat hesternum dissutis undique malis.
60 est aliquid quo tendis et in quod derigis arcum,
an passim sequeris corvos testaque lutoque,
securus quo pes ferat, atque ex tempore vivis?
elleborum frustra, cum iam cutis aegra tumebit,
poscentis videas: venienti occurrite morbo,
65 et quid opus Cratero magnos promittere montis?
discite et, o miseri, causas cognoscite rerum:
quid sumus et quidnam victuri gignimur, ordo
quis datus aut metae qua mollis flexus et unde,
quis modus argento, quid fas optare, quid asper
70 utile nummus habet, patriae carisque propinquis
quantum elargiri deceat, quem te deus esse
iussit et humana qua parte locatus es in re;
disce, nec invideas quod multa fidelia putet
in locuplete penu defensis pinguibus Umbris,

Lernen sollte, damit mein Lehrer rasend sie loben,
Daß mein Vater auf sie erhitzt mit geladenen Freunden
Horchen konnte! Das that ich als Knabe! Als es mein höchster
Wunsch noch war, im Würfel die meisten Augen zu werfen,
Und die schäbige Eins zu meiden; oder die Nüsse
50 G'rad in den engen Hals des Topfs zu treffen; den Kreisel
Also geschickt zu peitschen, daß keiner behender ihn forttrieb.
Du hast etwas Bessers gelernt, die Krümme der Sitten
Auszufinden und was sonst im gelehrten Athene
An den langbemäntelten Bildern der Meder gelehrt wird,
Wo die Jünglinge sich den Schlaf, die niedliche Speise
55 Und die geputzten Haare versagen, Weisheit zu lernen.
Dir ist des Pythagoras Buchstab, dir ist des Lebens
Zweigespaltener Weg aus Einem Stamme bekannt schon.
Und du schnarchest? stützest das Haupt, als fehlten ihm Bande,
Gähnest, als ob das Gestern in jedem Gliede dir läge?
60 Sage! Hast du ein Ziel, wornach du strebest? wornach du
Spannest den Bogen? Oder verfolgst du kindisch die Raben,
Jetzt mit Kothe, mit Scherben anitzt; wohin dich der Weg trägt,
Lebst aufs Gradewohl. Du siehst, man fodert die Nieswurz
Denn zu spät, wenn die Haut schon schwillet. Komme dem Uebel
65 Vor, so darfst du dem Arzt nicht goldene Berge verheißen.
Lernt, ihr Elenden, lernt! die Natur der Dinge zu forschen;
Was wir sind und wozu wir gebohren wurden? die Ordnung
Die die Natur uns setzte? wie zart das Wenden ums Ziel sei?
Und warum es so sei? wie weit uns Wünsche vergönnt sind?
70 Auch nach Gelde; wozu der harte Thaler zu brauchen?
Wie viel man für Freunde, wie viel dem Lande zum Besten,
Man aufopfern müsse mit Anstand? Wer in der Menschheit
Du sollt seyn und wohin dein Gott dich weise gesetzt hat? —
Dieses lern', und beneid' es nicht, wenn jener Gerichtsvogt
Viele gefüllete Fässer in seinem Keller bereit hat,
Weil er fette Umbren vertheidigte, daß ihm der Marse

75 et piper et pernae, Marsi monumenta cluentis,
   maenaque quod prima nondum defecerit orca.

   hic aliquis de gente hircosa centurionum
   dicat: 'quod sapio, satis est mihi. non ego curo
   esse quod Arcesilas aerumnosique Solones
80 obstipo capite et figentes lumine terram,
   murmura cum secum et rabiosa silentia rodunt
   atque exporrecto trutinantur verba labello,
   aegroti veteris meditantes somnia, gigni
   de nihilo nihilum, in nihilum nil posse reverti.
85 hoc est quod palles? cur quis non prandeat hoc est?'
   his populus ridet, multumque torosa iuventus
   ingeminat tremulos naso crispante cachinnos.

   'inspice, nescio quid trepidat mihi pectus et aegris
   faucibus exsuperat gravis halitus, inspice sodes'
90 qui dicit medico, iussus requiescere, postquam
   tertia conpositas vidit nox currere venas,
   de maiore domo modice sitiente lagoena
   lenia loturo sibi Surrentina rogavit.
   'heus bone, tu palles.' 'nihil est.' 'videas tamen istuc,
95 quidquid id est: surgit tacite tibi lutea pellis.'
   'at tu deterius palles. ne sis mihi tutor.
   iam pridem hunc sepeli: tu restas?' 'perge, tacebo.'
   turgidus hic epulis atque albo ventre lavatur,
   gutture sulpureas lente exhalante mefites.

75 Pfeffer und Schinken und, wenn er noch kaum die Fische be-
　　　　　　　　　　　　　　　　　　　　　　　　　　　rührt hat,
Neue salzige Fische zur guten Erinnerung sende.

Hier wird etwa Einer der stinkenden Centurionen
Sagen: »ich weiß mir gnug!« Ich mag kein grämlicher Solon,
Kein Arcesilas seyn! Mit niedergeschlagenen Augen,
80 Mit hinhängendem Kopf gehn sie da, murmeln was mit sich
Still wie wütende Hunde; die vorgeworfene Lippe
Wäget Worte, sie sinnen dem Traum des kränklichen Alten
Nach: »aus Nichts wird Nichts! zu Nichts kann mit nichten was
　　　　　　　　　　　　　　　　　　　　　　　werden!« —
85 Darum blassest du ab und darum kann sich ein Mensch den
Mittag versagen? Das Volk lacht über die Possen, und unsre
Heldenjünglinge rümpfen mit lautem Gelächter die Nase.

Hör' ein Mährchen. Es war ein Kranker, der eilig den Arzt rief:
»Ei doch, sehen Sie zu! Mir schlägt das Herz so gewaltig,
»Und die Dünste steigen mir schwer zum trockenen Halse.
90 »Sehen sie doch recht zu!« Der Arzt verordnet die Ruh' ihm.
Als am dritten Tage der Puls nun sanfter zu gehn schien,
Ließ er aus hohem Hause sich eine ziemliche Flasche
Linden Surrentiner ausbitten: er woll' in das Bad gehn.
Bald erblickt ihn wieder der Arzt. »Sie sehen so blaß aus!
»Ei, wie stehets?« »O gut, recht gut!« »Sie nehmen in Acht sich!
95 »Halten es nicht gering! Die Haut wird Ihnen allmälich
»Erdfarb« — »Erdfarb selbst, Herr Doctor! Ich brauche keinen
»Vormund! Ich hab' ihn begraben und werd' auch Sie noch be-
　　　　　　　　　　　　　　　　　　　　　　　graben!«
»Nun, wohlan! ich werde kein Wort verlieren.«
　　　　　　　　　　　　　　　　　Der Mensch fährt
Fort im Schlemmen und Baden; er schwillt: es sieht ihm die
　　　　　　　　　　　　　　　　　　　　　　　Haut schon
Todtenfarb, er keucht mit Mühe den schweflichen bösen

100 sed tremor inter vina subit calidumque trientem

excutit e manibus, dentes crepuere retecti,

uncta cadunt laxis tunc pulmentaria labris.

hinc tuba, candelae, tandemque beatulus alto

conpositus lecto crassisque lutatus amomis

105 in portam rigidas calces extendit. at illum

hesterni capite induto subiere Quirites.

tange, miser, venas et pone in pectore dextram.

'nil calet hic.' summosque pedes attinge manusque.

'non frigent.' visa est si forte pecunia sive

110 candida vicini subrisit molle puella,

cor tibi rite salit? positum est algente catino

durum olus et populi cribro decussa farina:

temptemus fauces; tenero latet ulcus in ore

putre, quod haut deceat plebeia radere beta.

115 alges, cum excussit membris timor albus aristas;

nunc face supposita fervescit sanguis et ira

scintillant oculi, dicisque facisque quod ipse

non sani esse hominis non sanus iuret Orestes.

100 Othem herauf; und noch befällt ihn immer sein Zittern
Unter dem Wein, der glühende Becher entsinkt den Händen — —
Nacket klappern die Zähn' ihm: die fetten köstlichen Speisen
Läßt die schlotternde Lippe schon fallen — —

                 In kurzem ertönt die
Todtenglocke, die Lichter brennen! Der Seelige kommt nun
Wohlgesalbet mit Specereyen aufs hohe Paradbett,
105 Streckt die kalten Füße der Thür entgegen. Es heben
Ihn die Sklaven (seit gestern mit Hüten begabete Römer!)
Auf die Schultern — —

             »Was galt mich dein unsinniges Mährchen
(Hör' ich den Centurionen) Elender! fühle den Puls mir
Lege die Hand mir ans Herz. Hier ist kein Fieber. Die Füße,
Wie die Hände sind warm mir, warm mir bis zu Fingern und
                       Zehen.«
Wohl! wenn aber ein Geldhauf plötzlich dir ins Gesicht kommt
110 Oder die schöne Nachbarinn dich verstolen herbeiwinkt;
Schlägt da dein Herz noch richtig? — Es wird ein kaltes Gericht
                  von
Hartem Gemüse dir vorgesetzt und Brot, wie das Volk ißt;
Gelt! dir schmerzet dein Gaum? Man muß nach dem Schlunde
                   dir sehen.
In dem zarten Munde mag ein Geschwürchen wo hecken,
Das es so gar nicht schickt, mit Spelzen zu irritiren — —
115 Ei du frierest ja schon! dir stehn die Haare zu Berge — —
Oder es kocht dein Blut vor Zorn, als wär' es mit Fackeln
Angezündet! Die Augen flammen! Du sprichst und du thust ja,
Daß Orestes der rasende selbst für rasend dich hielte.

                     Johann Gottfried Herder

DECIMUS IUNIUS *IUVENALIS*

Quosdam praecipitat subiecta potentia magnae

invidiae, mergit longa atque insignis honorum

pagina. descendunt statuae restemque sequuntur,

ipsas deinde rotas bigarum inpacta securis

5 (60) caedit et inmeritis franguntur crura caballis;

iam strident ignes, iam follibus atque caminis

ardet adoratum populo caput et crepat ingens

Seianus, deinde ex facie toto orbe secunda

fiunt urceoli pelves sartago matellae.

10 (65) pone domi laurus, duc in Capitolia magnum

cretatumque bovem: Seianus ducitur unco

spectandus, gaudent omnes. 'quae labra, quis illi

vultus erat! numquam, si quid mihi credis, amavi

hunc hominem. sed quo cecidit sub crimine? quisnam

15 (70) delator? quibus indicibus, quo teste probavit?'

nil horum; verbosa et grandis epistula venit

a Capreis. 'bene habet, nil plus interrogo.' sed quid

DECIMUS IUNIUS *IUVENALIS*

Von der Unbeständigkeit des Hof-Glücks

. . . . . .

WIe mancher, den das Glück mit Ehr und Macht gekrönt,
Wird endlich durch den Neid zertreten und verhöhnt,
Wie mancher, den die Kunst in blanckes Ertz gegossen,
Als führ er im Triumph mit seinen muntern Rossen
    Nach Romuls hoher Burg, verfällt im Augenblick,
    Wenn man das stoltze Bild mit ausgedehntem Strick,
5 Von seinen Pfeilern hohlt. Schau, wie Gespann und Wagen,
    Das gleichwohl nichts gethan, in Stücken wird geschlagen!
    Betrachte, wie Sejan im Ofen schmeltzen muß;
    Wie nun, o Unbestand! durch einen neuen Guß
Des Kaysers liebster Freund, den alle Welt geehret,
Sich in ein schlecht Geschirr und Nacht-Gefäß verkehret!
    Doch das erhitzte Volck sucht mehr als diß Metall;
    Sejan wird selbst gestürtzt; man rufft mit frohem Schall:
10 Auf! last uns den Pallast mit Lorbeer-Aesten zieren,
    Und auf das Capitol den Stier zum Opfer führen!
    Weil nun die Rache kommt, und den verfluchten Mann
    Zu seiner Straffe schleppt. Sieh doch, fängt einer an,
Sein tückisches Gesicht. Steht nicht, was er betrieben,
Zusammt der Todes-Art, an seiner Stirn geschrieben?
    Ja, spricht der andre drauf, ich will es nur gestehn,
    Daß ich ihn allemahl mit Abscheu angesehn.
Doch, wer hat ihn gestürtzt? Was ist dann sein Verbrechen?
15 Was hat er wider diß, was seine Kläger sprechen?
    Was auf der Zeugen Wort und Aussag eingewandt?
    Ein mehres hört man nicht, als daß mit eigner Hand
Tiberius dem Rath, vom E y l a n d der C a p r e e n
Von vielen Sachen schrieb, aus welchen zu verstehen,
    Daß der, so alles war, nun seines Herren Huld,
    Ich weiß nicht wie, verschertzt. Wohlan! so hat er Schuld;

turba Remi? sequitur fortunam ut semper et odit

damnatos. idem populus, si Nortia Tusco

20 (75) favisset, si oppressa foret secura senectus

principis, hac ipsa Seianum diceret hora

Augustum . . . .

DECIMUS IUNIUS *IUVENALIS*

Quis nescit, Volusi Bithynice, qualia demens

Aegyptos portenta colat? crocodilon adorat

pars haec, illa pavet saturam serpentibus ibin;

effigies sacri nitet aurea cercopitheci,

5 dimidio magicae resonant ubi Memnone chordae

atque vetus Thebe centum iacet obruta portis;

illic aeluros, hic piscem fluminis, illic

oppida tota canem venerantur, nemo Dianam.

porrum et caepe nefas violare et frangere morsu;

10 o sanctas gentes quibus haec nascuntur in hortis

numina! lanatis animalibus abstinet omnis

mensa, nefas illic fetum iugulare capellae:

carnibus humanis vesci licet. attonito cum

tale super cenam facinus narraret Ulixes

15 Alcinoo, bilem aut risum fortasse quibusdam

moverat ut mendax aretalogus. 'in mare nemo

hunc abicit saeva dignum veraque Charybdi,

fingentem inmanes Laestrygonas atque Cyclopas?

nam citius Scyllam vel concurrentia saxa

20 Cyaneis plenos et tempestatibus utres

crediderim aut tenui percussum verbere Circes

Das ist mir schon genug. So läßt zu allen Zeiten,
Das blinde Römer-Volck sich von dem Glücke leiten!
    Wer das verlohren hat, ist auch bey ihm verhaßt.
    Denn hätte nur Sejan den Vortheil abgepaßt,
20 Und eh, durch kühnen Mord, den Kayser weggeschoben,
So hätte dieses Volck ihn auf den Thron erhoben . . . .

Rudolf Ludwig v. Canitz

DECIMUS IUNIUS *IUVENALIS*

Wisset ihr, was für Götter Aegyptens unsinn verehret?
Einige rufen den Krocodil an, und andre den Ibis,
Der die mahlzeit von schlangen hält; das bildniß der katze
5 Glänzt in heiligem gold, wo Memnons magische harfe
Titon entgegen hallt, und die hundert pforten der alten
Thebe die großen trümmer verschliessen. Hier fleht man dem
                                                   fische
Der in den bächen schwimmt, dort dem, der im Ocean wohnet;
Städte verehren den hund, und niemand Dianen. Der sündigt,
Der die zwiebel und knoblauch verzehrt, der die zähne darein
                                                   sezt.
10 O der gottseligen leute, in derer gärten die götter
Wachsen! da ist kein tisch, der dem wollebekleideten schaf nicht
Schone; hier ist es sünde, das ziklein der ziege zu schlachten,
Aber erlaubt, die menschen zu essen. Hätt' über der tafel
Alkinoen Ulysses dergleichen fabeln erzählet,
15 O wie hätte nicht der der wilden lügen gelachet,
Und ein andrer im zorn gerufen: Ist niemand so ehrlich,
Der in die tiefe see den bursch wirft, welcher so schamlos
Wildere Lästrigonen und mehr als Kyklopen erdichtet;
Wehrt, daß in wahrem ernst ihn eine Charybdis verschlinge?
Eher könnte man noch die Skylla, und eher Kyanen
20 Glauben, die überhangenden felsen, die schläuche voll wetter,
Oder der Circe stab, und glauben, Elpenor und jeder,

et cum remigibus grunnisse Elpenora porcis.
tam vacui capitis populum Phaeaca putavit?'
sic aliquis merito nondum ebrius et minimum qui
25 de Corcyraea temetum duxerat urna.
solus enim haec Ithacus nullo sub teste canebat;
nos miranda quidem, set nuper consule Iunco
gesta super calidae referemus moenia Copti,
nos volgi scelus et cunctis graviora cothurnis;
30 nam scelus, a Pyrra quamquam omnia syrmata volvas,
nullus aput tragicos populus facit. accipe, nostro
dira quod exemplum feritas produxerit aevo.

inter finitimos vetus atque antiqua simultas,
inmortale odium et numquam sanabile vulnus
35 ardet adhuc Ombos et Tentyra. summus utrimque
inde furor volgo, quod numina vicinorum
odit uterque locus, cum solos credat habendos
esse deos quos ipse colit. set tempore festo
alterius populi rapienda occasio cunctis
40 visa inimicorum primoribus ac ducibus, ne
laetum hilaremque diem, ne magnae gaudia cenae
sentirent positis ad templa et compita mensis
pervigilique toro, quem nocte ac luce iacentem
septimus interdum sol invenit. horrida sane
45 Aegyptos, sed luxuria, quantum ipse notavi,
barbara famoso non cedit turba Canopo.
adde quod et facilis victoria de madidis et
blaesis atque mero titubantibus. inde virorum
saltatus nigro tibicine, qualiacumque
50 unguenta et flores multaeque in fronte coronae:
hinc ieiunum odium. sed iurgia prima sonare

Den sie berührte, sie hätten in schweine verwandelt gegrunzet;
Dacht' er, es wäre so wenig gehirn in phäacischen köpfen?

Also einer, der noch von dem korcyreischen weine
25 Nüchtern wenig pocale geleert; und Ulysses erzählt' es
Einzig auf seine treu, und hatte keinen gewährmann.
Aber ich will erzählen, was weit ungläublicher scheinet,
Jüngst doch unter dem Consulate des Vincus geschehn ist;
Eine verfluchtere that kam nicht auf die tragische bühne;
30 Seitdem Pyrrha die steine geworfen, sind solche geschichten
Nirgend geschehn; kein jahrbuch gedenkt sie; in unseren tagen
Hat unsinnige wildheit damit die menschheit beflecket.
Zwo benachbarte städt' in dem heissen ägyptischen Klima
Waren von alters her die unversöhnlichsten feinde,
Eine der andern, ihr haß war unauslöschlich, unheilbar,
35 Tentyra heißt die eine, die andere Kombos, ihr groll flammt
Noch in den herzen, und hat daher den ursprung genommen:
Jegliche haßt die Götter der andern, und jede behauptet,
Die sie verehrt, seyn Götter allein, und würdig der tempel.
Einmal in einer festlichen woche der einen von ihnen
40 Dünkte den weisen Rath der andern, man müste den umstand
Nicht versäumen, und nicht zugeben, daß ruhig und still sie
Ihre feste begiengen, und vor den tempeln der Götter,
Und in den offenen pläzen die polster und tafeln sich pflanzten,
Und die tische mit speisen deckten, die nächt' und die tage
Durchzuschmausen. Schon hatte das licht des siebenden tags sie
Zechend gefunden. Die Kopten sind zwar von bäurischen sitten,
45 Aber sie sind dem Kanopier gleich an fleischlichen werken.
Trunkne zu schlagen, unsicherer augen, unstetigen ganges
Schien nicht schwer. An der einen seite sind tänzer, vor ihnen
Spielt ein mohr, sie riechen von mancher seltsamen salbe,
50 Ihre stirn ist in kränze gehüllt. An dem anderen theile
Ist die feindschaft noch nüchtern; hier fängt mit schimpfen der
streit an;

incipiunt animis ardentibus; haec tuba rixae,
dein clamore pari concurritur, et vice teli
saevit nuda manus. paucae sine vulnere malae,
55 vix cuiquam aut nulli toto certamine nasus
integer. aspiceres iam cuncta per agmina vultus
dimidios, alias facies et hiantia ruptis
ossa genis, plenos oculorum sanguine pugnos.
ludere se credunt ipsi tamen et puerilis
60 exercere acies, quod nulla cadavera calcent.
et sane quo tot rixantis milia turbae,
si vivunt omnes? ergo acrior impetus, et iam
saxa inclinatis per humum quaesita lacertis
incipiunt torquere, domestica seditioni
65 tela, nec hunc lapidem, qualis et Turnus et Aiax,
vel quo Tydides percussit pondere coxam
Aeneae, sed quem valeant emittere dextrae
illis dissimiles et nostro tempore natae.
nam genus hoc vivo iam·decrescebat Homero,
70 terra malos homines nunc educat atque pusillos;
ergo deus quicumque aspexit, ridet et odit.
a deverticulo repetatur fabula. postquam
subsidiis aucti, pars altera promere ferrum
audet et infestis pugnam instaurare sagittis.
75 terga fugae celeri praestant instantibus Ombis
qui vicina colunt umbrosae Tentyra palmae.
labitur hic quidam nimia formidine cursum
praecipitans capiturque. ast illum in plurima sectum
frusta et particulas, ut multis mortuus unus
80 sufficeret, totum corrosis ossibus edit
victrix turba, nec ardenti decoxit aeno
aut veribus, longum usque adeo tardumque putavit
expectare focos, contenta cadavere crudo.

Wo die gemüther so glühn, da darf die trompete nicht blasen.
Itzo rennen sie gegen einander mit wildem geschreye,
Unbewaffnet, mit naketer faust. Nur wenige wangen
55 Sind nicht verlezt, man sieht mit ganzer nase kaum einen
Uebrig, in beyden heeren gespaltne stirnen, gestalten
Sich nicht mehr gleich, die bein' am kinne zerquetschet und han-
                                gend;
Roth die faust von dem blut, das aus den augen herabrinnt.
Doch dies schien nur ein spiel den streitern, nur würdig der kna-
                                ben,
60 Weil sie noch nicht auf leichname traten, und alle noch lebten;
Noch nicht einer der hundert und hundert kämpfer im staub lag.
Itzo setzten sie heftiger an, gebückt an den boden
Lasen sie stein' und schleuderten sie an die stirne der gegner,
65 Aber nicht steine, wie jene, die Turnus und Ajax geworfen,
Noch der, mit dem der Tydid Aeneas hüften getroffen;
Leichtere steine, die hände, den händen der helden nicht
                                ähnlich,
Werfen können, wie händ' in unsern tagen uns wachsen;
Denn der helden geschlecht nahm schon in den tagen Homers ab,
70 Und die erde gebiehrt itzt kleine, nur schwache geschöpfe;
Ihnen lacht nicht ein Gott, und liebt sie nicht, wie vor alters.
Aber ich wende mich wieder zu meiner geschichte. Den streitern
War itzt hülfe gekommen; die einen kamen gewaffnet,
Und erneuten die schlacht mit eisen und fliegenden pfeilen.
Die in die schlacht von der palmbeschatteten Tentyra kamen,
75 Nahmen die flucht, die andern verfolgten sie hizig, im fliehen
Stürzet' einer, indem er vor furcht die füsse beflügelt.
Alsobald faßt man ihn an, zerhackt ihn in tausend und tausend
Stückgen, damit ein jeder sein theil von dem todten bekomme.
80 Rohe verschlingt sein fleisch das volk, und nagt an den beinen,
Weder im hafen von erze gekocht, noch am spisse gebraten;
Denn sie dünkte die glut zu langsam, sie waren zufrieden,
Rohe den blutigen körper des niedergelegten zu essen;

hic gaudere libet quod non violaverit ignem,
85 quem summa caeli raptum de parte Prometheus
donavit terris; elemento gratulor, et te
exultare reor. sed qui mordere cadaver
sustinuit, nil umquam hac carne libentius edit;
nam scelere in tanto ne quaeras et dubites an
90 prima voluptatem gula senserit; ultimus autem
qui stetit, absumpto iam toto corpore ductis
per terram digitis aliquid de sanguine gustat.
Vascones, haec fama est, alimentis talibus olim
produxere animas. sed res diversa, sed illic
95 fortunae invidia est bellorumque ultima, casus
extremi, longae dira obsidionis egestas;
huius enim, quod nunc agitur, miserabile debet
exemplum esse cibi, sicut modo dicta mihi gens:
post omnis herbas, post cuncta animalia, quidquid
100 cogebat vacui ventris furor, hostibus ipsis
pallorem ac maciem et tenuis miserantibus artus,
membra aliena fame lacerabant, esse parati
et sua. quisnam hominum veniam dare quisve deorum
urbibus abnueret dira atque inmania passis
105 et quibus illorum poterant ignoscere manes,
quorum corporibus vescebantur? melius nos
Zenonis praecepta monent, nec enim omnia quidam
pro vita facienda putant; sed Cantaber unde
stoicus, antiqui praesertim aetate Metelli?
110 nunc totus Graias nostrasque habet orbis Athenas,
Gallia causidicos docuit facunda Britannos,
de conducendo loquitur iam rhetore Thyle.
nobilis ille tamen populus quem diximus, et par

Und mir ist es auch lieb, daß sie nicht das feuer entweihten,
85 Welches im obersten himmel Prometheus geraubt, und die erde
Mit der gabe beschenkt hat. Die glut war glüklich, ich denk auch,
Daß ein jeder mit ihr sich freuet. Doch sagt man, wer einmal
Herzhaft genug war, fleisch von menschen zu speisen, der esse
Nachher nichts lieber. Wer zweifelt daran, und wem ist's nicht
                                                   glaublich,
90 Daß von der schändlichen that die süsseste wollust die kehle
Fühlte? Noch kam zu der thierischen mahlzeit einer zu späte,
Da schon der ganze leichnahm verzehrt war, er strich mit dem
                                                   finger
Ueber den boden, vom blut zu kosten. Man schreibt, die Vaskonen
Haben mit speisen von menschen sich lange das leben gefristet;
95 Aber das ist der fall nicht, sie thatens von jammer gezwungen,
In der äussersten noth, in welche das unglück sie stürzte,
Als die belagerte stadt dem hunger und mangel zum raub ward.
Thränen von wehmuth verdient die unnatürliche speise;
Erst nachdem sie die schlechtesten kräuter, die scheußlichsten
                                                   thiere,
100 Alles gegessen, was sie des magens hungrige wuth zwang,
Hager und bleich, entbauchte geripp', ein anblick des mitleids
Selbst den feinden; erst bissen sie in die glieder der menschen,
Und sie waren itzt nicht entfernt, sich selber zu essen.
Welcher mensch ist so hart, der ihnen die that nicht vergebe?
Kann auch ein Gott die tadeln, die diesen jammer ertrugen?
105 Ihnen mochten wol selbst die geister der leute verzeihen,
Derer fleisch sie gegessen. Sie würde nicht Zeno verdammen,
Der noch einige sachen erlaubt, um das leben zu retten.
Aber wie konnte die lehren der Stoa der Kantaber wissen?
Konnt er es in den tagen des alten Metellus, wiewol itzt
110 Griechenland und Athen den ganzen erdkreis erleuchten,
Gallien redner erzeugt und redner im Eiland der Britten
Bildet, und Thule sich selbst um gelehrte männer bekümmert.
Unsers lobes ist wehrt der Vaskon, an ehr und an treue

virtute atque fide sed maior clade Zacynthos

115 tale quid excusat: Maeotide saevior ara

Aegyptos; quippe illa nefandi Taurica sacri

inventrix homines (ut iam quae carmina tradunt

digna fide credas) tantum immolat, ulterius nil

aut gravius cultro timet hostia. quis modo casus

120 inpulit hos? quae tanta fames infestaque vallo

arma coegerunt tam detestabile monstrum

audere? anne aliam terra Memphitide sicca

invidiam facerent nolenti surgere Nilo?

qua nec terribiles Cimbri nec Brittones umquam

125 Sauromataeque truces aut inmanes Agathyrsi,

hac saevit rabie inbelle et inutile vulgus,

parvula fictilibus solitum dare vela phaselis

et brevibus pictae remis incumbere testae.

nec poenam sceleri invenies nec digna parabis

130 supplicia his populis, in quorum mente pares sunt

et similes ira atque fames. mollissima corda

humano generi dare se natura fatetur,

quae lacrimas dedit; haec nostri pars optima sensus.

plorare ergo iubet causam dicentis amici

135 squaloremque rei, pupillum ad iura vocantem

circumscriptorem, cuius manantia fletu

ora puellares faciunt incerta capilli.

naturae imperio gemimus, cum funus adultae

virginis occurrit vel terra clauditur infans

140 et minor igne rogi. quis enim bonus et face dignus

arcana, qualem Cereris vult esse sacerdos,

ulla aliena sibi credit mala? separat hoc nos

a grege mutorum, atque ideo venerabile soli

Steht er neben Sagunth, die größerer jammer entschuldigt.
115 Aber unmenschlicher ist der Kopt als der tempel in Tauris,
Denn der Skythe hat nur den gebrauch erfunden, für thiere
(Wenn wir glauben, was uns die gesänge der dichter erzählen)
Menschen zu opfern; sein opfer hat nur das messer zu fürchten;
Nach dem tode nichts mehrers, noch ärgers. Was zwang den
Aegypter,
120 Welche hungersnoth, welches feindliche heer vor den mauern,
Daß er die unerhörte, verfluchte that sich erkühnte?
Könnte das land um Memphis ein theureres opfer ersinnen,
Wenn in trukenen jahren der Nil vergässe zu steigen?
So hat nicht Agathyrsus in seinem zaumlosen grimme,
125 Nicht der Britte, der wilde Sarmat hat so nicht geraset,
Wie das lumpichte völkgen, der schnöde pöbel am Nilus,
Welcher den strohm in kleinen irdenen barken besegelt,
Und das gemahlte beken mit kurzen rudern hinanstößt.
Schwer ist es, eine Pön für dieses verbrechen zu denken,
130 Eine todesart, nach verdienen die bösen zu strafen,
Welche die triebe des zorns und des hungers verwechseln. Die
thränen
Gab die natur dem menschen, und dieses sagt uns, sie habe
Mitleid, ein weiches gemüth, ihr bestes geschenk ihm gegeben.
Also verlangt sie, man soll das unglück des freundes, das elend
135 Eines gefangnen beweinen, des mündels, den im gerichte
Niemand beschützt, mit thränen die wangen begossen, die haare
Fliegend; man zweifelt, ob unter der schönheit ein mädchen ver-
steckt ist.
Seufzen soll man von ihr erinnert, wenn uns auf der strasse
Eine jungfräuliche leiche begegnet, wenn unreif ein knabe
Auf den holzstoß gelegt, ein blühender jüngling verscharrt wird.
140 Welcher gutherzige mensch, und würdig, daß ihn der priester
Ausersehe, den heiligen brand der Ceres zu tragen,
Glaubt, daß anderer unglück ihn nichts angehe? Das mitleid
Hebet uns über die heerden der stummen geschöpfe, wir haben

sortiti ingenium divinorumque capaces
145 atque exercendis pariendisque artibus apti
sensum a caelesti demissum traximus arce,
cuius egent prona et terram spectantia. mundi
principio indulsit communis conditor illis
tantum animas, nobis animum quoque, mutuus ut nos
150 adfectus petere auxilium et praestare iuberet,
dispersos trahere in populum, migrare vetusto
de nemore et proavis habitatas linquere silvas,
aedificare domos, laribus coniungere nostris
tectum aliud, tutos vicino limine somnos
155 ut collata daret fiducia, protegere armis
lapsum aut ingenti nutantem vulnere civem,
communi dare signa tuba, defendier isdem
turribus atque una portarum clave teneri.
sed iam serpentum maior concordia, parcit
160 cognatis maculis similis fera; quando leoni
fortior eripuit vitam leo? quo nemore umquam
expiravit aper maioris dentibus apri?
Indica tigris agit rabida cum tigride pacem
perpetuam, saevis inter se convenit ursis.
165 ast homini ferrum letale incude nefanda
produxisse parum est, cum rastra et sarcula tantum
adsueti coquere et marris ac vomere lassi
nescierint primi gladios extendere fabri.
aspicimus populos quorum non sufficit irae
170 occidisse aliquem, sed pectora bracchia voltum

Seelen darum empfangen, die göttlichsten dinge zu denken,
145 Fähigkeit, künste zu lernen und nützliche werke zu machen;
Witz ist darum vom himmel in unsere sinnen gekommen,
Den die thiere nicht haben, die nach der erde gebückt sind.
Ihnen hat der, der alles gemacht im anfang der dinge
Nur die triebe gegeben, und uns vernunft zu den trieben,
150 Daß wir geselliger würden, von andern dienste begehrten,
Dienste thäten; in einen staat die zerstreueten riefen,
Unter den bäumen hervorzugehn, die wälder, den alten
Wohnsitz der ahnen zuletzt zu verlassen, sich häuser zu bauen,
Wände mit wänden des nachbars, und dach mit dach zu ver-
                                                  binden,
155 Daß die vereinigte macht der nahen menschen die ruhe
Sicherer machte; dem niedergefallnen zu hülfe zu kommen,
Oder dem blutenden bürger, den kaum die füsse noch tragen;
Wenn die trompete bläst, die waffen zugleich zu ergreifen,
In die gemeinsame stadt sich einzuschliessen, nur einen
Schlüssel zur pforte zu haben. Doch itzt ist zwischen den schlan-
                                                  gen
160 Bessere freundschaft; ein wild schont dem von seinem geschlechte,
Der ihm verwandten farbe; wenn sah man den mächtigen löwen
Schwächern löwen das leben nehmen? In welchem gehölz ist
Unter den waffen des größern hauers der kleine gestorben?
Lebt der tieger nicht selbst mit dem tieger in ewiger freundschaft?
Unter den grimmigen bären ist friede; der mensch von vernunft
                                                  nur
165 Hat daran nicht genug, daß er auf dem schändlichen ambos
Tödtliche waffen gemacht. Da die ersten schmiede nicht wußten
Schwerdter zu schmieden, und hacken allein, und spaten und
                                                  beyle
Schweißten, von sicheln und sensen die esse nur glühte, so sehn
                                                  wir
Völker, für derer grimm es nicht gnug ist, getödet zu haben,
170 Welche für eine speise den kopf, die arme, die rippen

crediderint genus esse cibi. quid diceret ergo
vel quo non fugeret, si nunc haec monstra videret
Pythagoras, cunctis animalibus abstinuit qui
tamquam homine et ventri indulsit non omne legumen?

PUBLIUS AELIUS *HADRIANUS* IMPERATOR

Animula vagula blandula,

hospes comesque corporis,

quae nunc abibis in loca

pallidula rigida nudula

5 nec ut soles dabis iocos.

DECIMUS MAGNUS *AUSONIUS*

Ubi nata sit Bissula et quomodo in manus domini venerit

Bissula, trans gelidum stirpe et lare prosata Rhenum,
    conscia nascentis Bissula Danuuii,
capta manu, sed missa manu dominatur in eius
    deliciis, cuius bellica praeda fuit.
5 matre carens, nutricis egens nesciuit †ere . . . .
    illico inexperto libera seruitio,
sic Latiis mutata bonis, Germana maneret
(10)   ut facies, oculos caerula, flaua comas.
ambiguam modo lingua facit, modo forma puellam:
10   haec Rheno genitam praedicat, haec Latio.

Halten. Was würde der weise, wenn er die neuigkeit sähe,
Sagen, wohin nicht Pythagoras fliehn, der mann der sich scheute,
Fleisch von thieren zu essen, wie wenn es menschenfleisch wäre,
Der sich nicht jede pflanze der gärten zu essen erlaubte?

Johann Jakob Bodmer

KAISER PUBLIUS AELIUS *HADRIANUS*

Sterbelied an seine Seele

Ach, Seelchen, armes Seelchen!
so lange meine gute Freundin,
so lange Leibes gute Wirthin,
wohin wirst du nun wandern?
auf welcher dunklen Strasse! —
nackt und bleich und blaß und zitternd —
5 wirst nimmer mehr nun, wie die pflegtest,
so artig mit mir tändeln!

Johann Gottfried Herder

DECIMUS MAGNUS *AUSONIUS*

Bissula, jenseit des Rheins du, des kalten, gezeugt und entspros-
sen,
   Bissula, die du erblüht nah des Danubius Quell:
Kriegsgefangne, du hast, aus der Knechtschaft entlassen, ge-
fangen
   Deinen Besieger: sein Herz ward der Erbeuteten Raub.
5 Pflegender Mutter verwaist hast du nie doch die Herrin erduldet:
   Als du in Knechtschaft gerietst, wurdest Gebieterin du,
Ob du durch römische Gunst so, Germanin, wurdest verwandelt:—
   — Blieb doch des Auges Blau, blieb dir das rötliche Haar.
Zwiefach erscheinst du uns nun und dir schmücken mit doppel-
tem Vorzug
0   Latiums Sprache den Geist, suebischer Reiz die Gestalt.

Felix Dahn

DECIMUS MAGNUS *AUSONIUS*

De eadem Bissula

Delicium, blanditiae, ludus, amor, uoluptas,

barbara, sed quae Latias uincis alumna pupas,

Bissula, nomen tenerae rusticulum puellae,

horridulum non solitis, sed domino uenustum.

DECIMUS MAGNUS *AUSONIUS*

    In speciem quin me patriae cultumque nitentis
    Burdigalae blando pepulerunt omnia uisu,
(20) culmina uillarum pendentibus edita ripis
    et uirides Baccho colles et amoena fluenta
  5 subter labentis tacito rumore Mosellae.

    salue, amnis laudate agris, laudate colonis,
    dignata imperio debent cui moenia Belgae:
(25) amnis odorifero iuga uitea consite Baccho,
    consite gramineas, amnis uiridissime, ripas:
  10 nauiger, ut pelagus, deuexas pronus in undas,
    ut fluuius, uitreoque lacus imitate profundo
    et riuos trepido potis aequiperare meatu,
(30) et liquido gelidos fontes praecellere potu:
    omnia solus habes, quae fons, quae riuus et amnis
  15 et lacus et biuio refluus manamine pontus.
    tu placidis praelapsus aquis nec murmura uenti
    ulla, nec occulti pateris luctamina saxi.

DECIMUS MAGNUS *AUSONIUS*

Wonne du! Schmeichelndes Glück! Oh du Scherzspiel neckischer
Anmut!
Wie die Barbarin doch Latiums Mädchen besiegt!
»Bissula !« Bäuerlich klingt für den Fremden der Name des Kin-
des:
Aber Ausonius tönt hold der berückende Klang.

Felix Dahn

DECIMUS MAGNUS *AUSONIUS*

Preis der Mosel

. . . . . .

Alles erinnert mich durch des Anblicks Reiz an die Schönheit,
An die glanzvolle Pracht Bordeaux', meiner strahlenden Heimat:
Giebel der Villen, an hängenden Ufern hoch oben gelegen,
Hügel, von Reben umgrünt, und die lieblichen Fluten der Mosel,
5 Die tief unten im Tal mit leisem Rauschen dahinfließt.
Heil dir, Strom! Rings preist dich die Flur, dich preisen die Bürger,
Auserwählt für die Mauern der Pfalz des westlichen Reiches,
Strom du, rings umkränzt von Hügeln mit duftendem Weine,
Ganz in das Grün getaucht der üppig bestandenen Ufer!
10 Schiffe trägst du, dem Meere gleich; du neigst dich, und abwärts
Wogt deine Flut wie ein Strom. Bis zum Grunde so klar wie ein
Bergsee
Fliehst du dahin, in eiligem Lauf mit den Bächen wetteifernd,
Reiner noch als kristallener Trank aus kühlenden Quellen.
Alles vereinst du in dir, was Quellen und Bächen und Flüssen
15 Eigen ist und dem Meer, das Ebbe und Flut hin und her treibt.
Ruhig ziehst du dahin, verschont von dem Brausen der Ströme,
Mühst dich nicht ab im Kampf mit tückisch verborgenen Klip-
pen.

(35) non spirante uado rapidos properare meatus
    cogeris, extantes medio non aequore terras
20 interceptus habes: iusti ne demat honorem
    nominis, exclusum si diuidat insula flumen.
    tu duplices sortite uias, et cum amne secundo
(40) defluis, ut celeres feriant uada concita remi,
    et cum per ripas nusquam cessante remulco
25 intendunt collo malorum uincula nautae.
    ipse tuos quotiens miraris in amne recursus,
    legitimosque putas prope segnius ire meatus?
(45) tu neque limigenis ripam praetexeris uluis,
    nec piger inmundo perfundis litora caeno:
30 sicca in primores pergunt uestigia lymphas.

POETA INCERTUS

Didoni

Infelix Dido, nulli bene nupta marito:

    hoc pereunte fugis, hoc fugiente peris.

———————————

Didoni

Infelix Dido, nulli bene nupta marito:
    hoc pereunte fugis, hoc fugiente peris.

Frei von reißendem Strudel, der über den Furten sich bildet,
Fließen die Wellen dahin; nie taucht aus der Mitte der Strömung
20 Jäh eine Sandbank auf, die deinen Ruhm dir verringert,
Weil eine Insel den Lauf deiner Wogen zu teilen vermochte.
Doppelten Lauf verlieh dir dein Los: denn strömst du zu Tale,
Treiben die schnellen Ruder im Takt deine Wogen zur Eile;
Doch wenn am Ufer entlang am nie sich lockernden Schlepptau
25 Schiffer, den Nacken gespannt, mit dem Seil ihre Kähne flußauf
             ziehn,
Siehst du wie oft verwundert die rückwärtsgleitenden Wogen,
Glaubst fast, daß ihren Weg die Strömung träge verlangsamt.
Sumpfiges Schilf umsäumt deine Ufer nicht; die Gestade
Dehnen sich frei von schlammigem Sand, und trockenen Fußes
30 Schreitet der Wandrer dahin bis dicht an den Saum deiner Wel-
            len . . . .
           Wolfgang Gerlach

DECIMUS MAGNUS *AUSONIUS* ZUGESCHRIEBEN

Dido

Wie bitter, Dido, war die frucht
Der beeden Männer lieb denen du beygewohnet!
 Des Einen tod hat dich mit flucht,
 Des andern flucht mit tod belohnet.
       Georg Rudolf Weckherlin

Der Königin Dido Grabschrift

Dir, Dido, wird kein Mann, der Wohlfahrt auf dich zeucht,
Du fleuchst, da jener stirbt, du stirbst, da dieser fleucht.
        Martin Opitz

POETA INCERTUS

Didoni

Infelix Dido, nulli bene nupta marito:

hoc pereunte fugis, hoc fugiente peris.

Didoni

Infelix Dido, nulli bene nupta marito:
hoc pereunte fugis, hoc fugiente peris.

Didoni

Infelix Dido, nulli bene nupta marito:

hoc pereunte fugis, hoc fugiente peris.

Didoni

Infelix Dido, nulli bene nupta marito:
hoc pereunte fugis, hoc fugiente peris.

Didoni

Infelix Dido, nulli bene nupta marito:
hoc pereunte fugis, hoc fugiente peris.

DECIMUS MAGNUS *AUSONIUS* ZUGESCHRIEBEN

Nirgends Ruh

Die unglückseelige Dido

Dido schau ich beydes an
Deinen Buhler, deinen Mann,
Bist du recht des Unglücks Schatten:
Der verricht, der ward verrathen,
Dieser stirbt, du flohest ihn,
Jener fleucht, du starbest hin.　　　*Daniel v. Czepko*

Tes deux amans, Didon, causent seuls tes malheurs:
L'un d'eux meurt, et tu fuis; l'autre fuit, et tu meurs.

Gottfried Wilhelm v. Leibniz

Es liefert deine Gunst dir, Dido, schlechte Frucht,
Die Männer kommen dir gar theuer zu erwerben.
Der eine zwinget dich durch seinen Tod zur Flucht,
Der andre bringt dich gar durch seine Flucht zum Sterben.

Philander von der Linde (Johann Burchard Menke)

O Didon! die ihr Leid an beyden Männern sieht:
Du fliehst / weil jener stirbt, und stirbst, weil dieser flieht.

Menantes (Christian Friedrich Hunold)

ZWey Männer bringen dir, O Didon, lauter Noth,
Des einen Tod die Flucht, des andern Flucht den Tod.

D. Wagner

POETA INCERTUS

Didoni

Infelix Dido, nulli bene nupta marito:
   hoc pereunte fugis, hoc fugiente peris.

————————————

Didoni

Infelix Dido, nulli bene nupta marito:
   hoc pereunte fugis, hoc fugiente peris.

————————————

Didoni

Infelix Dido, nulli bene nupta marito:
   hoc pereunte fugis, hoc fugiente peris.

————————————

Didoni

Infelix Dido, nulli bene nupta marito:
   hoc pereunte fugis, hoc fugiente peris.

————————————

Didoni

Infelix Dido, nulli bene nupta marito:
   hoc pereunte fugis, hoc fugiente peris.

DECIMUS MAGNUS *AUSONIUS*
ZUGESCHRIEBEN

Die Männer wirken dir, o Dido, lauter Noth;
Des einen Tod die Flucht; des andern Flucht den Tod.

Johann Christoph Gottsched

O Weib, das nichts als Leid in zweien Männern sieht!
Du fliehst, weil jener stirbt, und stirbst, weil dieser flieht.

Ungenannter Übersetzer

Traurige D i d o , mit keinem Gemahle glücklich vermählet!
Jener stirbt; du entfliehst. Dieser entflieht und du stirbst.

Ungenannter Übersetzer

Dido

Unglückseelige Dido, mit keinem Manne gelingt dirs.
  Jener starb; du entflohst. Dieser entfliehet, du stirbst.

Johann Gottfried Herder

Grabschrift der Dido

Unglückselige Dido, du freutest dich keines Gemahles.
  Jener starb, du entflohst; dieser entfloh, und du starbst.

Johann Heinrich Voß

CLAUDIUS *CLAUDIANUS*

(65) Vivunt in Venerem frondes omnisque vicissim
     felix arbor amat; nutant ad mutua palmae
     foedera, populeo suspirat populus ictu
     et platani platanis alnoque adsibilat alnus.

CLAUDIUS *CLAUDIANUS*

     Viderat herboso sacrum de vertice vulgus
     Henna parens florum curvaque in valle sedentem
     compellat Zephyrum: 'pater o gratissime veris,
     qui mea lascivo regnas per prata meatu
5 (75) semper et adsiduis inroras flatibus annum,
     respice Nympharum coetus et celsa Tonantis
     germina per nostros dignantia ludere campos.
     nunc adsis faveasque, precor; nunc omnia fetu
     pubescant virgulta velis, ut fertilis Hybla
10 (80) invideat vincique suos non abnuat hortos.
     quidquid turiferis spirat Panchaia silvis,
     quidquid odoratus longe blanditur Hydaspes,
     quidquid ab extremis ales longaeva colonis
     colligit optato repetens exordia leto,
15 (85) in venas disperge meas et flamine largo
     rura fove. Merear divino pollice carpi
     et nostris cupiant ornari numina sertis.'

     dixerat; ille novo madidantes nectare pennas
     concutit et glaebas fecundo rore maritat,
20 (90) quaque volat vernus sequitur rubor; omnis in herbas

CLAUDIUS *CLAUDIANUS*

. . . . . .

Zweige weih'n sich der Venus und Wechsel-Liebe beseeligt
Jeglichen Baum. Es neigen zum gegenseitigen Bunde
Sich die Palmen; es seufzt die Pappel beim Kusse der Pappel;
Zu Platanen säuseln Platanen, zur Erle die Erle . . . .

Ungenannter Übersetzer

CLAUDIUS *CLAUDIANUS*

— — — — —

Schauend die göttliche Schaar vom Kräuterduftenden Gipfel
Spricht zum Zephyrus jetzt, der im schöngewundenen Thal' ruht,
Enna, die Mutter der Blumen: »O holder Erzeuger des Frühlings,
»Der du in lüsternem Flug' durch meine Fluren regierest
5 »Ewiglich, und das Jahr unermüdliches Hauches erquickest,
»Siehe der Nymphen Schaar, und des Donnergottes erhabne
»Sprößlinge, würdigend uns, in unsern Auen zu spielen!
»Jetzt, ich bitte dich, hilf, und erfreue mich! Laß die Gebüsche
»Fröhlicher all' ersprießen, damit die gesegnete Hybla
10 »Mich beneid', und besiegt erkenne die eigenen Gärten.
»Was Panchaia haucht in Weihrauchathmenden Hainen,
»Was in der Fern' Ergötzliches hegt der duft'ge Hydaspes,
»Was der bejahrte Vogel von weitentlegnen Säbäern
»Häuft, in ersehnter Flamm' ein neues Leben beginnend,
15 »Dieß verströme durch mein Geäder, mit üppigerm Hauche
»Schmeichle der Flur! Werth sey ich, daß göttliche Finger mich
pflücken;
»Und sich Göttinnen wünschen mit meinen Kränzen zu zieren.«

Sprach's. Und Jener erhebt das Gefieder, welches von frischem
Nektar troff, und befruchtet mit nährendem Thaue die Schollen.
20 Und wohin er nur fliegt, folgt Frühlingsglanz, das Gefilde

turget humus medioque patent convexa sereno.
sanguineo splendore rosas, vaccinia nigro
imbuit et dulci violas ferrugine pingit.
Parthica quae tantis variantur cingula gemmis
25 (95) regales vinctura sinus? quae vellera tantum
ditibus Assyrii spumis fucantur aeni?
non tales volucer pandit Iunonius alas,
nec sic innumeros arcu mutante colores
incipiens redimitur hiems, cum tramite flexo
30 (100) semita discretis interviret umida nimbis.

forma loci superat flores: curvata tumore
parvo planities et mollibus edita clivis
creverat in collem; vivo de pumice fontes
roscida mobilibus lambebant gramina rivis,
35 (115) silvaque torrentes ramorum frigore soles
temperat et medio brumam sibi vindicat aestu:
apta fretis abies, bellis accommoda cornus,
quercus amica Iovi, tumulos tectura cupressus,
ilex plena favis, venturi praescia laurus;
40 (110) fluctuat hic denso crispata cacumine buxus,
hic hederae serpunt, hic pampinus induit ulmos.
haud procul inde lacus (Pergum dixere Sicani)
panditur et nemorum frondoso margine cinctus
vicinis pallescit aquis: admittit in altum
45 (115) cernentes oculos et late pervius umor
ducit inoffensos liquido sub flumine visus
imaque perspicui prodit secreta profundi.

Schwillt allgrünend, es lacht in duftiger Heitre der Himmel.
Rosen kleidet er hell in Blut, Vaccinien färbt er
Schwarz und mit lieblichem Blau, dem dunkelnden, malt er
                                        Violen.
Welche Parthische Gürtel, um Prachtgewande zu binden,
25 Strahlen so bunt von Edelgestein? Welch Vließ von dem reichen
Schaume des Kessels geschminkt, des Assyrischen, schimmert
                                        so herrlich?
Nicht entfaltet die Fittige so der Junonische Vogel,
So nicht kränzt den beginnenden Regen der Bogen, in zahllos
Wechselnden Farben spielend, wann auf dem gebogenen Pfade
30 Zwischen getheiltem Gewölk die Straße fruchtend erblühet.

Doch die Blumen besiegt der Gegend Schöne. Die Ebne
Wand sich in sanften Erhöhungen fort, und mit blumigen Hän-
                                        gen
Stieg sie zum Hügel empor, und aus lebendigem Bimstein
35 Netzten das thauige Grün die Quellen mit hüpfenden Bächen.
Brennende Sonnen mildert ein Wald mit der Kühlung der Zweige,
Welcher immitten des Sommers des Winters Frische behauptet.
Tannen, dem Meere bequem, und die kriegerische Kornelle,
Eichen, dem Jupiter werth, Cypressen, die Gräber beschattend,
Honig gefüllte Steineichen, der Lorbeer, kundig der Zukunft,
40 Prangen; auch wogt hier zitternd mit dichtem Laube der Bux-
                                        baum,
Hier schleicht Epheu, hier umwindet die Ulmen das Weinlaub.
Nahe daran verbreitet ein See sich, (es nennen Sikaner
Pargus ihn) und umkränzt vom laubigen Borde der Waldung
Bleicht er im nächsten Gewässer. Doch nimmt er die spähenden
                                        Augen
45 Auf in die Tief'; es führen die weit durchdringlichen Fluthen
Unter die klaren Wellen die ungehinderten Blicke,
Und verrathen das tiefste Geheimniß des lauteren Grundes. – – –
                        Georg Friedrich Messerschmid

NACHWORT

Die vorstehende Sammlung lateinischer Gedichte ist nach denselben Grundsätzen in Auswahl und Textgestaltung behandelt wie die Griechischen Gedichte mit Übertragungen deutscher Dichter des gleichen Herausgebers (3. Auflage 1936; verlegt bei Ernst Heimeran, München; 367 Seiten). Um Wiederholungen zu vermeiden, sei auf das Nachwort zu diesem Buche (S. 342 ff.) verwiesen, wo sich das Nähere findet.

Die Auswahl der Gedichte ist entsprechend dem besonderen Wesen lateinischer Lyrik nicht auf rein »lyrische« Stücke im modernen Sinne des Wortes beschränkt, sondern umfaßt auch die Satire und Epistel, das philosophische Lehrgedicht (mit Ausnahme der Fabel) und das satirische Epigramm sowie Teile des Epos, die epigrammatischen oder balladenhaften Charakter haben. Im Mittelpunkt stehen naturgemäß Catullus, Horatius, Vergilius und die Elegiker. Wenn von dem zuerst Genannten weniger Gedichte aufgenommen sind, als vielleicht zu erwarten wäre, so darum, weil er den Freunden des Altertums durch die übliche Schullektüre wie durch zahlreiche Ausgaben und Übertragungen geläufig ist. Aus dem gleichen Grunde ist ein so glatter Klassizist wie Ovidius trotz dem Umfang seines lyrischen Werkes zugunsten weniger bekannter, aber schönerer Stücke anderer Dichter nur verhältnismäßig kurz zu Worte gekommen.

Mag der bei den »Griechischen Gedichten« vertretene Grundsatz, daß allein die spracnlich-dichterische Schönheit der vorhandenen deutschen Übertragungen die Aufnahme eines Stückes in diese Sammlung rechtfertigt, auch zunächst etwas unerwartet sein, so ist doch bei den lateinischen Gedichten bewußt daran festgehalten. Dafür sind mehrere Gründe entscheidend. Erstens ist die Gefahr des Zufälligen bei diesem Auswahlgrundsatz in der lateinischen Lyrik geringer als in der griechischen. Denn die besten Stücke sind seit Jahrhunderten bekannt, haben also meist auch würdige Übersetzer gefunden und brauchen darum nicht ausgelassen zu werden. Daß Verdeutschungen von Philologen, Schulmännern, gewerbsmäßigen Übersetzern usw. fehlen, dürfte sich demnach für das Gesamtbild lateinischer Lyrik, das sich aus der Sammlung ergibt, kaum nachteilig bemerkbar machen. — Zweitens hat diese Auswahl vor den meisten anderen den Vorzug des gegenüberstehenden Urtextes. Gerade darum ist es möglich, statt philologisch treuer Übersetzungen wirkliche Nachdichtungen auszuwählen. Denn bei der philologisch treuen Übersetzung bedarf man doch offenbar des Urtextes weniger, weil man eine Interlinearversion liest. Hingegen ist es nicht ohne Reiz zu verfolgen, wie sich der deutsche Sprachgeist in seinen besten Vertretern um den Urtext bemüht hat — und zwar gerade da, wo er sich ihn wirklich anverwandelt hat. Im übrigen ist es entscheidend, daß allein der Dichter den Dichter in einer andern Sprache wiederzugeben vermag, daß Kunst zunächst durch Kunst und erst in zweiter Linie durch Gelehrsamkeit interpretiert werden kann, daß also die künstlerische Übertragung am Ende auch die treueste ist, wenn sie nicht geradezu gegen den Sinn des Originals verstößt. Darum ist auch nirgends Bedenken getragen worden, solche Übertragungen aufzunehmen, die dem klassizistischen Grundsatz bedingungsloser Treue gegen das ursprüngliche Versmaß nicht folgen. Hier kann nicht eine willkürliche Regel maßgebend sein, sondern allein der Gebrauch der Besten, die — wie etwa Lessing, Herder, Schiller, Hölderlin, Novalis und andere — in dieser Hinsicht sehr unbedenklich waren. So verfährt gewiß gerade der Dichter als Übersetzer oft sorglos, ja sogar willkürlich mit dem Gut anderer Dichter. Aber aus welchem Grunde stünde der Urtext seiner Übertragung gegenüber, wenn nicht um den Vergleich zu ermöglichen? — Endlich kann die Aufgabe einer wirklich neuen Auswahl klassischer Gedichte nicht darin bestehen, die Zahl vorhandener Anthologien um eine zu vermehren. Vielmehr geht es in diesem Buche dar-

um, neben einer Auswahl der besten lateinischen Gedichte eine
Übersicht über die deutsche Übersetzungskunst von den An-
fängen bis zur Gegenwart zu bieten, neben der Größe und An-
mut der lateinischen Lyrik die Schönheit und Mannigfaltigkeit
der deutschen Übersetzertätigkeit zu zeigen. Hierin unterschei-
det sie sich von denjenigen Anthologien, denen es allein um den
lateinischen Text und seine wort- und rhythmengetreue deut-
sche Wiedergabe geht. Wenn also gelegentlich Übertragungen
aufgenommen sind, die etwa der Knappheit oder der Eleganz
des Originals nicht entsprechen, so darum, weil sich gerade an
den Versuchen einer wirklichen Verdeutschung aufschlußreiche
stilistische Beobachtungen machen lassen. Das gilt besonders für
die Prunkstücke der Übersetzungskunst aus dem Lateinischen,
bei denen mehrere Übertragungen einander folgen, darunter in
einem Falle auch die französische eines deutschen Philosophen. *
Sie zeigen sowohl den Wettbewerb der Zeitgenossen wie Wan-
del und Wachstum der Sprache am gleichen Gegenstande durch
mehrere Jahrhunderte. — Mit Ausnahme dieser Stücke und
einiger literarischer Seltenheiten sind jedenfalls nur solche Über-
tragungen aufgenommen, die auch beim kühnsten Versuch einer
Verdeutschung nicht gegen die Würde der Dichtung, sei es des
lateinischen Originals oder der deutschen Sprache, verstoßen.

Im übrigen gelten sinngemäß die gleichen Grundsätze wie
bei den Griechischen Gedichten: für die Anordnung nach der

---

* Catullus C. 85 fehlt darum, weil die meisten Übersetzungen
bereits bei Otto Weinreich, Die Distichen des Catull, Tüb. 1926,
S. 95 f., zusammengestellt sind; Catullus C. 5 und Horatius
C. I 9 darum, weil sich mehrere Übertragungen in der Samm-
lung Lyrische Weltdichtung in deutschen Übertragungen aus
sieben Jahrhunderten, ausgew. v. Petersen u. Trunz, Bln. 1933
(= Lit.hist. Bibl. 9), S. 50 ff. und 58 ff., finden; Horatius im
allgemeinen darum, weil C. I 4, 11, 22, 37, III 18, 30, Iamb. 2,
Sat. I 9 in mehreren Übertragungen in der Sammlung Deutscher
Horaz in 5 Jahrhunderten v. Newald, Bln. 1933 (= Lit.hist.
Bibl. 5), vereinigt sind.

Zeitfolge (mit Ausnahme der Satiriker, die um der inhaltlichen
Übereinstimmung willen nebeneinanderstehen), für die Anord-
nung der einzelnen Gedichte des gleichen Dichters (mit Aus-
nahme der Motti und des Gedichtes Verg. Catal. 4), für die
Textgrundlage der Originale und Übertragungen wie für ihre
gegenseitige Abstimmung, für das Verzeichnis von Abweichun-
gen in den folgenden Anmerkungen, die Druckanordnung, Schrei-
bung und Zeichensetzung (die nicht aus geschmäcklerischen
Gründen dem Gebrauch der Übersetzer folgen, sondern weil eine
einigermaßen genaue Wiedergabe des deutschen Textes vor 1750
besonders beim Reim und Rhythmus sonst unmöglich wäre), für
Überschriften, Gliederungen, Sperrungen, Taktzeichen, Verbes-
serungen und Zeilenzählungen. Inhaltsangaben der Übersetzer
sind (außer bei Hor. C. I 4) weggelassen.

Punkte hinter einem Wort im lateinischen Text bedeuten,
daß der Übersetzer die folgenden lateinischen Worte oder Verse
ausgelassen hat, die in den Anmerkungen jeweils belegt werden;
ein Stern, daß Verse oder Worte durch den Mangel der Über-
lieferung ausgefallen sind; ein Kreuz vor einem Wort, daß seine
Überlieferung zweifelhaft ist. Im deutschen Text bedeuten
Punkte vor und nach dem Gedicht oder im Gedicht selbst, daß
es sich gegenüber dem lateinischen Text um ein Bruchstück
des Übersetzers handelt, gleichgültig, ob es von diesem als
in sich abgeschlossenes Gedicht gemeint war oder nicht. Sind
dagegen nur Teile aus größeren Übertragungen ausgewählt,
so ist dieses Verfahren durch waagerechte Striche vor oder nach
dem Text kenntlich gemacht.

Abschließend danke ich denen, die durch Rat, Mitwirkung
und fördernde Kritik zur Entstehung dieses Buches beigetragen
haben, wiederum in erster Linie Ernst Heimeran, Bruno Snell
und besonders meiner Frau. Ingeborg Dannenberg übernahm die
Durchsicht der Korrekturen. Unter erschwerten persönlichen
Umständen bin ich den Genannten doppelt verpflichtet.

324

ANMERKUNGEN

(Alle Jahreszahlen gelten im folgenden als nachchristlich, wenn
nicht das Gegenteil vermerkt ist.)

S. 7 HORATIUS (65 v. Chr. bis 8 v. Chr.): Ad Pis., v. 391
bis 401; Q. Horatius Flaccus — Briefe [4], erkl. v. Kießling,
bearb. v. Heinze, Bln. 1914, S. 354 ff. (= Hor. Br.).

S. 7 HORATIUS: August Wilhelm v. Schlegel (1767—1845),
Sämmtliche Werke III, hrsg. v. Böcking, Lpg. 1846,
S. 182 (= Schlegel).

S. 8 COLLECTIO DISTICHORUM VULGARIS (CATO 239
oder 234 v. Chr. bis 149 v. Chr.; die Gedichte wohl seit
dem 3. Jh. v. Chr. unter C.s Namen): II praef.; Poetae
Latini Minores III, rec. . . . Baehrens, Lps. 1881, p. 222
(= PLM Baehrens).

S. 9 CATO ZUGESCHR.: Martin Opitz (1597—1639), Dio-
nysii Catonis Disticha de moribvs ad filium . . ., Vratisl.
s. a. (= 1629), p. 29 (= Opitz Dist.). — Bei diesem Buche
dürfte es sich um eine der ersten, wenn nicht um die erste
zweisprachige lateinisch-deutsche Ausgabe handeln.

S. 8 COLL. DIST. VULG.: I praef.; PLM Baehrens p. 214.
I 1; p. 216. I 8; p. 217. I 10; p. 217. I 14; p. 218. I 22;
p. 219. II 5; p. 223.

S. 9 CATO ZUGESCHR.: Opitz Dist. S. 13. S. 19. S. 21. S. 21.
S. 21. S. 23. S. 31.

S. 10 COLL. DIST. VULG.: II 10; PLM Baehrens p. 223. II
14; p. 224. II 18; p. 224. II 21; p. 225. II 26; p. 225.
III 2; p. 227. III 12; p. 228. IV 9; p. 231. IV 11; p. 231.
IV 22; p. 232. IV 29; p. 233. IV 32; p. 233. IV 46; p. 235.

S. 11 CATO ZUGESCHR.: Opitz Dist. S. 31. S. 33. S. 33. S. 35.
S. 35. S. 39 S. 41. S. 47. S. 47. O. liest timere statt timore.
S. 51. S. 53. V. 1 »Schäme dich nicht zu lernen, was du
nicht weißt.« S. 53. S. 57.

S. 12—22 LUCRETIUS (um 98 v. Chr. bis 55 v. Chr.): I, v. 1—20;
T. Lucreti Cari De rerum natura libri sex, rec. . . . Diels,
Berol. 1923, p. 1 s. (= Lucr.). V. 14 a ist in den älteren
Ausgaben, die den Übersetzern bis einschließlich Hum-

boldt vorgelegen haben, fälschlich eingeschoben; hier
nach: T. Lucretii Cari De rerum natura libri sex ² c.
interpr. ... Creech, Lps. 1776, p. 5, v. 16.

S. 13 LUCRETIUS: August v. Rode (1751—1837), Philoso-
phische und andere Gedichte aus dem Lateinischen ...,
Hbg. 1785; hier nach: Johann Friedrich Degen, Versuch
einer vollständigen Litteratur der deutschen Überset-
zungen der Römer II, Altenbg. 1797, S. 105 f. (= Degen).
— Wahrscheinlich ein Bruchstück des Übersetzers. V. 7
»schöpf'rische« verbessert aus »schöpferische«, wie Degen
druckt; diese Form fügt sich dem Versmaß nicht.
Christoph Martin Wieland (1733—1813), Gesammelte
Schriften, 2. Abtlg. IV, hrsg. v. d. Kgl. Preußischen
Akademie der Wissenschaften (Stachel), Bln. 1913, S. 699
(= Wieland). V. 3 W. hat den 4. Versfuß versehentlich
viersilbig gebaut, offenbar weil er »mit Bewohnern er-
füllest« später verbessert hat.

S. 15 Ungenannter Übersetzer, Neuer Teutscher Merkur 45
(III 9), hrsg. v. Wieland, Weim. 1792, S. 3 f. (= NTM).
— Die Übertragung wurde von Wieland (S. 22 ff.) scharf
kritisiert. V. 19 hat der Übers. ausgelassen.

S. 17 Ungenannter Übersetzer, NTM 46 (I 3), 1793, S. 225 ff.
— Wieland (S. 232 f.) glaubt, an dieser Übertragung »leo-
nem ex ungue erkennen« zu können, obwohl er mit ihr
nicht einverstanden ist.

S. 19 Karl Ludwig v. Knebel (1744—1834), T. Lucretius Carus
von der Natur der Dinge ², Lpg. 1831, S. 3 des Textes. —
Ob die Übertragung im NTM 45 (III 9), 1792, S. 44 f., die
mit K. v. K. unterzeichnet ist, von K. stammt und mit
der 1. Auflage der K.schen Gesamtübertragung gleich-
lautend ist, konnte ich nicht feststellen, da mir nur die
2. Auflage zugänglich war. Wie sich aus dem Vergleich
dieser Auflage mit der voll unterzeichneten Übertragung
aus dem NTM ergibt, die im folgenden aufgenommen ist,
(III, v. 1—30), hat K. die 2. »verbesserte« Auflage im
Sinne eines formalistischen Klassizismus geändert, indem
er direkte Rede in indirekte, Gegenständliches in Abstrak-
tes, Anreden in die 3. Person verwandelt und auch vor
den seit J. H. Voß und A. W. Schlegel üblichen Ton-
beugungen nicht mehr zurückschreckt. Aus diesem Grunde
ist außer bei I, v. 1—20, auf den Abdruck der späteren

Auflage verzichtet worden. Goethe (S. XXII f. bei K.)
nahm an K.s Arbeit lebhaften Anteil und nannte sie eine
»schätzenswerthe Übersetzung«.
Wilhelm v. Humboldt (1767—1835), Gesammelte Schriften, 1. Abtlg. VIII, hrsg. v. d. Kgl. Preußischen Akademie
der Wissenschaften (Leitzmann), Bln. 1909, S. 267 f.

S. 21 Schlegel S. 177.

S. 23 Max v. Seydel (Max Schlierbach, 1846—1901), Lucretius,
Mchn. u. Lpg. 1881, S. 1.

S. 24 LUCRETIUS: II, v. 598—643; Lucr. p. 90 ss.

S. 25 LUCRETIUS: Schlegel S. 178 ff. V. (600 a) und (636)
hat Sch. ausgelassen.

S. 26 LUCRETIUS: III, v. 1—30; Lucr. p. 121 s.

S. 27 LUCRETIUS: Knebel, NTM 49 (III 12), 1794, S. 370 ff.
— Preis des Epicurus.

S. 30 MARTIALIS (zwischen 38 und 41 bis nach 98): XIV 195;
M. Valerii Martialis Epigrammaton libri, rec. Heraeus,
Lps. 1925, p. 341 (= Mart.).

S. 31 MARTIALIS ÜBER CATULLUS: Karl Wilhelm Ramler (1725—1798), Marcus Valerius Martialis in einem Auszuge IV..., Lpg. 1790, S. 388 (= Ramler).

S. 30 CATULLUS: 3; C. Valerius Catullus, hrsg.... v. Kroll,
Lpg. u. Bln. 1923, S. 5 ff. (= Cat.).

S. 31 CATULLUS: Johann Nikolaus Götz (1721—1781), Gedichte aus den Jahren 1745—1765..., hrsg. v. Schüddekopf, Stuttg. 1893 (= Dtsch. Litt.-Denkm. d. 18. u.
19. Jh.s 42),S. 60 f.

S. 32 CATULLUS: 5; Cat. S. 11 f.

S. 33 CATULLUS: Karl Immermann (1796—1840), Werke XI,
Bln. o. J., S. 18. — Petersen-Trunz in Lyr. Weltdichtung
a. a. O., S. 50 ff., führen I.s Übertragung nicht auf.

S. 32 CATULLUS: 8; Cat. S. 16 ff.

S. 33 CATULLUS: Ramler V, 1791, S. 367 ff.

S. 34 CATULLUS: 11; Cat. S. 24 ff.

S. 35 CATULLUS: Eduard Mörike (1804—1875), Classische
Blumenlese I [einziger Band] — Eine Auswahl...,
Stuttg. 1840, S. 181 (= Mörike); Ramler V, S. 372 ff.

S. 36 CATULLUS: 13; Cat. S. 28 ff.

S. 37 CATULLUS: Mörike S. 179; Ramler V, S. 382 ff.

S. 36 CATULLUS: 22; Cat. S. 40 ff.

S. 37 CATULLUS: Mörike S. 188; Ramler V, S. 400 ff.

S. 38 CATULLUS: 31; Cat. S. 58 f.

S. 39 CATULLUS: Mörike S. 183; Ramler V, S. 411 ff.

S. 40 CATULLUS: 45; Cat. S. 83 ff.

S. 41 CATULLUS: Mörike S. 185; Ramler V, S. 424 ff.

S. 42 CATULLUS: 62; Cat. S. 122 ff.

S. 43 CATULLUS: Johann Gottfried Herder (1744—1803), Sämmtliche Werke XXV, hrsg. v. Suphan (Redlich), Bln. 1885, S. 503 ff. (= Herder). Aus den »Volksliedern«. V. 32 b, (48), (51), 58 b hat H. ausgelassen. V. 45 f. »So die Jungfrau, wenn sie, die Geliebte der Ihren, noch unberühret blüht.« Ähnlich V. 54, wo wir heute nach »Jungfrau« ein Komma setzen würden.

S. 46 CATULLUS: 69; Cat. S. 241 f.

S. 47 CATULLUS: Philander von der Linde (Johann Burchard Menke, 1675—1732), Galante Gedichte . . ., Lpg. 1705, S. 80 (= Philander).

S. 48 CATULLUS: 70; Cat. S. 242 f.

S. 49 CATULLUS: Johann v. Alxinger (1755—1797), Sämmtliche Werke VIII, Wien 1812, S. 120 (= Alxinger).

S. 48 CATULLUS: 84; Cat. S. 257 f.

S. 49 CATULLUS: Mörike S. 191.

S. 50 CATULLUS: 85; Cat. S. 259.

S. 51 CATULLUS: Mörike S. 182.

S. 50 CATULLUS: 86; Cat. S. 259 f.

S. 51 CATULLUS: Georg Rudolf Weckherlin (1584—1653), Gedichte I, hrsg. v. Fischer, Tüb. 1894 (= Bibl. d. Litt. Vereins 199), S. 442 (= Weckherlin).

S. 50 VERGILIUS (70 v. Chr. bis 19 v. Chr.): Aus der Vita; Anthologia Latina . . . I, fasc. II², rec. Riese, Lps. 1906, p. 62.

S. 51 VERGILIUS ÜBER SICH SELBST: Rudolf Alexander Schröder (geb. 1878) in: Walter Wili, Vergil, Mchn. o. J. (= 1930), S. 11 (= Schröder Wili). — Mit freundlicher Erlaubnis des Verlages C. H. Beck.

S. 50 VERGILIUS: Catal. 4; Poetae Latini Minores I, post Baehrens rec. Vollmer, Lps. 1910, p. 131 s. (= PLM Vollmer).

S. 51 VERGILIUS: Schröder Wili S. 18.

S. 52 VERGILIUS: Ecl. 2; P. Vergili Maronis Opera rec. . . . Hirtzel, Oxon. s. a. (= 1900; Script. Class. Bibl. Oxon.), s. p. (= Verg.).

S. 53 VERGILIUS: Oswald Beling (1625—1646), Verdeutschte
       waldlieder . . ., hrsg. durch Olearium, Hbg. 1649, Bl. B
       iij ff. — B. übersetzte die zehn Eclogen auf Olearius' An-
       regung 1642, als Siebzehnjähriger, in vier Monaten. Vgl.
       meinen Hinweis auf B., der in Imprimatur VII, 1937,
       erscheint.

S. 64 VERGILIUS: Ecl. 3; Verg. s. p.

S. 65 VERGILIUS: Schröder Wili S. 25 ff.

S. 74 VERGILIUS: Ecl. 4; Verg. s. p.

S. 75 VERGILIUS: Schröder Wili S. 37 ff. V. 62 Schr. liest
       cui non risere parentes.

S. 80 VERGILIUS: Ecl. 6; Verg. s. p.

S. 81 VERGILIUS: Theodor Haecker (geb. 1879), Vergil —
       Hirtengedichte lateinisch und deutsch, Lpg.o. J. (=1932),
       S. 51 ff. (= Haecker). — Mit freundlicher Erlaubnis des
       Verlages Jakob Hegner.

S. 86 VERGILIUS: Ecl. 10; Verg. s. p.

S. 87 VERGILIUS: Haecker S. 77 ff.

S. 90 VERGILIUS: Georg. IV, v. 464—527; Verg. s. p.

S. 91 VERGILIUS: Friedrich Leopold zu Stolberg (1750 bis
       1819), Gedichte der Brüder Christian und F. L. Grafen zu
       St., hrsg. v. Boie, Lpg. 1779, S. 234 ff.

S. 96 VERGILIUS: Aeneid. II, v. 199—231; Verg. s. p.

S. 97 VERGILIUS: Friedrich v. Schiller (1759—1805), Sämt-
       liche Werke X 2, Säk.-Ausg., Stuttg. u. Bln., S. 205 f.
       (= Schiller).

S. 98 VERGILIUS: Aeneid. IV, v. 173—188; Verg. s. p.

S. 99 VERGILIUS: Schiller S. 239.

S. 100—104 VERGILIUS: Aeneid. VI, v. 847—853; Verg. s. p.

S. 101 VERGILIUS: Opitz, Teutsche Gedichte II, erl. v. Triller,
       Fckft./M. 1746, S. 418 (= Opitz Triller). — Die Über-
       tragungen von O., die der Ausgabe Trillers entnommen
       werden mußten, weil keine Originalausgaben zugänglich
       waren, wurden von diesem in Rechtschreibung und
       Zeichensetzung dem Gebrauche des 18. Jahrhunderts an-
       geglichen.

S. 103 Johann Heinrich Voß (1751—1826), Des Publius Vir-
       gilius Maro Werke II, Braunschw. 1799, S. 411 f.
       Schlegel S. 181. — Die Übertragung setzt die Kenntnis
       derjenigen von Voß voraus.

S. 105 Schröder Wili S. 137.

S. 104 POETA INCERTUS: Copa; PLM Vollmer p. 78 ss. V. 20
        bis 22 nach: PLM Baehrens II, 1880, p. 85.
S. 105 VERGILIUS ZUGESCHR.: Emanuel Geibel (1815 bis
        1884), Klassisches Liederbuch — Griechen und Römer in
        deutscher Nachbildung[7], Stuttg. u. Bln. 1906, S. 106 ff.
        (= Geibel). — V. 5 G. liest abisse. V. 7 G. liest sunt
        obbae calices. V. 23 f. hat G. wegen ihres obszönen Sinnes
        ausgelassen.
S. 106 POETA INCERTUS: Priap. 3; PLM Vollmer p. 128 s.
S. 107 VERGILIUS ZUGESCHR.: Mörike S. 178; Ramler V
        S. 396 ff. — Von M. und R. ist das Gedicht nach älterer
        Auffassung dem Catullus als C. 19 zugeschrieben. Das
        Versmaß des Urtextes sind Priapeen (Glyconeus mit
        Pherecrateus: × × – ◡ ◡ – ◡ ◡̆ | × × – ◡ ◡ – –), während M.
        und R. Hexameter gewählt haben.
S. 108 HORATIUS: III 30; Q. Horatius Flaccus — Oden und
        Epoden[7], erkl. v. Kießling, bes. v. Heinze, Bln. 1930,
        S. 382 ff. (= Hor. Od.).
S. 109 HORATIUS ÜBER SICH SELBST: Opitz, Acht Bücher
        Deutscher Poematum . . ., Breßl. 1625, 5. Buch S. 244
        (= Opitz 8 B.). V. 5 »zerbricht« verbessert aus »zubricht«,
        wahrscheinlich einem Druckfehler.
S. 110 HORATIUS: C. I 1; Hor. Od. S. 3 ff.
S. 111 HORATIUS: Herder XXVI, Bln. 1882, S. 224 f.
S. 112 HORATIUS: C. I 4; Hor. Od. S. 26 ff.
S. 113 HORATIUS: Ungenannter Übersetzer, Deß Hochbe-
        rühmten Lateinischen Pöetens Q. Horatii Flacci Vier
        Bücher Odarum . . ., Dreßd. 1656, Bl. A 6 f. — Es han-
        delt sich um die Arbeit von »Discipulorum/so in dieser
        Vbersetzung sich geübet«, unter der Leitung des Dresd-
        ner Rektors M. Johannes Bohemus.
S. 116 HORATIUS: C. I 9, v. 1—20; Hor. Od. S. 49 ff.
S. 117 HORATIUS: August v. Platen (1796—1835), Werke I,
        hrsg. v. Redlich, Bln. o. J., S. 547 f. V. 21—24 hat P.
        unübersetzt gelassen.
S. 116 HORATIUS: C. I 22; Hor. Od. S. 101 ff.
S. 117 HORATIUS: Louise Adelgunde Victorie Gottsched (1713
        bis 1762), Briefe I, Dresd. 1771, S. 179 f.
S. 118 HORATIUS: C. I 23; Hor. Od. S. 104 f.
S. 119 HORATIUS: Geibel S. 153.
S. 120 HORATIUS: C. I 30; Hor. Od. S. 129 ff.

S. 121 HORATIUS: Ramler, Oden aus dem Horaz . . ., o. O.
1787, S. 17.

S. 120 HORATIUS: C. I 34; Hor. Od. S. 142 ff.

S. 121 HORATIUS: Gotthold Ephraim Lessing (1729—1781),
Sämtliche Schriften V³, hrsg. v. Lachmann, bes. dch.
Muncker, Stuttg. 1890, S. 300 (= Lessing). — Aus der
kritischen Schrift »Rettungen des Horaz«.

S. 122 HORATIUS: C. I 37; Hor. Od. S. 155 ff.

S. 123 HORATIUS: Mörike S. 211 f.

S. 124 HORATIUS: C. II 3; Hor. Od. S. 173 ff.

S. 125 HORATIUS: Herder XXVI, S. 218 f. V. 12 H. liest
Nympha.

S. 128 HORATIUS: C. II 6; Hor. Od. S. 183 ff.

S. 129 HORATIUS: Friedrich Hölderlin (1770—1843), Sämt-
liche Werke VI², bes. dch. v. Pigenot u. Seebaß, Bln. 1923,
S. 160 f. (= Hölderlin Hell.). V 4 Es ist nicht zu entschei-
den, ob H. »gähren« (v. Pigenot-Seebaß) oder »gähnen«
(Sämtliche Werke und Briefe III, Ausg. v. Zinkernagel,
Lpg. 1915, S. 471 [= Hölderlin Zink.]), schreibt. »gähren«
würde aestuare eher entsprechen; aber »gähnen« könnte
H. auch geschrieben haben, wenn er bei seiner später je-
denfalls nicht mehr in Frage stehenden Gleichgültigkeit
gegen den Urtext (vgl. Griech. Gedichte, hrsg. v. Rüdiger,
a. a. O. S. 350f., 354) aestuat mit oscitat verwechselt hätte.

S. 130 HORATIUS: C. II 8; Hor. Od. S. 191 ff.

S. 131 HORATIUS: Lessing I, 1886, S. 153 f.

S. 132 HORATIUS: C. II 10; Hor. Od. S. 199 ff.

S. 133 HORATIUS: Ernst Wratislaw Wilhelm v. Wobeser (1727
bis 1795), Gedichte vermischten Inhalts (anonym),
Fkft./M. 1778, S. 67 ff.

S. 134 HORATIUS: C. II 13; Hor. Od. S. 211 ff.

S. 135 HORATIUS: Herder XXVI S. 250 f. V. 15 H. liest mit
den Hss. Poenus.

S. 136 HORATIUS: C. II 14; Hor. Od. S. 217 ff.

S. 137 HORATIUS: Mörike S. 214 f.

S. 138 HORATIUS: C. III 1; Hor. Od. S. 250 ff.

S. 139 HORATIUS: Schröder, Die Gedichte des Horaz . . .,
Wien 1935, S. 75 f. (= Schröder Hor.). — Mit freund-
licher Erlaubnis des Phaidon-Verlages.

S. 142 HORATIUS: C. III 2; Hor. Od. S. 257 ff.

S. 143 HORATIUS: Schröder Hor. S. 77 f.

S. 146 HORATIUS: C. III 6; Hor. Od. S. 289 ff.

S. 147 HORATIUS: Schröder Hor. S. 86 f.

S. 148 HORATIUS: C. III 9; Hor. Od. S. 302 ff.

S. 149 HORATIUS: Geibel S. 205 f.

S. 152 HORATIUS: C. III 13; Hor. Od. S. 317 f.

S. 153 HORATIUS: Herder XXVI S. 220. V. 1 H. liest Blandusiae. V. 16 H. liest Nymphae.

S. 152 HORATIUS: C. III 25, v. 1—14; Hor. Od. S. 358 ff.

S. 153 HORATIUS: Novalis (Friedrich v. Hardenberg, 1772 bis 1801), Dichtungen, hrsg. v. Schultz, Lpg. o. J. (= 1936), S. 35 f.

S. 154 HORATIUS: C. IV 2; Hor. Od. S. 392 ff.

S. 155 HORATIUS: Friedrich Gottlieb Klopstock (1724 bis 1803), Sämmtliche Werke XVII, hrsg. v. Back u. Spindler, Lpg. 1830, S. 10 ff. V. 3 f., 8, 11 f., 32, 36, 44 hat K. ganz oder teilweise unübersetzt gelassen.

S. 158 HORATIUS: C. IV 3; Hor. Od. S. 399 ff.

S. 159 HORATIUS: Hölderlin Hell. S. 161. V. 10 »fruchtbare« ist aus dem sinnlosen »furchtbare« (v. Pigenot-Seebaß) nach Hölderlin Zink. S. 472 verbessert.

S. 160 HORATIUS: C. IV 7; Hor. Od. S. 425 ff.

S. 161 HORATIUS: Geibel S. 231 f.

S. 162 HORATIUS: Iamb. 2; Hor. Od. S. 492 ff.

S. 163 HORATIUS: Schröder Hor. Od. S. 152 ff. V. 27 Schr. liest mit der Überlieferung fontes; frondes Markland.

S. 168 HORATIUS: Iamb. 7; Hor. Od. S. 517 ff.

S. 169 HORATIUS: Geibel S. 141.

S. 168 HORATIUS: Sat. I 9; Q. Horatius Flaccus — Satiren[5], erkl. v. Kießling, ern. v. Heinze, Bln. 1921, S. 144 ff.

S. 169 HORATIUS: Wieland S. 538 ff. V. 45 nemo . . . usus läßt W. den Horatius selbst sprechen. V. 48 »solchem« verbessert aus »solchen«, obwohl das Druckfehlerverzeichnis nichts angibt und auch die Originalausgaben, Horazens Satyren aus dem Lateinischen I . . ., Lpg. 1786, S. 267, sowie die 2. Aufl., Lpg. 1804, S. 271, »solchen« haben. V. 50 W. liest unquam.

S. 176 HORATIUS: Epist. I 1; Hor. Br. S. 3 ff.

S. 177 HORATIUS: Wieland S. 22 ff. V. 57 f. liest W. in umgekehrter Reihenfolge. V. 60 Mitte und V. 61 hat W. unübersetzt gelassen. V. 92 f. aeque nauseat »ist ebenso seekrank wie . . .« W. hat offenbar einen anderen Text.

S. 188 HORATIUS: Epist. I 10; Hor. Br. S. 91 ff.

S. 189 HORATIUS: Wieland S. 128 ff.

S. 194 DOMITIUS (unter Augustus; Kaiser 27 v. Chr. bis 14):
Albii Tibulli aliorumque carminum libri tres, ed. Levy,
Lps. 1927, p. 96 (= Tib.).

S. 195 DOMITIUS ÜBER TIBULLUS: Voß, Albius Tibullus
und Lygdamus..., Tüb. 1810, S. III (= Voß Tib.).

S. 194 TIBULLUS (um 54 v. Chr. bis 19 v. Chr.): I 1, v. 1—52;
Tib. p. 1 ss.

S. 195 TIBULLUS: Mörike S. 259 ff. V. 48 M. liest imbre statt
igne.

S. 198 TIBULLUS: I 10; Tib. p. 38 ss.

S. 199 TIBULLUS: Mörike S. 262 ff. V. 26 Um den Anschluß
an V. 25 herzustellen, liest M. hostia erit plena o. ä.

S. 202 TIBULLUS?: III 12 (IV 6); Tib. p. 91 s.

S. 203 TIBULLUS ZUGESCHR.: Mörike S. 279.

S. 204 SULPICIA (zur Zeit des Tibullus): III 13 (IV 7); Tib.
p. 92.

S. 205 SULPICIA: Mörike S. 281.

S. 206 SULPICIA: III 17 (IV 11); Tib. p. 94.

S. 207 SULPICIA: Mörike S. 280.

S. 206 SULPICIA: III 18 (IV 12); Tib. p. 94.

S. 207 SULPICIA: Voß Tib. S. 315.

S. 206 MARTIALIS: XIV 189; Mart. p. 340.

S. 207 MARTIALIS ÜBER PROPERTIUS: Ramler IV S. 383.

S. 206 PROPERTIUS (um 49 v. Chr. bis um 15 v. Chr.): I 2;
Sex. Propertii elegiarum libri IV, rec. Hosius, Lps. 1911,
p. 2 s. (= Prop.).

S. 207 PROPERTIUS: Knebel (anonym), Elegieen von Properz,
Lpg. 1798, S. 6 f. (= Knebel).

S. 210 PROPERTIUS: I 14; Prop. p. 17 s.

S. 211 PROPERTIUS: Geibel S. 87 f.

S. 210 PROPERTIUS: I 17; Prop. p. 21 s.

S. 211 PROPERTIUS: Knebel S. 36 f.

S. 212 PROPERTIUS: I 18; Prop. p. 23 s.

S. 213 PROPERTIUS: Opitz 8 B. S. 154 f. des Fünfften Buches
Der Poetischen Wälder. V. 9 »ichs« verbessert aus »ich«.
V. 18 »Liebesbrunst« verbessert aus »Leibesbrunst«;
»geschworn« aus »geschworen«. V. 30 »erzehln« verbessert
aus »erzehlen«. Die beiden letzten Verbesserungen stel-
len den verdorbenen Alexandriner her.

S. 216 PROPERTIUS: II 11; Prop. p. 44.

S. 217 PROPERTIUS: Knebel S. 90.

S. 216 PROPERTIUS: III 10; Prop. p. 100 s.

S. 217 PROPERTIUS: Knebel S. 137 f.

S. 218 PROPERTIUS: III 19; Prop. p. 115 s.

S. 219 PROPERTIUS: Karl August Varnhagen v. Ense (1785 bis 1858), Musenalmanach auf das Jahr 1806, hrsg. v. Chamisso u. V., Bln. 1889 (= Berl. Neudr. II 1, hrsg. v. Geiger), S. 51. V. 10 »Lust« verbessert aus »Luft«.

S. 220 PROPERTIUS: IV 11; Prop. p. 156 ss.

S. 221 PROPERTIUS: Knebel S. 202 ff.

S. 226 OVIDIUS (43 v. Chr. bis um 18): Trist. IV 10, v. 19 bis 26; P. Ovidius Naso III, fasc. I . . ., ed. Ehwald et Levy, Lps. 1922, p. 108 s.

S. 227 OVIDIUS ÜBER SICH SELBST: Johann Caspar Friedrich Manso (1760—1826), Charaktere der vornehmsten Dichter aller Nationen . . . v. einer Gesellsch. v. Gelehrten III 1, Lpg. 1794 (= Nachtr. zu Sulzers allg. Theorie d. schönen Künste), S. 327. Aus der Abhandlung »Über die römischen Elegiker — Ovid«.

S. 228—230 OVIDIUS: Epist. Sapphus Phaoni (XV), v. 39 s.; P. Ovidius Naso I, ex rec. Merkelii, Lps. 1868, p. 160 (= Ov. Merk.).

S. 229 OVIDIUS: Gottfried August Bürger (1747—1794) bei Ludwig Christoph Althof, Einige Nachrichten von den vornehmsten Lebensumständen G. A. Bürger's . . ., Gött. 1798, S. 113. — Der Übersetzungswettbewerb entstand dadurch, daß Dryden das Distichon für unübersetzlich erklärt, Morris aber zwei ebd. S. 112 A. mitgeteilte Übertragungen geliefert hatte. Lichtenberg wies im Göttinger Musenalmanach darauf hin und regte die deutschen Versuche an.

Herder XX, Bln. 1880, S. 379. Aus der Rezension des Althofschen Buches.

Voß, Sämtliche Gedichte VI, Königsbg. 1802, S. 327 (= Voß Ged.).

Ungenannter Übersetzer, NTM 72 (I 2), 1806, S. 89.

S. 231 Christian Gottfried Schütz (1747—1832) in K. L. v. Knebel's literarischem Nachlaß und Briefwechsel II², hrsg. v. Varnhagen u. Mundt, Lpg. 1840, S. 510.

Mörike, Werke I, hrsg. v. Maync, Lpg. u. Wien o. J., S. 262.

S. 230 OVIDIUS: Amor. I 5; Ov. Merk. p. 6.

S. 231 OVIDIUS: Schlegel S. 183.

S. 232 OVIDIUS: Amor. III 9; Ov. Merk. p. 58 ss.

S. 233 OVIDIUS: Geibel S. 98 ff.

S. 236 OVIDIUS: Met. I, v. 89—102; P. Ovidius Naso II —
Metamorphoses (ed. mai.), ex Merkelii . . . rec. ed. Eh-
wald, Lps. 1915, p. 4 (= Ov. II).

S. 237 OVIDIUS: Albrecht v. Halberstadt (1217 in Urkunden
erwähnt) bei Karl Bartsch, Albrecht von Halberstadt und
Ovid im Mittelalter, Quedlinbg. u. Lpg. 1861 (= Bibl.
d. ges. dtsch. Nat.-Lit. XXXVIII), S. 8 f. — Das Ori-
ginal Albrechts ist verloren. Jörg Wickram gab 1545 eine
Bearbeitung in Druck, bei der er den Prolog unangetastet
ließ. Jakob Grimm versuchte, auf dieser Grundlage grö-
ßere Teile ins Mittelhochdeutsche zurückzuübersetzen,
Karl Bartsch etwa die Hälfte des Ganzen. Diesem Ver-
such ist der hier abgedruckte Abschnitt entnommen. V 7
galîe = Galeere; holche = Lastschiff; habe = Hafen.
V. 22 könnte auch in V. 13 umschrieben sein.

S. 240 OVIDIUS: Met. II, v. 31—99; Ov. II p. 29 ss.

S. 241 OVIDIUS: Hölderlin Hell. S. 156 ff.

S. 246 OVIDIUS: Met. X, v. 243—197; Ov. II p. 304 ss.

S. 247 OVIDIUS: Alxinger VII, 1812, S. 84 ff.

S. 252 SENECA (um 4 v. Chr. bis 65): Troades, v. 371—408;
L. Annaei Senecae Tragoediae . . ., rec. . . . Leo, Berol.
1879, p. 56 s. (= Sen.).

S. 253 SENECA: Opitz, L. Annaei Senecae Trojanerinnen . . .,
Wittenb. 1625, S. 18 ff. V. 37 f. folgen bei O. nach
V. 29.

S. 254 SENECA: Agamemnon, v. 589—611; Sen. p. 225 s.

S. 255 SENECA: Alxinger VI, 1812, S. 173 f. V. 5 ff. A. ändert
der Deutlichkeit wegen die Versordnung. V. 8 A. ergänzt
(wohl mit Recht) ein Verbum zu pax alta.

S. 256 STATIUS (zwischen 40 und 45 bis 96): Silv. V 4; P. Pa-
pini Stati Silvae[2] . . ., ed. Klotz, Lps. 1911, p. 161 s.

S. 257 STATIUS: Horst Rüdiger, unveröffentlicht.

S. 258 PETRONIUS (gest. 66): Sat. 79, 8; Petronii Saturae[5] . . .,
rec. Buecheler, cur. Heraeus . . ., Berol. 1912, p. 55
(= Petr.).

S. 259 PETRONIUS: Wilhelm Heinse (1746—1803), Sämmt-
liche Werke II, hrsg. v. Schüddekopf, Lpg. 1903, S. 148

(= Heinse). Aus der Gesamtübertragung des Petronius
»Die Begebenheiten des Enkolp«. V. 5 H. liest mortalis
ego sic perire coepi.

S. 260 PETRONIUS: Sat. 80, 9; Petr. p. 56.

S. 261 PETRONIUS: Heinse S. 151. V. 5 H. betont französisch
comédie.

S. 260 PETRONIUS: Sat. 128, 6; Petr. p. 100.

S. 261 PETRONIUS: Heinse S. 246 f.

S. 260 PETRONIUS: Sat. 137, 9; Petr. p. 109.

S. 261 PETRONIUS: Heinse S. 267.

S. 262 PETRONIUS: Fragm. 38; Petr. p. 123.

S. 263 PETRONIUS: Rudolf v. Delius (geb. 1878), Zur Psy-
chologie der römischen Kaiserzeit, Mchn. u. Lpg. o. J.,
S. 51. — Mit freundlicher Erlaubnis des Verfassers.

S. 264 MARTIALIS: I 1; Mart. p. 11 s.

S. 265 MARTIALIS ÜBER SICH SELBST: Ramler I, 1787,
S. 1.

S. 264 MARTIALIS: I 8; Mart. p. 13.

S. 265 MARTIALIS: Ramler I S. 5.

S. 264 MARTIALIS: I 16; Mart. p. 15.

S. 265 MARTIALIS: Ramler I S. 11; Opitz Triller S. 797.

S. 266 MARTIALIS: I 19; Mart. p. 15.

S. 267 MARTIALIS: Opitz Triller S. 797.

S. 266 MARTIALIS: I 28; Mart. p. 17.

S. 267 MARTIALIS: Weckherlin II (Nr. 200), Tüb. 1895,
S. 425.

S. 266 MARTIALIS: I 32; Mart. p. 18.

S. 267 MARTIALIS: Lessing I S. 12.

S. 266 MARTIALIS: I 42; Mart. p. 20.

S. 267 MARTIALIS: Alxinger VIII S. 123.

S. 268 MARTIALIS: I 68; Mart. p. 27.

S. 269 MARTIALIS: Ludwig Christoph Heinrich Hölty (1748
bis 1776), Sämtliche Werke I . . ., hrsg. v. Michael, Weim.
1914, S. 26. V. (3 f.), (7 f.) hat H. unübersetzt gelassen.

S. 268 MARTIALIS: I 73; Mart. p. 28.

S. 269 MARTIALIS: Alxinger VIII S. 123.

S. 268 MARTIALIS: II 21; Mart. p. 45.

S. 269 MARTIALIS: Lessing I S. 23.

S. 268 MARTIALIS: II 80; Mart. p. 57.

S. 269 MARTIALIS: Ungenannter Übersetzer bei Ramler I
S. 91. — Dieses und die folgenden der Ramlerschen

Sammlung entnommenen Epigramme anderer Verfasser
sind von R. inhaltlich bearbeitet und in der Rechtschrei-
bung vereinheitlicht.

S. 270 MARTIALIS: III 8; Mart. p. 62.

S. 271 MARTIALIS: Lessing I S. 25.

S. 270 MARTIALIS: III 9; Mart. p. 62.

S. 271 MARTIALIS: Lessing I S. 22.

S. 270 MARTIALIS: III 26; Mart. p. 65 s.

S. 271 MARTIALIS: Opitz Triller S. 741.

S. 270 MARTIALIS: III 55; Mart. p. 71.

S. 271 MARTIALIS: Ramler I S. 114.

S. 272 MARTIALIS: III 61; Mart. p. 73.

S. 273 MARTIALIS: Voß Ged. S. 283.

S. 272 MARTIALIS: IV 41; Mart. p. 93.

S. 273 MARTIALIS: Ramler I S. 123.

S. 272 MARTIALIS: V 81; Mart. p. 127.

S. 273 MARTIALIS: Voß Ged. S. 282.

S. 272 MARTIALIS: VI 17; Mart. p. 131.

S. 273 MARTIALIS: Ungenannter Übersetzer bei Ramler I
       S. 165.

S. 272 MARTIALIS: VI 53; Mart. p. 139.

S. 273 MARTIALIS: Voß Ged. S. 280.

S. 274 MARTIALIS: VI 79; Mart. p. 146.

S. 275 MARTIALIS: Friedrich v. Hagedorn (1708—1754), Poe-
       tische Werke V, Bern 1771, S. 158.

S. 274 MARTIALIS: VIII 35; Mart. p. 183.

S. 275 MARTIALIS: Weckherlin II S. 425.

S. 274 MARTIALIS: VIII 69; Mart. p. 193.

S. 275 MARTIALIS: Voß Ged. S. 282.

S. 276 MARTIALIS: IX 14; Mart. p. 201.

S. 277 MARTIALIS: Friedrich v. Logau (1604—1655), Sämmt-
       liche Sinngedichte, hrsg. v. Eitner, Tüb. 1872 (= Bibl.
       d. Litt. Vereins 113), S. 168 (= Logau).

S. 276 MARTIALIS: X 8; Mart. p. 228.

S. 277 MARTIALIS: Lessing I S. 26.

S. 276 MARTIALIS: X 33, v. 9 s.; Mart. p. 235.

S. 277 MARTIALIS: Logau S. 94.

S. 278 MARTIALIS: X 43; Mart. p. 238.

S. 279 MARTIALIS: Andreas Tscherning (1611—1659), Deut-
       scher Getichte Früling[2] . . ., Rost. o. J. (= 1642), S. 284
       (= Tscherning).

S. 278 MARTIALIS: X 47; Mart. p. 239.

S. 279 MARTIALIS: Christian Felix Weiße (1726—1804),
Kleine Lyrische Gedichte III, Lpg. 1772, S. 246 f.

S. 278 MARTIALIS: XI 35; Mart. p. 265.

S. 279 MARTIALIS: Lessing I S. 29.

S. 280 MARTIALIS: XI 82; Mart. p. 276.

S. 281 MARTIALIS: Daniel Georg Morhof (1639—1691),
Teutsche Gedichte, Kiel 1682, S. 409 f. (= Morhof).

S. 280 MARTIALIS: XII 12; Mart. p. 285.

S. 281 MARTIALIS: Tscherning S. 284.

S. 280 MARTIALIS: XII 54; Mart. p. 296.

S. 281 MARTIALIS: Morhof S. 346.

S. 280 PERSIUS (34—62): Prologus; A. Persii Flacci D. Iunii
Iuvenalis Sulpiciae Saturae[4], rec. Iahn post Buechele-
rum, cur. Leo, Berol. 1910, p. 3 s. (= Pers.).

S. 281 PERSIUS ÜBER SICH SELBST: Opitz Triller S. 794.

S. 282 PERSIUS: Sat. 3; Pers. p. 26 ss.

S. 283 PERSIUS: Herder XXVI S. 290 ff.

S. 292 IUVENALIS: (um 60 bis um 140): IV 10, v. 56—77;
Pers. p. 202 ss.

S. 293 IUVENALIS: Rudolf Ludwig v. Canitz (1654—1699), Ge-
dichte..., ausgefert. v. König, Lpg. u. Bln. 1727, S. 155 ff.

S. 294 IUVENALIS: V 15; Pers. p. 262 ss.

S. 295 IUVENALIS: Johann Jakob Bodmer (1698—1783),
Literarische Denkmale von verschiedenen Verfassern
(anonym), Zür. 1779, S. 87 ff. — Nach Goed. IV[2] S. 11,
Nr. 102, ist B. der Verfasser. V. 5 f. B. scheint etwas an-
deren Text zu lesen. V. 6» Titon« hat B. eingefügt. V. 27
B. liest Vinco.

S. 306 HADRIANUS (76—138): C. 3; Fragmenta Poetarum
Latinorum epicorum et lyricorum..., post Baehrens ed.
Morel, Lps. 1927, p. 137.

S. 307 HADRIANUS: Herder XXV S. 552.

S. 306 AUSONIUS (um 310 bis um 395): De Bissula 3; De-
cimi Magni Ausonii Opuscula, rec. Peiper, Lps. 1886,
p. 116 (= Aus.).

S. 307 AUSONIUS: Felix Dahn (1834—1912) Gesammelte
Werke 1. Serie III, Lpg. u. Bln. o. J. (= 1912), S. 106 f.
(= Dahn). — Aus dem Roman »Bissula«. V. 6 f. hat D.
ausgelassen, weil sie verdorben sind.

S. 308 AUSONIUS: De Bissula 4; Aus. p. 116.

S. 309 AUSONIUS: Dahn S. 103.

S. 308 AUSONIUS: Mos., v. 18—47; Aus. p. 119 s.

S. 309 AUSONIUS: Wolfgang Gerlach (geb. 1908), unver-
öffentlicht.

S. 310—314 POETA INCERTUS: C. 8, olim epit. 30; Aus. p. 417.

S. 311 AUSONIUS ZUGESCHR.: Weckherlin I S. 442.
Opitz Triller S. 759.

S. 313 Daniel v. Czepko (1605—1660), Weltliche Dichtungen,
hrsg. v. Milch, Bresl. 1932 (= Einzelschr. z. Schles.
Gesch. VIII), S. 356. V. 2 verricht = verrät.
Gottfried Wilhelm v. Leibniz (1646—1716) in: Auser-
lesene Gedichte . . ., 16. St., zus.getr. v. Menantes, Halle
1719, S. 558 (= Menantes).
Philander S. 3.
Menantes (Christian Friedrich Hunold, 1680—1721)
S. 558.
D. Wagner (über den Übersetzer sind nähere Angaben
nicht festzustellen) bei Menantes S. 558.

S. 315 Johann Christoph Gottsched (1700—1766), Versuch einer
Critischen Dichtkunst[3] . . ., Lpg. 1742, S. 606. Von G.
dem Martial zugeschrieben.
Ungenannter Übersetzer (wahrsch. vor 1746) bei Degen
I, Altenbg. 1794, S. 15.
Ungenannter Übersetzer (unterzeichnet Q.), Taschenbuch
für Dichter und Dichterfreunde VII, Lpg. 1777, S. 12.
Herder XXVI S. 103.
Voß Ged. S. 285.

S. 316 CLAUDIANUS (um 370—404): Epithal. de nupt. Ho-
norii Aug. (10), v. 65—68; Claudii Claudiani carmina
rec. Koch, Lps. 1893, p. 94 s. (= Claud.).

S. 317 CLAUDIANUS: Ungenannter Übersetzer (unterzeich-
net G. L.), NTM 72 (I 2), S. 90.

S. 316 CLAUDIANUS: De raptu Proserp. II, v. 71—117;
Claud. p. 274 s.

S. 317 CLAUDIANUS: Georg Friedrich Messerschmid (1776
bis 1831), NTM 72 (I 3), S. 165 ff.

INHALT

Druck von H. L a u p p jr in Tübingen.

www.ingramcontent.com/pod-product-compliance
Lightning Source LLC
Chambersburg PA
CBHW070328100426
42812CB00005B/1285